青龙满族自治县革命老区发展史

青龙满族自治县老区建设促进会 编

燕山大学出版社

·秦皇岛·

图书在版编目（CIP）数据

青龙满族自治县革命老区发展史 / 青龙满族自治县老区建设促进会编 . —秦皇岛：燕山大学出版社，2021.3

（全国革命老区县发展史丛书 . 河北卷）

ISBN 978-7-5761-0144-7

Ⅰ．①青… Ⅱ．①青… Ⅲ．①青龙满族自治县－地方史 Ⅳ.①K292.24

中国版本图书馆 CIP 数据核字（2021）第 011552 号

青龙满族自治县革命老区发展史

青龙满族自治县老区建设促进会 编

出 版 人：陈　玉
责任编辑：孙志强
封面设计：刘韦希
出版发行：燕山大学出版社 YANSHAN UNIVERSITY PRESS
地　　址：河北省秦皇岛市河北大街西段 438 号
邮政编码：066004
电　　话：0335-8387555
印　　刷：秦皇岛墨缘彩印有限公司
经　　销：全国新华书店

开　本：700mm×1000mm　1/16		印　张：18.75	
字　数：220 千字		插　页：12 页	
版　次：2021 年 3 月第 1 版		印　次：2021 年 3 月第 1 次印刷	

书　　号：ISBN 978-7-5761-0144-7
定　　价：125.00 元

◀1933 年 3 月16 日，日军占领界岭口长城

▶日军实行"集家并村"，无家可归的村民被迫躲进深山，藏在山洞里、崖根下，过着穴居生活

◀在青龙无人区山沟里搭草棚栖身的县区干部，秘密发展党员和抗日救国积极分子。到1945 年 8 月，青龙县有党员 412 名，建立党支部 28 个

1

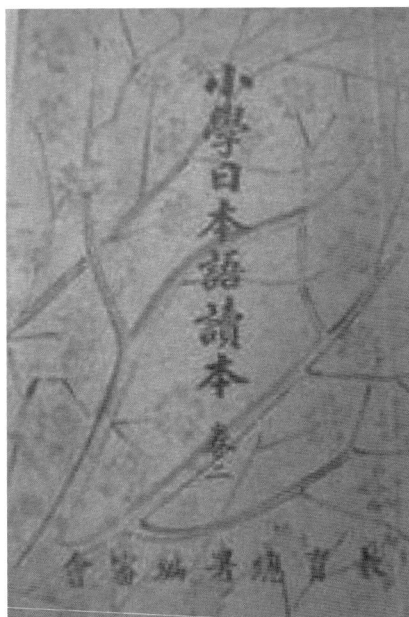

▲日本侵略者实行奴化教育，各学校要学日本语，称中国为"支那"，不许说是中国人，必须说是满洲人

▲战斗在青龙地域崇山峻岭中的八路军在研究战斗计划

▲长城下、古道旁，到处是抗日战场

▲ 八路军冀东十二
团团长曾克林

▲ 1942年至1945年
间，八路军冀东十二团和
七区队在副营长马骥率领
下，以青龙花厂峪为中
心，开展抗日斗争活动

▲ 八路军冀东十二
团一营三连连长、县支队
队长、抗日英雄周子丰

▲ 1945年11月，新四军第三师经冷口、肖营子、双山子、干沟开赴东北战场，
青龙人民支援前线

▲1949年8月3日，青龙县召开了首届党员代表会议

▲1949年12月24日，青龙县召开了首届各界人民代表会议

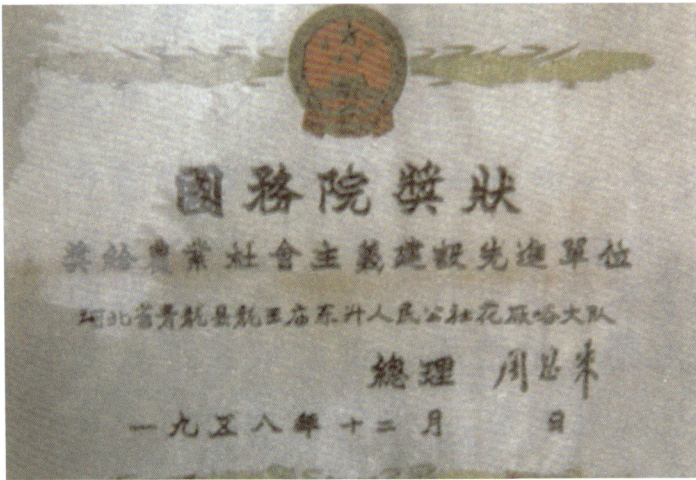

▲ 1958年，花厂峪村荣获由周恩来总理签名的"农业社会主义建设先进单位"奖状

▲ 1958年，大炼钢铁运动，开采铁矿石建小高炉场景

◀民兵英雄赵成
金向下一代讲述战争
年代的艰苦故事

▶老党员讲
述革命传统斗争
故事

◀1965年，东嵩
村大队干部和社员规
划农业学大寨远景

◀1969 年，水胡同水库开工建设，1974 年 8 月蓄水，1975 年竣工

▶青龙小水电建设一角

◀1987 年 5 月 10 日，青龙满族自治县成立

7

▲ 青龙板栗因色泽鲜艳、饱满匀称、含糖量高、味道甘美而闻名国内外

▲ 青龙蚕丝加工一角

▲2000年，县、乡级公路全部铺上沥青，砂石土路成为历史

▲2012年，贯穿青龙境地的承秦高速公路通车

▲1999 年 4 月，
官场乡头道铺村梯
田梨花

▶青龙七道河
乡大多数村人畜饮水
困难，图为扶贫深水
井出水

◀猴打棒被河
北省人民政府列入
非物质文化遗产保
护传承名录

10

▲青龙体育设施建设一角

▲隔河头镇大森店村，全县第一处易地搬迁扶贫项目告成

▲ 青龙龙岛公园

▲ 中共中央原总书记胡耀邦视察青龙时题写的"青龙腾飞"

总　序

在举国欢庆新中国成立 70 周年前夕，中国老区建设促进会王健会长请我为《全国革命老区县发展史》丛书作序，作为一名在老区战斗过并得到老区人民生死相助的老兵，回首往事，心潮澎湃，感慨万千，深感义不容辞，欣然应允。

中国革命老区，是以毛泽东为代表的中国共产党人在领导人民推翻帝国主义、封建主义和官僚资本主义三座大山，争取民族独立和人民解放伟大斗争中建立的革命根据地，在这片红色的土地上，诞生了无数可歌可泣的革命英雄儿女，为后人树起了一座不朽的丰碑，她是新中国的摇篮，是党和军队的根。

在艰苦卓绝的战争年代，老区人民把自己的命运与中华民族的命运紧紧地联系在一起，与中国共产党和人民军队的命运紧紧地联系在一起，他们生死相依，患难与共。我曾亲历过战争年代，并得到过老区红哥红嫂的救助，切身感受到发生在身边的一幕幕撼天动地的革命故事，在那极其艰难的条件下，老区人民倾其所有、破家支前，不怕艰难困苦，不怕流血牺牲。"最后一碗米送去做军粮，最后一尺布送去做军装，最后一件老棉袄盖在担架上，最后一个亲骨肉送去上战场"，这是当时伟大的老区人民为建立新中国做出巨大牺牲的真实写照，它将永远镌刻在中国共产党、中国人民解放军、中华人民共和国的历史丰碑上。他们的光辉业绩永载史册，他们的革命精神必将影响一代又一代的革命新人，造就一代又一代的民族脊梁。

在社会主义革命和建设时期，革命老区和老区人民响应党的号召，面对落后的面貌、脆弱的经济、恶劣的生态环境，他们本色不变，精神不丢，自力更生，艰苦奋斗，干一行爱一行。始终坚持"革命理想高于天"，自觉做共产主义远大理想的坚定信仰者和忠实实践者，勇于向恶劣的自然环境和贫穷落后宣战，他们在各条战线上为国建功立业，用平凡的双手创造了一个又一个不平凡的奇迹，彰显了老区人的崇高精神和人格力量。

在改革开放的伟大进程中，老区人民解放思想，勇于创新，发奋图强，攻坚克难，老区的经济社会建设取得了辉煌成就。特别是在改变中国的面貌、中华民族的面貌、中国人民的面貌、中国共产党的面貌的伟大实践中发挥了至关重要的作用。老区人民既是改革开放的参与者，也是改革开放的推动者。

艰苦练意志，危难见精神。老区人民在近百年的革命战争、社会主义建设和改革开放的伟大实践中，孕育形成了伟大的老区精神：爱党信党、坚定不移的理想信念；舍生忘死、无私奉献的博大胸怀；不屈不挠、敢于胜利的英雄气概；自强不息、艰苦奋斗的顽强斗志；求真务实、开拓创新的科学态度；鱼水情深、生死相依的光荣传统。这是党和人民宝贵的精神财富、丰厚的政治资源，是凝心聚力、振奋民族精神的重要法宝，也是社会主义核心价值观的重要内容。

中国老区建设促进会怀着强烈的政治责任感和历史使命感，组织全国各地老促会人员克服困难，尽心竭力编纂《全国革命老区县发展史》丛书，记录老区的光辉历史和辉煌成熟，传承红色基因，弘扬老区精神，是功在当代，利及千秋的一件大事。手捧这部丛书的部分书稿，读着书中的故事，倍感亲切，深感这部丛书具有资政、育人、存史的社会功能，有着重要的时代和历史价值。它是不忘初心、牢记使命的源头活水，是赞颂共产党、讴歌老区人民的一部精品力作，是弘扬老区精神、传承红色记忆的丰厚载体，是一项继承优秀传统文化、弘扬革命文化、发展社会主义先进文化，坚定"四个自信"的宏大文化工程。它必将成为一种文化品牌，为各界人士了解老区宣传老区支持老区提供一部有价值的研究史料。希望读者朋友们能从中了解并牢记这些为党和民族的利益不断奉献的老区人民，从中得到教益，汲取人生奋斗的精神动力。

新时代赋予新使命，新起点开启新征程。让我们更加紧密地团结在以习近平同志为核心的党中央周围，坚持以习近平新时代中国特色社会主义思想为指导，增强"四个意识"，坚定"四个自信"，做到"两个维护"，弘扬老区精神，铭记苦难辉煌。为实现"两个一百年"奋斗目标，实现中华民族伟大复兴的中国梦作出新的更大的贡献！

遇湾田

2019 年 4 月 11 日

序　言

霍林国

青龙满族自治县老区建设促进会，按照省、市老促会的安排部署，历时一年多的时间完成了《青龙满族自治县革命老区发展史》的编写工作，就要进入出版程序了。这是一件可喜可贺的事，对于我们深刻了解过去、总结历史经验、把握现在、开创未来具有重要的现实意义和深远的历史意义。

青龙县域在1933年6月前分属临榆、抚宁、迁安3县。1933年6月，日本侵略军占领县域，始建青龙县，属伪满洲国热河省管辖。1941年，抗日民主政权建立。1943年，建成临抚凌青绥联合县工委。1945年8月，日本投降，青龙解放，成立青龙县临时委员会。1946年1月，正式建立青龙县政府，隶属承德地区管辖。1983年5月，秦皇岛市建立地级市，青龙县划归秦皇岛市管辖。1987年5月，撤销青龙县，成立青龙满族自治县。

1931年9月18日，日本帝国主义侵占了整个东北后，扶持起一个傀儡政权——伪满洲国，青龙县域沦陷于日伪统治区域，青龙县南面184千米的长城线成为伪满洲国的国境线。从此，青龙人民处在痛苦的灾难中，饱受饥寒交迫和战火的煎熬，是受日本侵略最深重的县份之一。由于日本侵略者的烧、杀、抢、掠，横征暴敛，老百姓的苦

1

难程度达到了极点。哪里有压迫，哪里就有反抗，1941年12月，中共冀东地委开辟了热南抗日根据地，建立迁平青联合县。1942年，在县东部建立临抚凌青绥联合县，开始建立中共基层组织和抗日武装组织。青龙人民在党的领导下，配合八路军反扫荡、反合围，炸炮楼、断交通、截军火，与敌人开展了殊死的斗争，涌现出许多可歌可泣抗日斗争的人物，留下了许多感人至深的故事，最终取得了抗日战争的伟大胜利。因此，青龙是真正意义上的革命老区。

解放后，青龙人民在中国共产党的领导下，很快进入轰轰烈烈的社会主义建设中。在各届县委、县政府的领导下，人民的生活大有好转，但由于战争的创伤，基础薄弱和资源匮乏，因此很长时间没能解决部分群众的温饱问题。改革开放后，青龙的农业、工业、商贸、城镇建设、医疗卫生、文化、教育、科技、通信等都有长足发展和提升，农村政策宽松，农民的生产、生活得到很大的改善，但仍然有一部分人处在贫困线以下。

1986年，青龙被确定为国家级贫困县，得到了国家资金、项目扶持。2002年3月，青龙被省委、省政府列入新时期国家扶贫开发重点县，全县124个村被列为河北省扶贫开发重点村。为确保扶贫目标的实现，省、市领导帮助青龙谋划指导扶贫工作，落实"精准扶贫"战略，从2016年起，市县两级选派了726名后备干部进驻贫困村开展一对一帮扶，由一名小组长任村第一书记，建立联村包户制度，责任到人，措施到位。所有县级领导每人分包1个村，联系2个贫困户，推进"百企帮百村"扶贫行动，引导82家民营企业、21家驻秦疗养单位、137位科技特派员投身脱贫事业，与贫困村结对帮扶。出台制定了《精准扶贫考核评价办法》，加大对贫困村的资金扶持力度。2018年年初，先后接受了省扶贫成效考核和第三方评估，7月经贫困县退出国家第三方专项评估检查，给予青龙"真扶贫、真帮扶、真脱贫、零错退、零漏评"的高度评价。到 2018 年年底，经国家有关部门严格验收后宣布，青龙正式脱贫。

《青龙满族自治县革命老区发展史》一书，坚持以马克思列宁主义、毛泽东思想、邓小平理论、"三个代表"重要思想、科学发展观、习近平新时代中国特色社会主义思想为指导，用辩证唯物主义和历史唯物主义的立场、观点和方法，以翔实的史料、恰当的理论概括，对重大历史事件作出了客观准确的评价，较准确地记述了中共青龙党组织的创立和发展壮大的历程；全面记录了在中国共产党领导下，全县人民经过抗日战争时期和解放战争时期，取得新民主主义革命彻底胜利的光辉历史；书写了在社会主义建设时期、中国特色的改革开放时期，以及新时代党领导人民与时俱进、富国强民的巨大成就。

此书的出版，必将让我们更多地了解历史，教育和引导后人不忘历史，不忘国耻，发扬党和革命先烈们的优良传统，以优良的作风投入火热的新时代中国特色社会主义建设中！

2020 年 7 月 1 日

霍林国 青龙满族自治县政协原主席，现为青龙满族自治县老区建设促进会会长。

编写说明

　　2017 年 6 月，中国老区建设促进会组织全国各地老促会启动编纂《全国革命老区县发展史》丛书，按照"建立中国共产党、成立中华人民共和国、推进改革开放和中国特色社会主义事业"三大里程碑的历史脉络，系统书写革命老区百年历史，深入挖掘革命老区红色文化资源，这对于充实丰富中国革命史籍宝库、在新时代传承红色基因、弘扬革命精神、强固根本，对于激励人们在新的历史条件下夺取中国特色社会主义伟大胜利，实现中华民族伟大复兴的中国梦具有重要意义。

　　丛书编纂以习近平新时代中国特色社会主义思想为指导，以《中国共产党历史》《中国共产党的九十年》等重要文献为基本依据，以党的领导为核心，以老区人民为主体，以老区发展为主线，体现历史进程特征，突出时代发展特色，坚持辩证唯物主义和历史唯物主义相统一、历史真实性与内容可读性相统一的原则，书写革命老区从站起来、富起来到强起来的光辉革命史、不懈奋斗史、辉煌成就史，把老区人民的伟大贡献、伟大创造、伟大成就、伟大精神充分展示出来，形成一部具有厚重历史特征和鲜明时代特色的精品力作。这是一部培根铸魂、守正创新，既为历史立言，又为时代服务，字里行间流淌着红色血脉、催生着革命激情的传世之作。丛书的编纂出版将成为讴歌党讴歌人民讴歌时代、传播红色文化、为革命老区和老区人民树碑立传的重要载体。

丛书按照编年体与纪事本末体相结合、以编年体为主的编写体例确定框架结构；运用时经事纬、点面结合的方式记述史实；坚持人事结合、以事带人的原则处理人与事的关系；采取夹叙夹议、叙论结合以叙为主的方法展开内容。做到了史料与史论、历史与现实、政治与学术统一，文献性、学术性、知识性相兼容。

为编纂好全国革命老区县发展史丛书，打造红色文化品牌，中国老区建设促进会认真组织积极协调，提出政治立场鲜明、史料真实准确、思想论述深刻、历史维度厚重、时代特色突出、编写体例规范、篇目布局合理、审读把关严格、出版制作精良的编纂出版总要求，力求达到革命史籍精品的精神高度、思想深度、知识广度、语言力度，增强丛书的权威性和社会影响力。各省（区、市）、市（州、盟）、县（区、旗）老促会的同志，以强烈的使命感、责任感和紧迫感，勇于担当，积极作为，认真实施，组织由老促会成员、专家学者等参加的十余万人编纂队伍。编纂工作主体责任在县，省、市组织协调、有力指导、审读把关。各方面人员以高度负责的精神和科学严谨的态度，满腔热情地投入工作，为丛书编纂出版做出了重要贡献。丛书编纂工作还得到了党和国家有关部委、地方各级党委政府及有关部门的大力支持和积极参与，社会各界也给予了热情帮助。中共中央政治局原委员、中央军委原副主席、国务委员兼国防部长迟浩田首长，对革命老区建设发展十分关注，对老区人民怀有深厚情感，欣然为发展史丛书作总序。

丛书由总册和 1599 部分册（每个革命老区县编纂 1 部分册）组成，共 1600 册。鉴于丛书所记述的史实内容多、时间跨度长和编纂时间紧，不妥之处，敬请批评指正。

中国老区建设促进会

目 录

第一章　县域概况

第二章　人民政权的诞生和巩固

第三章　百废待兴，老区建设在探索中前进

第四章 改革开放四十年

第五章　扶贫攻坚

第六章　大事记

附　　录

第一章　县　域　概　况

一

　　青龙满族自治县隶属河北省秦皇岛市管辖，位于河北省秦皇岛市东北部，燕山山脉东段，长城北侧，属冀东北地区，地处东北、华北的结合部和环渤海湾、环京津冀一体化两大经济圈内。东和东北部与辽宁省的绥中县、建昌县、凌源市接壤；西和西北部与承德市的宽城满族自治县毗邻；南隔长城与本市的抚宁区、卢龙县和唐山市的迁安市、迁西县相连。坐落在北纬 40°04′40″～40°36′52″东经 118°33′31″～119°36′30″处，全境东西横距 88 千米，南北纵距 58 千米，总面积 3510 平方千米。县城设在青龙镇，距首都北京 250 千米，距天津 265 千米，距省会石家庄 480 千米，距秦皇岛 118 千米。2018 年，全县设 11 个镇、14 个乡、396 个村民委员会、4 个居民委员会，有满、汉、苗、壮、侗、藏、朝鲜、蒙古、傈僳、土家、回 11 个民族，全县总人口达 566577 人，其中少数民族人口 423670 人，占全县总人口的 74.4%。

　　青龙是山峦起伏、沟谷纵横的山区县，素有"八山一水一分田"

之称。地势西、北、东三面较高，南面较低，山脉多为东西走向。地形分中山、低山、丘陵、沟谷 4 个类型，耕地分布在河流两岸和山川沟谷之中，坡耕地较多。县境处在中纬度地区，属北温带半湿润大陆性季风型燕山山地气候，春季干旱多风，夏季降水较集中，秋季多晴朗天气，昼夜温差大，冬季寒冷干燥，年平均气温 8.9℃，年平均降水量为 715.9 毫米。大气环境质量为国家二级标准，水质类别优于国家地表水和浅层地下水环境质量二级标准。

青龙历史悠久。据 2010 年全省文物普查印证，在旧石器时期，县境内就已经有人类活动。商代属孤竹国；周代东境属燕，西境属孤竹；春秋战国归山戎；秦汉属右北平郡；隋唐为中原与外域征战之地，辽金时期属奚族人居住地，并建立过短暂的国家政权（奚国）；元代为蒙古游牧之地；明代，朱元璋灭元后，为防蒙古族卷土重来，颁布长城外 200 里内"禁止居住"，县全境遂成荒无人烟的"中间地带"；清朝康熙九年（1670 年），朝廷颁布圈地令，满族人开始到长城外无主荒地"跑马占圈"；清朝乾隆二年（1737 年），县境分属迁安、抚宁、临榆三县；民国二十年（1931 年），中华民国南京政府批准成立都山设治局，筹建都山县，1933 年，日本侵占青龙，废都山设治局，建立伪满洲国青龙县；1941 年至 1945 年 5 月，县境内先后建立过中国共产党领导的迁（安）青（龙）平（泉）、临（榆）抚（宁）凌（源）青（龙）绥（中）、迁（安）卢（龙）青（龙）、凌（源）青（龙）绥（中）、抚（宁）青（龙）联合县抗日民主政权；1945 年 8 月，日本投降，青龙解放；1945 年 9 月，中共成立青龙县临时行政委员会；1946 年 1 月，成立青龙县人民政府；1962 年 10 月 27 日，河北省批复：青龙和宽城分县，将青龙县的峪耳崖、新甸子、宽城、板城、汤道河 5 个区析出，另设宽城县；1986 年 12 月，经国务院批准，建立青龙满族自治县；1987 年 5 月，实行民族区域自治。

二

青龙满族自治县地大物博，物产丰富，山清水秀，可谓物华天宝，有着得天独厚的矿产、林果、山野、水利和旅游资源。

矿产资源。县境矿产资源储量大，至 2018 年年底，已探明发现的有金、银、铜、铁、锰、铀、重晶石、花岗岩、大理石、石灰石、煤炭等 40 多种，其中，金属矿产 11 种，非金属矿产 18 种，地下水 2 种，其他矿产 1 种，曾被誉为"中国万两黄金县"。

林果山野资源。占全县总面积 77.2% 的山场面积中，分布着油松、桦、柞、杨等 16 个生态乔木树种，苹果、梨、板栗等 10 个优势经济树种，"青龙甘栗""龙富苹果"为著名商标，杜鹃、荆条、榛柴等 13 个灌木种类；牧草 91 科 630 种；野生动物兽类 13 科 32 种，鸟类 29 科 61 种，爬行动物 5 科 16 种，两栖动物 2 科 7 种，有多种国家和省级保护动物；野生药材 404 种，"燕山黄芪""金丝黄芪""都山党参"久负盛名；野生食用果、菜、菌类 20 多种，山杏仁、山枣仁产量均居全省之首。

水利资源。县境属滦河和冀东沿海水系，淡水资源充沛，有 10 条较大河流，总长 426.2 千米，其中只有青龙河为过境河，其余皆发源于本县山脉，青龙河、沙河、白羊河、清河、石河、洋河独流出境，起河、星干河、都源河、南河为青龙河主要支流，近年平均水资源总量 6.64 亿立方米，人均占有水资源 1285.47 立方米。

旅游资源。青龙占据山清水秀、四季分明的地理优势，使旅游资源多元独特，有闻名中外的国家级风景区——祖山、京东第二峰——都山等山水旅游；桃林口水库、桃林湖、冷口温泉、大象飞泉、青龙河漂流等水上旅游；阳山洞、五峰山等宗教旅游；长城等古迹旅游；花厂峪、花果山等红色文化旅游以及黄金溶洞地质地貌旅游等。旅游开发前景广阔。

三

青龙历史上以小农经济为主，生产力水平低下，经济基础薄弱。新中国成立后，全县社会主义建设事业不断发展，人民生活水平持续提高。特别是党的十一届三中全会以后，全面推行改革开放政策，经济社会发展驶入快车道。1979 年，全县国内生产总值 7418 万元，财政收入 573.5 万元，农民人均纯收入 134 元，城乡总储蓄 183.5 万元。2018 年，全县国民生产总值实现 130979 万元，是改革开放前的 23.5 倍，40 年年均增长 8.3%。人均生产总值达 25892 元，是 1978 年的 158 倍，扣除价格因素影响实际增长 20 倍，年均增长 7.8%。全县年实现财政收入 87797 万元，比改革开放前增长了 216 倍。各类金融机构达 7 家，城乡居民储蓄存款达到 1431450 万元，人均存款为 25264 元。城镇居民生活水平不断提高，至 2018 年，城镇居民人均可支配收入达 33903 元。农民生活水平进一步改善，至 2018 年，农民人均可支配收入达 10683 元。

农业农村经济平稳较快发展。1982 年，农村实行家庭联产承包责任制，调动了农民的积极性。20 世纪 90 年代，形成畜牧、林业、果品、中药材、精品杂粮五大高产、高效、优质农业，产业经营率达到 42%，产业化吸纳农户率 48%，第一产业发展迈上了新台阶。2010 年，实现农业总产值 31.4 亿元，占全县地区生产总值的 40.46%；2018 年，全县农业总产值达 734769 万元，比改革开放前增加了 727404 万元，增长了 7 倍。粮食总产量达到 104784 吨，人均粮食产量 185 公斤。

全县实有封山育林面积 13635 公顷，人工造林面积 6637 公顷，森林覆盖率达 69.41%，位居全省第二。2001 年，青龙被国家林业部授予"全国经济林建设先进县"和"中国苹果之乡"称号。2017 年，县林业局被河北省林业厅、人力资源和社会保障厅评为"河北省林业系统先进集体"，青龙被国家评为"全国绿化模范县"等。

工业迅速发展。"六五"时期，开始调整工业产业结构，在巩固传统工业的同时，以资源开发为代表的新兴工业兴起，初步形成了公有制与非公有制经济并存的新格局。"七五"时期，黄金采选冶逐步配套，产量成倍增长，成为龙头产业。"八五"时期，铁矿采选业发展加快，国有和民营铁矿整体规模迅速壮大，成为工业经济新的增长点。"九五"时期，以肖营子、董杖子为中心的石材工业小区崛起，又一个新兴产业集群形成。"十五"时期，实施"以矿强工，以工强县"战略，发展采矿业，改组改造制造业，培育高新技术产业，实现产业优化升级。"十一五"时期，全县工业出现强劲的发展势头，增长明显加快。据 2018 年统计，全县工业总产值达 470473 万元，比改革开放前增加 468215 万元，工业增加值由 1978 年的 832 万元增加到93140 万元，增长了 110 倍，年均增长 12.9%。其中规模以上工业企业 17 家，年产值达 129069 万元，实现利润 46315 万元。

商贸流通日益繁荣。改革开放初期，乡村集体和个体私营商业零售业及其他服务业开始发展。1985 年后，国有、集体商业、服务业陆续开始实行承包经营责任制，个体私营企业在第三产业中所占比重明显上升。20 世纪 90 年代，随着社会主义市场经济体制的确立，多种经济成分、多种经营方式逐步形成。批发零售业、住宿餐饮业、交通运输业等传统产业稳定发展，旅游业、房地产业、信息咨询业、社会中介服务、家政服务等行业迅速兴起。到 2010 年，全县实现社

5

会消费品零售总额 18.3 亿元。其中，批发业实现销售额 2.2 亿元；销售业实现销售额 14.1 亿元；住宿和餐饮业零售额实现 2 亿元。据 2018 年统计，全县个体工商户达 117027 户，实现增加值 65.03 亿元，占地区生产总值的 49.7%，比改革开放前提高了 31.4 个百分点。

城乡建设日新月异。完善城市规划，2008—2010 年，先后投资 1200 万元，对《县城总体规划（2002—2020 年）》进行修编，力争到 2020 年，县城建成区面积拓展到 40 平方千米，人口增加到 30 万人以上。实施以三年大变样为契机，加快城镇化进程，改善人居环境，城市面貌发生了深刻变化，至 2010 年年底，累计实施重点城建项目 98 个，完成投资 42.6 亿元，拆迁拆除违法建筑 40.03 万平方米，新增商住楼 157 万平方米，县城人口由 2007 年的 6.9 万人增加到 8.2 万人，2010 年，青龙获"省级园林县城""城镇面貌三年大变样工作先进县""省级文明县城"等称号。青龙县城建设以此为契机，将青龙县城建设的定位为"区域中心之城、山上园林之城、民族特色山城"，并逐年投资。一是突出满族文化塑造城市之魂。投资 4800 万元建设民族文化广场；投资 7300 万元建设的民族文化宫和民族博物馆，是青龙最具民族特色的标志性建筑；投资 4 亿元，打造三条"特色鲜明、风格迥异"的精品样板街；总投资 2.5 亿元的满族风情园和星级宾馆正在建设之中。二是突出山水生态涵养之脉，新建标准化污水处理厂和垃圾填埋场，污水处理率和生活垃圾处理率分别达到 100%，2016 年被国家评为"可深呼吸小镇"。新增城市绿地 125 万平方米，人均城市绿地面积达到 28.5 平方米；投资 5622 万元，对南河实施综合治理，建设蓄水橡胶坝、汉白玉河堤护栏等景观；投资 4200 万元建设南山生态观光园。建成区面积由 4.5 平方千米拓展到 7.9 平方千米。镇村建设，结合青龙山区实际，探索"六型新模式"。一是以七道河乡新桥村为示范，突出山区特色，打造就地整治型；二是以八道河镇 5 村联建为示范，突出乡镇辐射，打造区域集聚型；三是以青龙镇大杖子村、土坎子村、三权榆树村为重点，突出城市带动，打造区片开发型；四是以草碾乡高庄村为示范，突出条件改善，打造扶贫迁建型；五是以祖山镇山神庙新村和八道河镇二道沟新村为样板，突出项目拉动，打造集中安置型；六是以祖山镇花厂峪村和隔河头镇花果山村为重点，突出满乡风情，打造宜居宜游型。至 2018 年，县城建设有序推进。泰丰首府二期、棚户区改造等项目加快实施，万豪酒店建成营业。改造破损道路三条，修复人行道 3.8 万平方米，完成 8 条街道绿化提升工程，都阳路东段道路被评为省级园林式街道。建设排水管网 4.1 千米。拆除广告牌 122 块，"无双违"创建全面完成。基础设施建设不断加强。三沙线道路竣工通车。县城引水工程完成招投标。

水电路信日臻完善。2004 年，全县省、县、乡、村四级道路总长 1002.58 千米，比 1979 年增加 539.08 千米，其中省道 5 条、县道 8 条、乡道 14 条、旅游专用公路 3 条；有公路桥梁 216 座、隧道 10 条，其中南寨公路桥为秦皇岛市最高公路桥梁，梯子岭隧道为秦皇岛市最长公路隧道。到 2010 年，县内公路里程 2249.5 千米。其中省级公路 269 千米 /5 条、县级公路 286 千米 /8 条、乡级公路 378.9 千米 /31 条、专用公路 8.2 千米 /2 条、村级公路 1307.4 千米。全县省级公路隧道 10 个，长 4959.6 延长米；全县公路桥梁总长 1.35 万延长米。截至 2018 年，公路交通便利，四通八达。全县公路通车总里程达 2692 千米，比改革开放前增加 2144 千米，实现村村通公路。2012 年承秦高速开通，结束了青龙没有高速公路的历史。20 世纪 80 年代初，华北电网进入青龙，1990 年实现乡乡通电。1992 年实现村村通电。至 2004 年，有水力发电设施 2 处，10 千伏变电站 3 座，35 千伏变电站 7 座，110 千伏和 35 千伏输电线路 13 条，10 千伏配电线路 42 条，形成了以 110 千伏线路为依托，35 千伏线路为骨架，10 千伏线路为动脉的供电网络。到 2010 年，城乡电网建设有较大发展，青龙辖区内 220 千伏变电站 1 座 /420 兆伏安，110 千伏变电站 6 座 /526 兆伏安，35 千伏公用变电站 9 座 /167.8 兆伏安。辖区内 220 千伏线路 2 条 /93 千米，110 千伏线路 13 条 /284 千米，35 千伏线路 15 条 /192 千米，10 千伏线路 1893 千米，低压线路 3514 千米，10 千伏变压器 2564 台。固定电信设 11 个支局，25 个无人值守交换机房，数字程控交换机总容量 32970 门，比 1979 年增加 32570 门。中国移动、中国联通网络实现无缝隙覆盖。设邮政支局 10 个，城乡邮运投递段 37 条，邮路 1950 千米，村村通邮。2010 年，全县电信业务总量 7813 万元，2018 年，全县邮政投递道段达到 62 条，农村投递路线总长度 3658 千米，全县有固定电话用户 3.2 万户，互联网用户 4.9 万户，移动电话用户 39.46 万户。实现村村有网络，信号全覆盖。水利设施有河北省大型水利枢纽工程桃林口水库、县属中（一）型水胡同水库、小（一）型水库 2 座、小（二）型水库 8 座、塘坝 65 座，土石井、大口井、机井 3.12 万眼，截潜流、扬水站、节水管灌等农业水利工程 3406 处，饮水工程 8014 处，防洪坝 680.8 千米，水土保持工程面积 2606.6 平方千米。多年平均水资源总量为 6.64 亿立方米。其中地表水资源量为 6.32 亿立方米。地下水资源量为 2.02 亿立方米。

四

全县科教文卫事业不断加大投入力度，不断创新，不断完善，取得了可喜的变化。

精神文明建设成效明显。由 1981 年起，全县开展以"五讲"

（讲文明、讲礼貌、讲卫生、讲秩序、讲道德）、"四美"（心灵美、语言美、行为美、环境美）、"三热爱"（热爱祖国、热爱中国共产党、热爱社会主义）为主题的社会主义精神文明教育活动。1986年，设精神文明指导机构精神文明建设和管理走向制度化、规范化。先后开展了评选"优秀人民公仆""创业英模""优秀园丁""科技标兵""星级文明家庭"等活动。2004年，全县评选农村"十星级文明家庭"86536户次，城镇"五星级文明家庭"5348户，河北省三星级文明窗口单位18个，市级服务明星21个。近几年，精神文明建设与省级文明县城创建相结合，2018年，制发了《2018年创建省级文明县城实施方案》《创建省级文明县城宣传方案》等，对创建文明县城涉及的30余个测评项目以及千余个测评点位，均分解到相关县级领导和责任部门，不间断地进行实地勘查、现场指导、督促检查。加大宣传，印制创城明白纸4万张，创城调查问卷4万张，在建筑围挡、人流密集场所及景观带护栏及栏杆等处建设以讲文明树新风、社会主义核心价值观、未成年人思想道德建设文明条例等为内容的公益广告、灯旗广告407块1773.8平方米；墙体公益广告2000余平方米；都阳路高速出口处高架桥两侧公益广告400余平方米；龙岛公园宣传牌90余平方米；南河景观带护栏、汽车站等地雕刻异型公益广告335块；都阳路绿化带、城区内小型游园等地异型公益广告156块。

教育事业健康发展。2004年，全县有幼儿学前班229个，幼儿园23所，小学352所，初中50所，高中6所，中等职业技术教育学校1所。

1995—2004年，连续保持小学入学率100％。第一实验小学被评为"河北省心理健康教育实验学校""秦皇岛市德育示范校"。第一中学被评为"河北省重点中学""河北省示范性高中"。职业技术教育中心被评为"河北省示范性职业技术学校""国家级重点中等专业学校""国家汽车运用与维修技能型紧缺人才培养培训基地""河北省贫困地区农村劳动力转移培训示范基地"。教师队伍整体素质不断提高，学校基础设施得到空前改善。1999 年、2002 年，先后通过了省政府"普九"验收和复检。2008 年，以较高标准通过省政府教育综合督导评估。在学校标准化建设、常规管理、课程改革、艺术教育都有明显提高。2009 年，全县有各级各类学校 215 所，中小学在校生 48646 人。其中小学 173 所、初中 34 所、普通高中 4 所、职业高中 2 所、教师进修学校和特教学校各 1 所。2018 年，全县共有各类学校 91 所，在校生 20386 人，入学率 91％。其中普通高中 4 所，在校生 5328 人；初级中学 21 所，在校生 17334 人，入学率 99.8％；小学 46 所，在校生 46474 人，入学率 100％；学前教育 17 所，在园儿童 35330 人，入园率 86.8％；职教中心学校 1 所，特殊教育 1 所，民办教育 1 所。

医疗卫生水平显著提高。2004 年，县级医疗卫生单位有县医院、县中医院、县疾病预防控制中心、县妇幼保健医院，有 8 所中心卫生院、16 所乡镇卫生院、682 个卫生所和个体诊所。卫生技术人员 1010 人，护理人员 220 人。先进的医疗技术和医疗设备被西医临床广泛应用，中西医结合成果斐然。县医院、县中医院先后进入国家二级甲等医院行列。传染病、地方病、职业病得到有效防治。农村三级疫情预防保健网建设不断加强。2010 年以来，成立医药卫生体制改革领导小组，确保医药卫生体制改革深入开展，基层医疗卫生机构实行药品零差率销售；启动居民健康档案；推行"医疗质量万里行""医院管理年"等多项活动。

文化艺术事业百花齐放。县文化馆、乡镇文化服务中心、村文化室、文化院户四级文化网络建设不断加强，城乡群众文化活动丰富多彩。到 2010 年年底，全县在册艺术表演团体 3 个，自发组织的业余艺术团体 30 多个，文化馆 1 个，文化站 25 个。先后创作编排了满族舞蹈《狩猎归来》《宫廷玉扇》《猴打棒》《玄鸟生商》，现代诗乐舞《铜墙铁壁》，音乐《奚琴演奏》等，均有浓郁的民族特色。2010 年 7 月 9 日，经青龙县申报，精心筹备，经中国民间文艺家协会评审，授予青龙"中国奚族文化之乡"和"中国奚族文化研究中心"称号。在非物质文化遗产挖掘和传承上成果显著，现已有"青龙猴打棒""满族黏饽饽"等四项登上了省级非物质文化遗产名录；"满族语言文字""青龙水豆腐""青龙家织布"等十一项列入市级非物质文化遗产名录；挖掘整理了"青龙打铁工艺""青龙泥火盆"等传统工艺、满族习俗、民族饮食等六十项内容，列入县级非物质文化遗产名录。民族文化艺术发扬光大，文学、美术、剪纸、书法、摄影、戏曲、舞蹈创作成果颇丰，多人获得国家、省、市级奖励。

体育运动空前活跃。1982—2004 年，各级各类学校连续保持《国家体育锻炼标准》100%；现代体育项目在农村广泛开展，被评为全民族体育工作模范集体；2004 年，青龙成为河北省少数民族传统体育项目陀螺训练基地，先后 11 次参加河北省和全国民族体育运动会、河北省全运会、河北省和全国陀螺比赛等赛事，获 26 枚金牌、17 枚银牌、20 枚铜牌。至 2010 年，全民健身、竞技体育、职工体育、校园体育、民族体育活跃。群众健康水平明显提升。运动员注册 35 名，建市级传统项目学校 4 所，县级 9 所，市级业训点 1处。2010 年，青龙运动员代表秦皇岛市参加在承德市举办的河北省第八届民族运动会的陀螺和蹴球 2 个项目的比赛，获得 3 金 6 银的好成绩。

科学技术事业硕果累累。1979 年后，科技兴县成为青龙经济战略的重要组成部分，科技部门和各条战线的科技工作者承担了 168

项地市级以上科研项目，其中 47 项受到奖励。完成了联合国全球计划项目 IPASD 青龙地应力观测站、河北省青龙地震自动观测台工程建设。建立了县、乡、村科技咨询、科技培训、科技推广机制，在青龙镇响水沟村建设了"青龙科技成果集成示范区""秦皇岛市稀良种示范中心""河北省科普示范基地"。

广播电视报刊业快速发展。青龙广播电视局于 1984 年成立，青龙电视台于 1993 年成立，2001 年 8 月，成立秦皇岛燕山农村有线电视网络发展有限公司青龙分公司，实行局、台、网一体制。2008 年 1 月，广电局与燕山公司彻底分离。1998 年，青龙被国家广播电影电视总局列为有线电视"村村通"试点县；至 2004 年，架设主干、支干光缆线路 3800 千米，基本实现有线电视"村村通"。 2001 年，国家广播电影电视总局、发改委授予青龙满族自治县"全国村村通广播电视工程先进集体"称号。 到 2010 年。电视网络已覆盖全县 356 个行政村。《青龙河》文学季刊，于 2004 年第四季度复刊，县委宣传部主管，县文联主办，除正常出刊外，还刊出"县庆 20周年""廉政建设""广电发展""职专校庆""一中文化""奚族文化""红色花厂峪""农村建设""精准扶贫"等专刊。

第二章　人民政权的诞生和巩固

第一节　建立党的组织，明确工作重心

一、历史背景

青龙满族自治县区位特殊，为内侵外御之要径，历代战火频繁。清末民初，军阀混战，广大农民饱受官署的横征暴敛、封建地主恶霸的盘剥压榨，还遍尝战乱、兵灾和匪祸之苦。民国二十二年（1933 年），日本侵略者占领青龙，人民陷入更深的灾难之中。此后的 13 年间全县共有 6214 人被检举、逮捕和关押。其中，被屠杀和在监狱中被折磨致死者就有 1106 人，死于劳役者 468 人。日本侵略者"集家并村"，制造"无人区"，使 2/3 的农户失去耕地和房屋，过着无衣无食的生活。仅民国三十二年至三十四年（1943—1945 年）间被冻饿和瘟疫折磨致死的多达 2 万人，在"集家并村"过程中，民国三十二年（1943 年）日伪制造 12 次大屠杀、大扫荡，杀害平民百姓和奸污妇女 500 余人，烧毁 3000 多户民居。这期间虽然青龙人民进行了多次的反抗和斗争，但因为没有一个先进的组织领

13

导，均以失败告终。

民国三十年（1941年）12月，中共冀东地委为开辟热南抗日根据地，救人民于水火，开始在青龙地区发展中共党员，建立党的基层组织和抗日武装组织，然后又在青龙西部和迁安西北部沿长城一带建立迁平青联合县；民国三十一年（1942年），在青龙东部地区建立临抚凌青绥联合县（次年改为凌青绥联合县），将青龙中部地区纳入迁抚青联合县。青龙人民在中国共产党的领导下，积极行动起来，配合八路军反扫荡、反"合围"，炸炮楼，破交通，截军火，为抗战的胜利作出了巨大贡献。民国三十四年（1945年）8月，青龙获得解放。民国三十五年至三十七年（1946—1948年）的3年间，青龙县境内的阶级矛盾、敌我斗争尤其激烈，在中共青龙县委领导下，青龙人民一方面斗地主分田地，一方面配合部队作战剿匪，到民国三十七年（1948年）年底，全部消灭了县境内外4000多人的30多股匪患；同时，广大青壮年还积极参军，出担架队，参加辽沈战役，1500名青龙民兵组织的担架团，在辽沈战役中事迹突出，被授予"英勇奋战""缴获惊人"等多面奖旗。在整个解放战争中，全县有3378名青年参加解放军，有610名烈士为新中国的解放献出了宝贵的生命。

二、党的工作重心

从民国三十年（1941年）12月中共冀东区分委和冀热边特委在青龙地区相继建立的各联合县委至民国三十五年（1946年）1月成立的青龙县委，在各个革命历史时期，作为全县革命和建设事业的领导核心，组织和领导全县人民进行了艰苦卓绝的斗争和工作，经历过挫折，也出现过失误，到最终的胜利，取得了社会主义革命和建设的初步胜利。

（一）抗日战争时期

民国三十年（1941 年）12 月以后，中共冀东地委为开辟热南抗日根据地，使之与冀东抗日根据地连成一片，形成冀热边抗日根据地，为进攻东北打开通道，先后在青龙西部和迁安西北部沿长城一带建立迁青平联合县（凉水河、王厂一带属之）；在青龙东部地区建立临抚凌青绥联合县（县址在青龙县花厂峪靴脚沟），民国三十二年（1943 年）7 月改建为凌青绥联合县；将青龙中部地区（白家店、七道河至西双山、张杖子一带）纳入迁卢青联合县。

这时期县委的中心任务是：向群众宣传抗日救国道理，建立党的基层组织和抗日武装组织，破坏敌人的"集家并村"和"三光"政策，领导群众坚持"无人区"斗争，巩固发展抗日根据地。

一是建立党的基层组织和抗日武装队伍。民国三十年（1941年），迁安市委和迁青平联合县委工作队进入青龙县凉水河、小马坪、王厂一带开辟抗日游击根据地，一面向群众宣传抗日救国道理，一面组织群众参加农民抗日报国会，进而发展党的组织。民国三十二年（1943 年），临抚凌青绥联合县工委，为组织群众开展对日武装斗争，先后建立了农民抗日报国队、武装民兵基干队、抗日游击队等武装组织，并从中动员骨干分子参加八路军和脱产的抗日游击队。从民国三十一年（1942 年）至民国三十四年（1945 年）8月，全县共建立 28 个党支部、12 个党小组，有 912 人加入党组织，840 人参加了八路军和游击队，有 5000 多人参加了民兵基干队和抗日报国队。组织发动民兵基干队和抗日报国队，配合八路军、游击队攻打敌人的据点、警防所和警察署，挖公路、割电线，破坏敌人的交通和通信，铲除死心塌地为敌人效命的汉奸走狗。

二是开展统一战线工作，争取和团结一切爱国力量共同抗日，对于那些有一定爱国思想表现和对日伪统治不满的地主士绅、伪官吏、伪职员和伪牌、甲长等，通过个别接触、联系和开秘密会等形式，向他们宣传抗日救国的道理和统战政策，使他们由同情抗日到支持或参加抗日，有的成为表面上应付敌人、暗地里为抗日服务的干部。对于那些有较高的民族觉悟，积极为抗日工作的伪官吏、职员和伪牌、甲长，有的被吸收入党，有的派入敌人内部，以合法身份为八路军、游击队筹粮筹款、传递情报、掩护和营救抗日干部及其家属。龙岗伪甲长张书阁深入敌人内部，为抗日部队提供情报；原伪干沟自卫团团长周子丰在五总区区委书记海瑞祥和十二团一营副营长马骥的启发教育与支持下，组织农民举行武装暴动，组成抗日武装基干队，后编入十二团一营新三连。

三是组织群众开展反对"集家并村"，制造"无人区"的斗争。日本侵略者为了保卫其所谓的"西南国境线"，阻止中共在热南地区建立抗日根据地，切断党与群众的联系，民国三十一年（1942 年）8月开始搞"集家并村"、制造"无人区"。各联合县委一方面支持群众誓死不入"人圈"，房子被烧毁，搭个草棚子，棚子被烧毁，就钻山洞，挖地窖。一方面发动群众千方百计延缓修围墙日期，或白天修，夜间拆，使原来在 3 个月内修完全县围墙的计划，延缓到翌年年底才勉强完成，而且大多数围墙质量很差，一推即倒。有些围墙修了拆，拆了修，反复修拆七八次。由于各联合县委同广大群众的密切配合，不仅粉碎了敌人的多次"扫荡"和制造"无人区"的计划，而且保护了各个抗日游击根据地、点，使之日益巩固发展，至 1945 年 5 月，青龙地区的东、中、西几块抗日游击根据地连成了一片。

四是在各根据地和群众基础较好的村子建立抗日民主村政权或"两面村"政权。这些村政权明里是伪满的牌，给日伪办事；暗里是民主政权，为抗日工作。

（二）解放战争时期

抗日战争胜利后，民国三十四年（1945 年）9 月，青龙县临时行政委员会成立，其主要任务是接收伪青龙县公署和配合冀热辽区委十二地委和军分区收编青龙境内的"讨伐队"，剿灭降而复叛的赵辅臣匪队，1946 年 1 月，正式建立中共青龙县委员会和县政府。从1946 年至 1949 年新中国成立，县委的中心任务是：领导全县人民清算复仇，实行土地改革，肃匪反霸，组织参军参战，支援解放战争，帮助农民生产度荒，从政治上和经济上翻身，当家做主人。

1. 土地改革

青龙县的土地改革，大体分三个阶段。

第一个阶段是清算复仇、减租减息。民国三十五年（1946 年）年初，中共青龙县委根据中共中央《关于一九四六年解放区的工作方针》，结合本县实际发动了"清算复仇""减租减息""雇工增资"的群众运动。首先在全县各行政村普遍建立了农会组织。全县各村在农会的组织下，开始对残酷剥削压榨农民的恶霸地主和罪行昭彰的伪满官吏军警进行清算复仇斗争，有的被抄没家产、扫地出门，有的被群众处死，全县镇压了一批罪大恶极的大地主和伪官绅军警人员。同时，发动受剥削的贫苦农民控诉清算封建地主和高利贷者的剥削罪行，实行减租减息，即"二五减租""三七五交租"。凡过去租粮过重的，首先进行"二五减租"，即从原交租的数额中减去25%；而后实行"三七五交租"，即租佃户要按租地产量的 37.5% 交租。减息主要是控制高利贷，规定借贷利息不得超过 30%。对于过去租息超过此规定的要退租退息。同时要求雇工户要给雇工增加 8% ～ 10% 的工资。民国三十五年（1946 年）5 月 4 日，中共中央发出《关于清算减租及土地问题的指示》（简称"五四指示"），要求各级党委以最大的决心和努力，将减租减息、退租退息上升为放手发动群众，消灭封建剥削制度，较大限度地满足农民的要求，彻底解决土地问题的群众运动。青龙县委根据中央"五四指示"和省委指示精神，于是年8月4日，召开了县区干部会议，作出《关于土地改革的工作计划》，提出了贯彻"五四指示"的具体办法。（1）清算劳役、劳工的负担，令地主补贴工价，使农民得到土地财物；（2）用清算租息、退租退息的价款，偿还农民土地、房屋、耕畜；（3）没收地主的黑山黑地归农民；（4）清算伪满时贪污、敲诈勒索的财物，令其以土地财物折价赔偿；（5）清算伪满时贪污多占的配给物资，以土地和浮物作价抵顶；（6）对罪大恶极的地主豪绅进行镇压，并没收其全部财产；（7）停止向庄头交旗税，并勒令交出《简明户单》，另立新的文契，确定农民的土地所有权。这次清算复查、减租减息，由于种种阻力开展得很不彻底。全县364个行政村，只有119个村开展起来，而且仅仅清算出10508亩土地，约占被清算户土地总数的1/3。

第二阶段是土地复查。民国三十六年（1947年）1月，冀东区党委根据中共冀热辽区分局下发的《关于检查与深入土地改革的指示》，决定将土地复查作为当时的主要工作任务，并对各县进行了部署。2月10日，青龙县委召开了县、区干部会议，县委书记何济民传达了县委《关于继续深入地发动群众复查土地问题的决议》，讲了复查土地的方针、政策、范围、对象、方式、方法等一系列具体问题。3月3日，中共青龙县委根据土地复查进展情况又作出了《关于复查土地工作的几点补充指示》。从而使全县土地复查工作掀起了新的高潮。但由于土匪的干扰，仍有近1/2的行政村没有开展起来或走过场。是年6月，中共青龙县委再次召开县区干部会议，对前段复查工作进行总结，提出进一步复查土地的意见。6月30日，中共青龙县委发出《关于复查土地工作的检讨与部署》的内部文件，检查了县委领导思想上麻木不仁、政治上右倾、作风上官僚主义等错误，提出总的要求是纠正右的错误思想，彻底消灭封建势力，使群众真正翻身抬头。会后，县委委员分头深入各区指导复查工作。（1）从组织上整顿各村党支部，清洗钻进来的奸特分子、阶级异己分子、投机分子出党；调整农会领导核心，清除农会中的不良分子；改造村政权，清除村干部中间的变质分子和地主"腿子"。（2）从政治上启发群众的阶级觉悟。发动苦大仇深的贫雇农民诉苦，控诉地主豪绅的罪恶，要求"有仇者报仇，有冤者申冤，杀人者偿命，欠债者还钱"。（3）村村建立斗争委员会，开展清算复查斗争，掀起清算复仇、复查土地的新高潮。

第三阶段是进行土地平分。1947年7—9月，中共中央在西柏坡召开全国土地会议，决定在土地复查的基础上，实行土地平分。9月13日，通过和颁发了《中国土地法大纲》。中共青龙县委根据冀东区党委的指示，开展了如下工作：（1）召开了100多名县区干部参加的贯彻《中国土地法大纲》的土地会议。会上，用整风方法进行查思想、查立场、查作风，批评右倾，人人检查过关。然后根据干部家庭出身、土改中表现，对县区干部进行了调整。凡家庭出身不好的或在初期土改工作中表现"无力"的，全按"绊脚石"予以撤掉（即所谓"搬石头"），送去整训或反省。（2）组织工作团，在县委委员率领下，深入各区开展以平分土地为中心的土改斗争。具体步骤做法是：召开各种会议，宣讲、讲解《中国土地法大纲》，发放《告农民书》；制订斗争计划，确定斗争对象；建立贫农团（取代原农会组织），宣布原村政权、党支部都停止工作，一切权利归贫农团。（3）查抄地主富农财物，分给贫雇农；对民愤大的地主富农分子进行游街示众，关押审讯，有的被施以肉刑或处死。（4）划阶级成分，平分土地，实现"耕者有其田"。由于土地平分开始前反复批判右倾、"搬石头"，在整个平分土地过程中出现了拔高阶级成分，扩大打击面，侵犯了中农甚至贫农利益的问题。全县 364 个行政村只有 14 个村未动中农。全县 5453 个被斗户中，有 2127 户中农和贫农被错斗。同时许多地区破坏了党的工商业政策，不仅将地富开办的商号、作坊收归农会，而且将中小工商业者开办的店、铺、作坊收归农会，予以平分。全县 113 个工商业户中有 70 户被接收。（5）复议划定阶级成分，落实团结中农和工商业者政策。民国三十七年（1948 年）5 月 1 日，中共青龙县委根据冀察热辽分局和冀东地委的指示，召开了平分土地工作会议，认真学习了任弼时关于《土地改革中的几个问题》的报告，开始落实中农政策，纠正"左"的偏向。要求全县各区、村按照中央关于划分阶级成分的"两个文件"逐户复议阶级成分，对错划错斗的中农、贫农户赔礼道歉，及时返还被抄物资。对于侵犯工商业者利益和平分土地中出现的其他问题也都作了适当的处理，使党的依靠贫农、团结中农和工商业者的路线得到保证和落实。当时划定的阶级成分为：地主 537 户、富农 2123 户、上中农 565 户、中农 8289 户、下中农 1753 户、贫农 28117 户，共计 41384 户。（6）颁发土地执照。民国三十七年（1948 年）10 月，冀东区行政公署按东北行政委员会关于统一颁发土地执照令，开始部署颁发土地执照工作，至 1950 年年初全部完成，土改运动胜利结束。

2. 肃清匪患

在清算复仇和整个土改运动中，一些伪满官吏军警人员和地主豪绅不甘心于自己的覆灭，有的伪装起来钻进基层政权里或区小队和民兵队伍，伺机反攻倒算；有的逃往国民党军占据的平泉、秦皇岛，依靠国民党的支持组成"还乡团""报国队"，流窜回青龙，骚扰、破坏革命和生产，杀害革命干部和土改运动中的积极骨干分子，妄图将刚刚建立起来的人民民主政权扼杀在摇篮里。当时经常在青龙境内的匪队就有 16 股，约 600 多人，还有境外 10 余股匪队约

500 多人也常来袭扰。

针对这种形势，县党政军主要领导成立了剿匪委员会和剿匪指挥部，加强县支队、各区小队和各村民兵的组织建设，采取军事围剿和政治瓦解，以军事围剿为主、部队与民兵相结合、以部队为主的方针，积极配合军分区常驻青龙的独立四团进行剿匪战斗。民国三十四年（1945 年）年底，粉碎了赵辅臣的叛变，翌年 8 月粉碎了宋绍久的叛变，民国三十七年（1948 年）相继消灭县内的几股"还乡团"。至 1949 年 4 月，境内匪患均被肃清，共抓捕青龙境内匪队的匪首和骨干分子 30 多人，从境外抓捕和被遣返的匪首有 20 多人。

3. 支援解放战争

民国三十五年（1946 年）8 月，遵照毛泽东主席《以自卫战争粉碎蒋介石的进攻，建立和平、独立、民主的新中国》的号召，以及冀东区党委的紧急指示，青龙县委组成了以县政委（县委书记）何济民为主任的支前委员会，在全县建立为解放军服务的 1 个总兵站、12 个分兵站，并向全县发出"男女老少、全力以赴、投入轰轰烈烈的支前运动"的号召。

一是组织民兵、担架队、破交队支援前线。民国三十六年（1947 年）6 月，组成了以武委会主任张白策为团长、县委书记刘保胜为政委的 1500 人的民兵担架队，经过短期的训练，开赴锦州前线。组成了以武装科长周化通为队长的 600 人的破交队，开赴辽宁省朝阳一带，担负破坏敌人铁路交通的任务。

二是动员青壮年参军参战。民国三十六年（1947 年）10 月，经过广泛宣传动员，全县有 2708 名青年参军，出现了许多父送子、妻送夫、兄弟齐参军的动人场面。

三是为支援解放大军作战。民国三十七年（1948 年）3 月，青龙县委成立了以县长王平东为主任的战勤指挥部，具体负责架桥修路、筹运军粮、慰问解放军工作，保证了辽沈战役西南一线的军事交通、军需粮草供应，并组成 1.4 万人的支前运输队，将军用物资及时运往前线，保障了辽沈战役的胜利。

4. 组织生产救灾

民国三十七年（1948 年）至 1950 年，青龙县出现了历史上罕见的粮荒。特别是 1948 年，广大农村春耕前，就有 80% 的农户断粮，野菜被挖净，树叶被捋光，榆树皮被剥光。全县耕地有 60% 撂荒，因而连续造成 1949 年的粮荒。县委、县政府面对这种严峻形势，全力以赴地带领全县人民开展"以发展生产求出路，以生产自救求生存"的生产救灾运动。主要措施是：

一是大力发展农业生产，千方百计消灭荒地。为鼓励消灭荒地，县委制定了减免和减少开种新荒、老荒地公粮和垦种有主、无主荒地的所有权的规定和措施，从而极大地调动了农民开种荒地的积极性。据 1949 年年底统计，本年不仅把 1948 年撂荒的 23148 亩地全部种上，还开垦了 4898 亩生荒地，修复往年水冲沙压的 12152 亩土地。1950 年再次开垦熟荒地 25905 亩、生荒地 1740 亩，修复沙压地 41263 亩。

二是充分利用当地资源，因地制宜地发展副业生产。1949 年，通过采金、砍柴、烧炭、挖药材、饲养家畜家禽、纺线织布、编织、采集土特产品、开办各种手工业作坊、跑运销等途径，共挣小米 612 万公斤，基本上能解决全县人口两个月的口粮。

三是种植早熟作物和蔬菜，解决青黄不接的问题。四是政府发放救济粮款。民国三十七年（1948 年）至 1950 年，共发放小米、高粱 65 万公斤，玉米种 1 万公斤，土豆种 8 万公斤，棉花 258.6 万公斤，花生渣 0.5 万公斤，旧棉衣 3500 套，犁铧 600 个，救济款和贷款（长城券）37 亿元。

第二节　创建抗日根据地与设立军事组织

一、创建抗日根据地

1939 年，中国共产党开始领导青龙人民进行抗日斗争。中共晋察冀分局领导下的冀东党组织陆续派抗日干部到青龙一带宣传抗日、建立抗日根据地。全县各地逐步建立总区、分区等抗日政权，到 1945 年 5 月，青龙东、中、西三片抗日根据地连为一体，除县城、较大集镇和主要公路沿线外，广大乡村都是共产党八路军可靠的抗日游击根据地，成为全国 19 块抗日根据地之一的冀热辽抗日根据地的一个重要组成部分。根据地的军民在地方党组织的领导下，积极开展活动与游击战。

（一）根据地开辟与组织建设

1. 县境西部抗日根据地开辟与组织建设

1940 年 6 月，中共冀东区委组建以周治国为主任的青（龙）平（泉）工作团，进入都山南部、西部地区开展抗日工作。周治国发动群众，组建起百余人的抗日游击队，转战长城内外。1941 年 6 月，中共冀东区委召开扩大会议，根据北方局的指示和冀东形势，决定"巩固口里，发展口外，扩大根据地，武装开辟东北"，并派冀东军区十二团等正规部队开赴滦河以东地区，配合派遣的地方干部在滦河以东地区开辟根据地，青龙抗日根据地建设掀起高潮。1941 年 8 月，中共冀东区党委决定进军长城口外，开辟热（河）南地区。月内，中共滦东地委书记徐志和办事处主任高敬之负责组织起武装工作队，由高敬之、姚铁民负责组成长城工作团。在冀东军区十二团、十三团的配合下，历时三个多月，将锦（州）承（德）路以南，兴隆雾灵山以东，青龙都山以西发展为抗日根据地。由周治国带队，在长城外都山西南、西北一带开展抗日活动。1941 年 12 月，中共冀东区委组建迁（安）青（龙）平（泉）联合县，包括青龙县境西部的八道河、娄杖子、凉水河、三拨子一带。

2. 县境中部抗日根据地开辟与组织建设

1942 年 4 月 11 日，冀东军区司令员李云长、副司令员包森命令十二团一营两个连向都山进发，开辟滦东及长城外热辽边境地区抗日根据地。1942 年 8 月，中共冀东特委派遣以信修为队长的武装工作队，出冷口，进入都山东南部的老沟、宋杖子、龙潭沟一带，分 5 个突击组向周边发展。9 月，中共冀东特委派张百策等 5 人出桃林口，并与信修武装工作队汇合，在青龙开辟根据地。在龙潭沟一带开辟了青龙境内第一个抗日根据地——冷口区。

3. 县境东部长城沿线抗日根据地开辟与组织建设

1942 年 7 月，中共冀东特委派以宋国祥为队长、张仲三为指导员的远征队（后改为武工队）50 余人分别出桃林口、冷口，进入青龙开辟长城沿线根据地。1942 年 8 月，冀东军区十二团一营副营长马骥率领一、三两个连，原丰滦迁联合县总区长海瑞祥带领 30 余名地方干部，一起进入青龙，在青龙东部武装开辟抗日根据地。

4. 青龙抗日根据地的壮大与发展。

到 1943 年年底，全县已有党支部 16 个，独立党小组 11 个，党员 178 名。各地逐步建立了总区、分区等抗日政权。到 1945 年 5 月，青龙东、中、西三片抗日根据地连为一体，除县城、较大集镇和主要公路沿线外的广大乡村，成为八路军可靠的抗日游击根据地，并成为全国 19 块抗日根据地之一的冀热辽抗日根据地的一个重要组成部分。1945 年年初，滦东地区已建立了东至辽宁朝阳，西到滦河，南至昌黎渤海边，北到青龙、建昌，南北长达 300 千米，东西宽 120 千米的抗日根据地。根据中共七大决议提出的扩大解放区向敌后进军的号召，中共冀东区党委、军区司令部于1945年6月在十四、十五、十六三个地委组成3个"挺北"支队，分东、中、西三部，向热北、热中、辽西敌占区挺进。在十六军分区司令员曾克林和十六地委组织部部长、临抚昌联合县县委书记张化东率领下，于6月22日从义院口、界岭口、九门口三路出发，向辽宁的朝阳、绥中进发，到6月底，一部分挺进到山海关东北的明水塘和大寿山一带；另一部分伸展到蟒中营子以北和叶柏寿以南的山区，先后攻克敌人6个据点和7座"部落"（"集家并村"的"人圈"）。1945年4月下旬，撤销凌青绥联合县，建立抚青联合县。1945年5月，青龙妇女救国会成立。

5.青龙解放，建立革命政权

1945年8月15日，日本宣布无条件投降，联合县委派员接收冷口讨伐队。1945年8月20日，中共冀东十六地委派迁（迁安）卢（卢龙）青（青龙）联合县县委书记陈光、分区敌工部副部长张凯带领47人来青龙做接收工作。1945年8月25日，接收组召开接收大会，将驻青龙境内的7支伪警察讨伐队和1个骑兵队共2000余人改编为八路军冀热辽军区第三纵队（旅级建制），张金祥任纵队司令。1945年9月25日，青龙县临时行政委员会负责人陈光、张凯接收县城。张仲三、何济民、张百策等负责人同时接收双山子等地。从此青龙全境解放。

（二）斗争形式与策略

随着抗日根据地开辟，青龙境内的共产党地下党组织也逐渐发展起来，组织人民群众以多种形式开展抗日斗争活动。

1.秘密开展活动，坚持地下斗争

农村基层党组织以秘密活动形式开展地下工作。

（1）秘密接待、安置、掩护抗日干部，为抗日队伍筹粮筹款，全力配合抗日干部开展抗日工作。洞子沟支部自 1941 年成立至 1945 年日本投降的 5 年间，除组织抗日群众与民兵经常站岗、传信、破交之外，还为八路军筹粮 4000 余斤，筹集鞋袜 800 多双，筹集长短枪支和子弹一批，掩护、护理八路军伤病员 20 多人次。1943 年，十六地委的 16 名干部和七区队 3 个连的指战员都由党支部安排在洞子沟一带过春节，仅支部书记陈贵家就住了 16 名。从腊月二十九住到正月初六，历时 8 天。

（2）秘密发动群众埋地雷、破交通、割电线、烧炮楼，以多种方法袭扰敌人、牵制敌人。日伪据点到处分布，防卫地处处有兵，公路上敌伪军车来来往往，电话线交叉纵横，青龙山区一片白色恐怖。刚刚发展起来的党组织，带领群众炸炮楼、烧据点、挖公路、割电话线，使日伪军首尾难顾，惊恐不安。1942 年年末的一个夜晚，二道沟党支部配合抗日干部发动群众 100 多人，挖断公路 30 多华里，砍倒电话线杆 200 多根，割走电话线 5000 多斤。1943 年秋，在地方抗日干部的统一安排下，歪顶沟党支部与龙岗党支部共同发动数百名群众，仅用 3 个多小时，即将 40 多华里电话线杆全部锯倒，割电话线 15000 余斤。

（3）秘密安排共产党员打入敌人内部，搜集情报，瓦解敌人。东马道党支部共产党员张云海，经分区批准，打入敌伪内部，去下草碾当伪自卫团副团长，大力配合抗日活动。龙岗党支部支部委员张书阁，经组织安排任伪甲长，积极为抗日队伍筹粮筹物，想方设法搜集情报。1943 年 10 月，张书阁从甲长会议上获得情报，及时送给八路军七区队。10 月 15 日，八路军部队在龙头打伏击战，缴获日伪军装备一个团的武器和军用物资。

2. 开展反"集家并村"、反修"人圈"的斗争

1943 年年初，日伪在青龙全境开始"集家并村"，构筑"人

圈"。青龙人民在抗日政府的领导下开展了针锋相对的斗争。

（1）反对"集家并村"，坚持山区斗争。在共产党的领导下，许多地方的群众，房子被敌人烧了就搭窝棚，窝棚烧了就挖地窖、住山洞、蹲墙根，誓死不进"人圈"。粮食被抢光了就吃野菜、啃野果。全县有 21000 多人不同程度地坚持在"无住""禁作"地带，与抗日武装队伍共同战斗。男人站岗、送信、筹粮，配合抗日干部破交、锄奸、拆"人圈"；妇女烧水、做饭、护理伤员。花厂峪 70 多户人家，房子全部被烧，粮食、衣物大部分被抢走，但没有一户进"人圈"。小马坪北沟共 13 户人家，其中有 11 户在山上坚持斗争，一直到抗战胜利。花果山村群众除少数去口里投亲靠友外，大部分"猫山"（藏在深山密林里与日伪军周旋），为八路军送信筹粮，保存军需物资。其中，韩台子这个不足十户人家的小自然村，就在山上为八路军保管军粮 12 万斤。三星口西岔沟郭大娘一家，丈夫是共产党的关系人，两个儿子先后参加八路军。丈夫被日军杀害，次子在战斗中牺牲，二儿媳被日军逼死，房子被烧了四次，可全家始终与抗日工作人员一起在山上坚持斗争，掩护干部、护理伤员、传送情报，一直坚持到解放。茨榆山南沟老宣家，共四户，无一人入"人圈"。老妈妈杨桂芝，为了护理伤员，两年未下山。

（2）拆"人圈"，破坏日伪的"人圈"计划。抗日群众为拖延修"人圈"时间，一边修一边拆，白天修、晚上拆。各地还组织民兵突击队到各部落去拆围墙。有些"人圈"的围墙一连被拆了七八次。日伪原来预计三个月修完围墙，一年时间尚未完成，打乱了敌人的部署，为开展抗日工作争得了时间。1943 年正月初三，二总区游击队赵会品等 17 人，带领民兵仅用 3 个多小时，就捣毁草碾、瓦房、四台子、杨树底下、薛杖子、张杖子 6 个围子。1944 年春，地方抗日干部张百策组织民兵数百人，一个晚上拆掉五六十华里范围的"人圈"围墙，在每个"人圈"里都撒下署名"张百策武工队"的传单，弄得日伪惊慌失措。

3.发动群众开展武装斗争

在共产党的宣传教育下，青年农民积极参军，加入抗日队伍。从1942年到日本投降，全县参加八路军、游击队的青壮年720多人。吉利峪一个村有40多人参军，花厂峪村70多户，有48人参军。青龙境内的抗日游击队、农民抗日报国队、武装民兵基干队相继建立，迅速发展，配合八路军、游击队打击日伪。1943年，三星口龙岗村有30多人拿起武器，直接与日伪作战；清河沿一带经常参加战斗的民兵有200多人。陈清报国队、李杰游击队、周子丰游击队在建立后，或主动出击，袭击日伪，或配合正规部队参加战斗，不断成长壮大。后来三支队伍均被编为八路军七区队一个连，战斗在凌（原）青（龙）绥（中）一带。

4.开展反经济统治与封锁的斗争

日伪破坏抗日军民的生存条件，对"无人区"军民采取经济封锁，限制关内外的物资交流。除在长城内外制造"无人区"外，还在一些交通要道挖隔断壕，设海关、路卡。凡被抓获者皆以"经济犯""国事犯""私通八路"等罪名被刑讯、关押。西双山就有24人因运输粮布而被捕受刑，有3人被摧残致死。为打破日伪的经济封锁，党组织和抗日政府派出武装力量在长城各关口对运输群众给予配合和掩护。

1942年秋，八路军冀东军分区十二团一营一部，在英武山、山神庙一带两次袭击截粮的日伪军，掩护群众运送粮食。1942年年末，八路军冀东军分区十二团一营一部，在绥中皋山、龙店岭、老道沟一带，伏击前来堵截群众运输的伪警察数十人，使运输粮食物资的群众无一受损。1943年秋，八路军晋察冀军区第十三军分区第十二团第七区队（"马骥队"改编），与地方游击队共同打掉义院口海关，袭击了从花厂峪到石门寨之间的敌据点，迫使其撤走武装警防所和伪关卡，便利了群众运输。1942年年末，抗日部队与数百群众袭击伪讨伐队副司令张金祥的配给所和他的"瑞兴永"商店，获得大批粮食、布匹及其他生活用品。1943年年初，八路军冀东军分区十二团一营、地方游击队与上千名群众共同袭击安子岭据点，打开义仓粮库，获得粮食五六万斤。袭击伪村长田自林的"三义"商店，获布100多匹，黄丝50多斤，以及面粉、糖、汽油、火柴、纸等物资，分给了群众。1942年到1945年，八路军、游击队与群众一起，先后打开敌人设在三岔口、土胡同、安子岭、大巫岚、白家店、木头凳等十多处的义仓和伪组合仓库，获取了大批粮食和物资，为群众度过生活难关创造了物质条件。在打通关内外物资交流通道的同时，抗日政府领导群众展开反"经济统治"、反苛捐杂税的斗争。对于日伪的各种捐税，一拖再拖，迟交、少交或不交，或施巧计让游击队在交通路口打几枪，然后将群众交纳的粮食和其他物资，在八路军、游击队的掩护下，千方百计地发动群众再夺回来。

5.广泛建立抗日民族统一战线

1942年至1945年期间，抗日干部认真执行党的抗日统战政策，想尽各种办法，通过各种渠道，教育争取伪满中上层人士参加抗日，结成抗日民族统一战线。

（1）教育争取乡绅参加抗日。大于杖子庄乡绅豪富于廷弼，曾在伪骑兵队当过队长，因不忍帮助日本人欺负中国人而辞职，回乡后任伪甲长，在当地有较高威望，影响很大。1942年，武工队长张百策到四区土门子、大于杖子一带开辟抗日根据地，和通信员一起登门拜访于廷弼，宣传共产党的统战政策。于廷弼当场答应支持抗日工作，此后与张百策交往密切。同时，张百策通过于廷弼争取许多伪甲长、牌长倾向抗日，成为可靠关系人。于廷弼为抗日队伍筹粮筹款筹枪，保护地方干部和伤病员，多次冒着生命危险营救、保护张百策，为抗日做了大量工作。岳杖子村大地主宋朋，其子宋国江在警察分驻所当所长，有财有势。宋朋父子在抗日干部教育、争取下，倾向抗日。宋朋家成为抗日干部的落脚点、隐蔽所，秘密掩护地下党开展抗日工作，积极筹集粮、款、物支持抗日活动，多次营救被捕抗日干部群众，为抗日作出一定贡献。据统计，反"集家并村"期间，全县有20多个伪村公所、近300个"人圈"部落有抗日地下党关系人，秘密开展抗日工作。

（2）教育争取伪满政权下层人员参加抗日。上草碾伪甲长张兴，经抗日干部的教育争取，逐渐转变顽固态度，倾向抗日，后来弃暗投明，参加了抗日游击队，当了游击队队长。大于杖子伪甲长张利，接受抗日统战教育，为抗日活动筹粮筹款、派岗、送信、搜集情报，成为抗日地下组织的财粮委员。伪满大巫岚村公所伪村长彭润廷，经过抗日统战教育争取，成为抗日地下组织的关系人，利用伪村长的身份掩护、营救抗日干部及其家属数十人，后来投身革命，曾任抗日根据地总区副区长。

（3）教育争取伪满军警人员参加抗日。肖营子伪警察分驻所所长宋国江，接受抗日统战宣传，不仅为八路军提供粮食、传送情报，而且为八路军筹集枪支、弹药，掩护抗日干部。后来被日伪发现，逮捕入狱，在刑讯中坚贞不屈，英勇就义。清河沿伪警察分驻所警察杨廷利，抗日党组织通过亲属对其做统战宣传工作，被发展成抗日关系人，为八路军武工队制订袭击清河沿警防所作战方案提供了大量情报。战斗打响之后，他偷偷打开大门，里应外合，顺利地俘敌60多人，缴获大批武器弹药与军用物资。战斗胜利后，杨廷利参加抗日队伍。驻双山子伪满军队旅长王嘉善，具有民族气节，接受抗日党组织的统战宣传，曾多次表示"不愿与八路军作战"，希望八路军不要打他。抗日干部通过双山子伪村长张鉴臣与王嘉善进行谈判，王嘉善接受八路军提出的三个条件："一不能找八路军部队的麻烦，有军情要通知一下；二不能祸害老百姓，不要忘记自己是中国人；三不能抓捕抗日关系人。"所提诸款王嘉善均一一许诺。后来，王嘉善旅长在北京起义，参加抗日。

二、巩固新生的民主政权

1945 年 8 月 15 日，日本宣布无条件投降，联合县委派员来青龙做接收日伪政权工作。9 月 25 日，青龙全境解放。1946 年 1 月 10 日，撤销青龙县临时行政委员会，成立中共青龙县委员会。青龙县政府驻地大杖子。1946 年 2 月，建立青龙县武委会和青龙县支队。进入解放战争时期，青龙人民及武装力量，为巩固新生的民主政权，在县委县政府的领导下，展开了剿匪平叛斗争，同时，对伪满反动武装实施统战政策。

（一）平叛剿匪斗争

抗日战争胜利后，青龙全境虽然获得解放，但解放区的外部和内部环境险恶。青龙周边的秦皇岛、抚宁、平泉、建昌、承德等地城镇大部分被国民党军队占领，县境内一些对新生人民政权不满的伪满官吏、军警人员和地主豪绅等反动分子纠集在一起，组织"还乡团"等反动武装，骚扰、破坏革命和生产，杀害革命干部和土改运动中的积极分子，进行反攻倒算。剿灭这些土匪，是这一时期青龙人民政权的一项重要任务。为了保卫胜利果实，巩固新生的人民政权，青龙县政府积极开展剿匪斗争。至 1949 年 4 月，县内匪患彻底肃清。仅 1948 年至 1949 年 4 月不到两年的时间里，就歼灭匪队

28 股，击毙匪徒 223 人，俘虏匪徒 1427 人，摄降匪众 420 人，缴获六〇炮 2 门、机枪 2 挺、冲锋枪 2 支、大枪 257 支、短枪 25 支、手榴弹 2 枚、子弹 2600 余发。

1. 县城争夺战

1945 年 12 月 7 日，接受改编的日伪讨伐队队长赵辅臣，在其家乡杨树窝铺发动反革命叛乱，杀害八路军干部战士 12 人，随即率叛匪进攻县城大杖子。9 日，匪队进驻大巫岚三家村。当日，青龙县委接到群众报告赵辅臣叛变与攻打县城的消息，决定一方面报告冀东军分区要求派兵支援，一方面党政机关撤离县城，留县支队一个排固守县城，两个排到东苗杖子岭上设伏阻击。叛匪 400 余人于 12 月 10 日拂晓包围了县城并发起总攻。留守的县支队一排因寡不敌众，于 9 时许冲出包围圈，叛匪占领县城，地方干部 13 人惨遭杀害。当县委和冀东军分区地方部队五十七团得知此消息后，立即研究决定，集中力量收复县城，由五十七团团长张玉河、县支队队长周子丰指挥攻打县城，由许忠带领双山子民兵配合六十一团攻打叛匪老窝杨树窝铺。叛匪闻讯，企图向双山子逃窜，于 12 月 11 日、12 日两次被县支队和五十七团阻击，逃回县城。此时县城内匪徒惶惶不可终日，妄图固守县城，盼望驻秦皇岛国民党军队前来救援。12 月 12 日晚，五十七团和县支队趁热打铁，将县城包围。五十七团从南面围击，刘振标连从北山向县城压击，县支队由东面进攻。经过一夜的激战，打退了增援的王占元补充连，击毙叛匪多人。赵辅臣率领残匪突围，逃往杨树窝铺。六十一团会同许忠带领的民兵合力追剿，经过激战，赵匪无立足之地，于 12 月中旬逃往口里投奔国民党。赵辅臣叛乱被平息。1946 年 2 月 3 日，抚宁区支队在曹家堡子一带设伏拦截口外赵辅臣残部，战斗中支队长杨青云不幸牺牲。

2. 粉碎宋绍久叛乱十字坪包围战

1946 年 8 月 28 日，国民党军队三十五师、一六〇师、一六一师由东北开赴华北，途径青龙。肖营子中心村民兵中队长宋绍久（伪满时青龙县警务科驻冷口警务署特务、冷口基督教会长老、青龙县基督教会执事长）煽动肖营子、王营子、高丽铺、山神庙、七道河、下抱榆槐各村 100 余名民兵和区小队副队长汤玉平所带的 20 名武装民兵进行反革命叛乱，先后杀害与活埋区、村干部和群众 8 人，抢夺步枪 69 支。8 月 29 日晚，青龙县支队在肖营子北山与叛匪交火激战，匪队支撑不住，准备逃往县城大杖子。8 月 31 日，叛匪头目宋绍久在土石门与国民党五十三军会合，取得支持后返回王营子村，继续策划反革命反攻倒算活动。9 月 3 日、4 日，解放区独立四团配合县支队继续围剿匪队，在十字坪将匪队包围，经过两小时的战斗，将匪队打散，俘虏匪徒 70 人，缴获步枪 70 支。宋绍久等匪首逃往平泉，投靠国民党。这次叛乱被称为"七区小事变"。

3. 板厂峪包围战

1948 年 5 月 27 日，驻守承德的国民党十三军被中国人民解放军击溃后，以张金中、高占祥、张其昌为首的还乡团 1000 余人，从平泉窜到青龙，28 日进入县城，纵火烧毁县粮油库房（借用小学的房舍）12 间，烧毁公粮 10000 斤。29 日，向双山子、大巫岚、木头凳流窜，一路抢劫民财，杀害土改干部。当匪队流窜至义院口板厂峪，企图逃往口里时被驻解放区警备团和县支队阻击包围，经过激战，匪队除当场被击毙外，全部被俘。

4. 小孙店战斗

1948 年 11 月 8 日，活动在隔河头一带的王庆会匪队在哑巴庄曹杖子（今属隔河头镇）开会，谋划抢掠民财、杀害革命干部行动，商定于 11 月 10 日进驻小孙店，休息几天后开始行动。解放区驻青龙剿匪警备三团奉命于 11 月 11 日在小孙店南山梁设伏。经过一个多小时的战斗,击毙匪徒 3 人,活捉 7 人。其余匪徒掉头向南逃窜。当逃到花厂峪靴脚沟时,被剿匪部队截住,100 名匪徒全被歼灭,匪首王庆会只身逃跑。

5. 都山剿匪

1946 年至 1948 年,以伪满官吏、军警人员和地主豪绅等反动分子为骨干组织起来的"还乡团"约 20 多股,在县境西部都山一带掀起多起叛乱风潮。其中,一类是 1945 年日伪投降后,仍以都山为聚集地袭扰作乱的匪队;一类是 1946 年 8 月国民党军队两个师(一六〇师、一六一师)从秦皇岛撤往承德途径青龙县,原伪满机构旧部,借国民党军队势力乘机作乱。青龙县政权机关被迫迁到双山子。面对匪患,青龙县委、县政府成立了剿匪委员会和剿匪指挥部,在土门子、清河沿、花果山设立了 3 个指挥所,领导指挥剿匪斗争。冀东军分区派地方部队独立团常驻青龙,另派地方部队一、三两个团来青龙协同作战。至 1948 年 5 月,消灭高占海、张其昌等 5 股武装匪队,都山剿匪战斗取得最后胜利。

解放初期(1945—1948 年)还乡团、匪队一览表

单位:人

匪首	匪队名	人 数	匪首	匪队名	人 数
赵辅臣	保卫团	800	孙格顶		30
张金忠	还乡团	1200	黄大炮		
张其昌			张振起		18
高占祥			张春利		
高占海		80	孙广明		20
吴朝翰	都山总队	200	杨明春		30
张寿芝	民众自卫队	500	杨恒春		
韩殿臣	都山政工队	110	李仲甲		11
曹清			张怀中		11
张翠	都山自卫队	170	宋福基		80

（续表）

匪　首	匪队名	人　数	匪　首	匪队名	人　数
张雪涛	还乡谍报队	150	田兴泉		40
宋绍久	义勇还乡队	120	武云忠		190
王庆会		30	鲁瑞丰		40
周振国		20	李文祥		30
张　全		30	杨俊周		30
金巨川		30	孙百增（林中好）		70
张金增		30			
肖成宗		30	郭春喜李云长		40
宋山候永来		40			

（二）其他巩固政权活动

由抗日战争向解放战争转折期间，青龙山区是夹在东北与华北国民党军事统治区域之间的一块红色堡垒，斗争形势异常复杂尖锐，争取与接收改编张金祥伪讨伐大队是这一时期的重要兵事。

伪满统治时期，青龙县有一支最大的反动武装——警察讨伐队，司令为张金祥，故称张金祥讨伐队。抗战末期，在中共冀东军区党委统战政策的感召下，经历一番曲折斗争，这支讨伐队最终接受改编。

1. 张金祥讨伐队成立与罪恶活动

1931 年年初，青龙建立第一个县级行政机构都山设治局，张金祥任设治局公安局第二区公安分局局长，共有 30 多名警察，负责本地的社会治安。1933 年 8 月，伪满洲国成立伪公署，张金祥被任命为警务局局长，掌握伪青龙县警务界大权。

青龙县被日本帝国主义占领后，随着日伪统治的加剧，人民的抗日活动不断高涨，冀东抗日武装在人民群众的大力支持下给日伪以沉重的打击。1938 年 1 月 7 日，冀东抗日联军第一游击队司令员王平陆夜袭青龙境内的清河沿警察分驻所和海关税局。同年 6 月 7

日，冀东各县爆发了共产党领导的有 20 万人参加的抗日大暴动，建立了近 10 万人的冀东抗日联军（其中共产党领导的有 7 万人），攻克了昌平、迁安、玉田、卢龙、乐亭、平谷等 8 个县城和许多集镇。同年 9 月，八路军四纵队三十一大队一部和地方游击队，在营长吴伟的率领下出白羊峪口，前进到十字坪、凉水河一带，伏击敌伪 4 辆军车，袭击了凉水河警察署和兴农合作社，击毙伪警察署长徐吟涛，活捉 5 名日伪人员。1940 年 7 月，胡玉生等地下党到凉水河、北马道村组织农民报国会，随后又在东马道建立报国会。这一切都使日伪惊恐万状。伪县长和日本警务科连连向伪热河省警务厅告急，请求向青龙增派军队，并在青龙组织地方武装，以应对八路军、游击队和群众的抗日活动。1941 年开始，以汉奸、地痞、流氓、社会渣滓为骨干的巡防队、特务队相继建立。1942 年年底，连同伪热河省警务厅从内蒙古、东北调来的警察队，会同青龙境内的各种杂牌伪军如讨伐队、派遣队、巡防队、警察队、特务队等达 16 个队约 2500 人，统归县警务科指挥。张金祥任警务科巡防大队队长职务，在南杖子驻防，镇守界岭口、桃林口。

1943 年 3 月，伪县公署为强化对这批反动武装的指挥，成立隶属警务科领导的警察讨伐队司令部，行使原警务科的指挥权，张金祥担任讨伐队司令，积极配合日伪"集家并村"，从事扑杀抗日干部、群众，迫害抗日家属等一系列罪恶活动。

2. 张金祥接受统战政策

抗战后期，为减少抗日工作的压力与阻力，青龙抗日干部和八路军冀东军区首长对伪军伪警做了大量的瓦解争取工作。多次给张金祥写信，宣传中国共产党的统战方针政策，动员其联合抗日，并责成张金祥的家族亲友对其晓以民族大义和充当汉奸的利害关系。通过多方的统战宣传工作，张金祥镇压抗日活动的强势大有收敛，敌对情绪逐渐减小，对抗日队伍做些让步。在战场上，张金祥对部下暗示："为他们（指八路军）让让路。"

1942 年 7 月，冀东军区十二团一营副营长马骥率一、三连出裕门口，进入青龙东部地区，在花果山、柏树底下、核桃沟、龙尾、黄石砬察地形、探敌情，组织发动群众开展抗日活动，在官场的鲇鱼洞沟遇上驻防在南杖子的张金祥讨伐队。马骥队伍在前，张金祥讨伐队在后尾随。张金祥明知是八路军的队伍在"采地区"（发动群众，开辟根据地），没有发动袭击。双方都没有正面交火，僵持两天两夜，因八路军不熟悉地形，马骥率队撤出，返回口里，避免了伤亡。

1945 年 8 月 15 日，日本宣布无条件投降，抗日联合县委开始派员接收冷口讨伐队。李运昌司令员任命王晓岚为抗日武装大队队长，王晓岚通过多种关系和途径，对张金祥进行了一个时期的晓以民族大义的教育争取工作。张金祥迫于八路军在青龙抗日武装力量的不断壮大及有利于八路军的战争形势，同意与八路军建立联系。在当时特殊的战争形势下，李运昌口头承诺：抗战胜利后，给张金祥的部下以"八路军第三纵队"的番号。

1945 年 8 月 20 日，中共冀东十六地委派迁（安）卢（龙）青（龙）联合县县委书记陈光、军分区敌工部副部长张凯带领接收组 47 人来青龙做接收日伪政权工作。8 月 25 日，接收组在青龙县城大杖子街召开接收大会，将驻青龙境内的 7 支伪警察讨伐队和 1 个骑兵队共 2000 余人改编为八路军冀热辽军区第三纵队（旅级建制），张金祥任纵队司令。随后成立青龙县临时行政委员会，宣布张笠生为临时行政委员会主任。9 月 25 日，青龙县临时行政委员会负责人陈光、张凯接收县城，张仲三、何济民、张百策等负责人同时接收双山子等地，青龙全境解放。

三、不同时期的军事组织

（一）抗日战争时期军事组织

1933年3月"长城抗战"爆发前，青龙长城一线由国民党军队驻守。1933年4月，"长城抗战"爆发，日军在冷口、义院口等重要关口遭到国民党军队的激烈抵抗。1933年4月，日本侵略军占领青龙全境。1934年，青龙民众自发组织抗日救国义勇军积极抗日。1940年6月，中共冀东区委组建以周治国为主任的青（龙）平（泉）工作团，进入青龙境内都山南部、西部地区开展抗日工作，组建百余人的抗日游击队，转战于长城内外，青龙抗日斗争进入高潮。中共冀东区党委、冀东军分区不断派遣抗日干部、武装工作队、八路军正规部队进入青龙山区建立抗日根据地，打击日本侵略军。

1. 人民武装组织

（1）青龙县抗日义勇军。1934年3月，日本侵略者攻占青龙，把东北军推向长城附近，不日继续向长城以南进攻，企图攻占华北。建昌、青龙两地农民群起自卫。有十几个人、数十个人、几百人乃至几千人一队的，其中最大的领袖有四海蛟、穿山虎（蛇盘兔人，名叫单子恒）、天下好、海明（中响沟人，名叫白春祥）等5个大绺子，聚集一万多人，由自卫而演变成抗日救国义勇军。

（2）青龙武装工作队。1942年由中共冀东区党委派遣，队长信修，队员30人，在老沟、宋杖子和龙潭沟一带开展抗日活动。9月，长城工作团派张百策、高东海等6人组成小分队与信修汇合，在龙潭沟一带建立抗日根据地。

（3）临抚凌青绥武装工作队。1942年9月，中共晋察冀十三地委组织武装工作队，队长宋国祥，队员50人，在青龙东部开辟以花厂峪、花果山为中心的抗日根据地。

（4）临抚凌青绥联合县各区武装分队。1942年，临抚凌青绥联合县建立后，按区组建武装分队，每区10～20人。

（5）抗日救国暴动队。1943年3月，伪干沟自卫团团长周子丰率武装自卫团70多人暴动起义，5月编入马骥部队，为第三连。

2. 地方军事机构

1941年，中共冀东区党委不断加强青龙山区抗日政权的建立，并建立相应的军事机构县大队、县支队、县游击队、县武委会，参加与领导区域内的军事斗争。联合县政权区域及军事机构几经划分变更。1941年，境内抗日民主政权建立，县西境王厂、凉水河、三拨子、小马坪等地为"迁（安）青（龙）平（泉）联合县"第四总区辖区，属晋察冀第十三地委（冀东地委）管辖，直至1948年8月。1942年，东境为"临（榆）抚（宁）凌（源）青（龙）绥（中）联合县"辖区，属冀东地委管辖。1943年，改为"凌（源）青（龙）绥（中）联合县"，属冀热边特委第三地委管辖。1945年5月，改称"抚（宁）青（龙）联合县"。1944年，七道河、肖营子、白家店、大杖子等地属"迁（安）卢（龙）青（龙）联合县"管辖。

3. 驻军

（1）抗日救国军。1933年，日本侵略军占领热河省。中共河北省京东特委委员王平陆到兴隆县孙杖子、黄花川一带发动群众，组织抗日武装。队伍扩大到5000余人，称"抗日救国军"，辖4个总队，分散活动于青龙、兴隆、承德、平泉、迁安、遵化等县。

（2）青龙武装工作队。有三支队伍：

信修队——队长信修，队员30人。1942年，受中共冀东区党委（亦称滦东地委）派遣来到青龙，在老沟、宋杖子和龙潭沟一带开展抗日活动。

张百策队——队长张百策，1942年9月，受长城工作团派遣来到青龙，与信修队汇合，在龙潭沟一带建立抗日根据地。

临抚凌青绥武工队——隶属中共晋察冀十三地委，队长宋国祥，指导员张仲三，队员50人。1942年9月进入青龙东部，开辟以花厂峪、花果山为中心的抗日根据地。

（3）八路军晋察冀军区第十三军分区第七地区队。八路军晋察冀军区冀东军分区十二团一营。1942年4月，由副营长马骥一营一、三两个连进驻青龙老岭（今祖山），开辟抗日根据地。1943年7月，十二团一营改编为八路军晋察冀军区第十三军分区第七地区队（简称七区队），主要任务是负责在凌青绥、临抚昌地区开展武装斗争，协助凌青绥联合县和临抚昌联合县开辟抗日根据地。七区队下辖三个连，罗文任区队长，刘光路任政委，马骥任副区队长，张兴民任党总支书记。1944年年初，马骥任区队长，罗文任政委。七区队是抗战时期活动在凌青绥地区的主要八路军正规部队，被青龙群众亲切地称为"马骥队"。

（二）解放战争时期军事组织

抗战胜利后，冀热辽军区第十六军分区随即接收青龙县伪满政权并收编伪满武装，建立县级地方政权和地方军事组织。

1. 地方军事机构

1945年8月，青龙解放。是年9月，成立青龙县临时行政委员会，同时建立县级地方军事机构人民武装委员会。1948年3月，为了支援解放战争"辽沈""平津"两大战役，青龙县成立战勤指挥部；1949年4月，改称青龙县武装科；1951年4月，恢复青龙县人民武装部称谓。同时保留县支队武装军事组织，执行战斗任务。

2. 驻军

进入解放战争时期，由于国民党军队抢占全国中心城市，放弃偏远山区农村，因此青龙一直是解放区。驻军主要有接收伪青龙县警察讨伐队改编为冀热辽军区第三纵队和先后派驻青龙剿匪的冀热辽军区十六军分区一团、三团和独立团。

（1）八路军冀热辽军区第三纵队。1945年9月，冀热辽军区第十六军分区来青龙接收伪青龙警察讨伐队10个大队2000多人，改编为八路军冀热辽军区第三纵队（旅级建制），张金祥任纵队司令员，政委陈光，党代表臬峰，参谋长牧野。下设两个团。年底调出青龙。

（2）冀热辽军区十六军分区一团、三团和独立团。1948年6—7月，冀热辽军区第十六军分区一团、三团和独立团派驻青龙，协助青龙县支队剿灭了伪保卫团、还乡团、义勇军等13股匪队。

第三节　拥军支前与民兵贡献

1938—1945年，中共冀东党组织不断派遣抗日干部和武装力量深入青龙山区开辟抗日根据地，建立民主政权，青龙人民在抗日民主政府的领导下，积极开展了各种形式的拥军活动。1945—1949年，青龙成为解放区，属东北行政区管辖。进入解放战争时期，青龙人民积极拥军、支前，为辽沈战役的胜利及迎接支援东北野战军入关作出重大贡献。

一、抗战时期拥军活动

1938年1月7日，冀东抗日联军第一游击支队夜袭清河沿日伪警察分驻所，打响了青龙抗战第一枪。此后，中共冀东区党分委、冀东特委、冀热边特委相继派遣抗日干部、抗日武装工作队、小部分八路军正规部队深入青龙山区开辟抗日根据地，建立民主政权，开展游击战争。青龙人民在抗日民主政府的领导下，积极开展了各种形式的拥护八路军活动。抗日战争后期，新生的抗日政权逐步开展优待抗日军人干部家属的活动。根据地人民遵照边区政府制定的有关规定，优待照顾抗日军人家属，帮助耕地、砍柴，解决生产、生活中的实际困难。

（一）祖山（老岭）抗日根据地拥军活动

1942 年 9 月，中共冀东区党分委在抚宁蚂蚁沟召开会议，派出以宋国祥为队长、张仲三为指导员的临抚凌青绥武工队和冀东八路军副营长马骥率领的十二团一营两个连八路军，出入长城，在青龙东部的祖山（老岭）建立抗日根据地。联合县分别在龙王庙、三岔口、双山子和土门子一带建立 4 个总区，总区下设分区，形成系统的抗日政权。青龙人民在抗日政权的领导下，积极开展拥军活动。有的冒死为八路军传递情报，为抗日队伍带路、站岗、放哨；有的为八路军做军鞋、送军粮、抬担架、救护伤病员；有的奋不顾身地掩护八路军和抗日干部；有的精心为八路军隐藏保管军用物资，严守秘密；有的奉献真情，悉心照顾、护理子弟兵伤员。

1. 花果山村抗日拥军

1942 年秋天，马骥率领的两个连八路军驻扎在祖山（老岭）南麓的花果山韩台子，纪律严明，不拿群众一针一线。秋天，花果山里果树的果子落得满地，行军、宿营饥饿焦渴的八路军战士，没有一个人去拣；在树林里，隐蔽几天几夜没有饭吃，有时从老百姓庄稼地里拣几块白薯或者玉米棒吃，也要把钱和粮票压在原地的石头或土块下面。花果山村民积极开展拥军活动，全村 20 多户人家，所有的青壮年都参加了抗日民兵队伍，配合八路军打击日伪军，所有的少年都当了秘密交通员，为八路军站岗放哨；所有的老人、妇女都参加了支前活动，为八路军送军粮、做军鞋。

2. 花厂峪突围

1942年11月，中共冀东区党分委在靴脚沟（今祖山镇花厂峪村）建立临抚凌青绥联合县工委和办事处，张化东任书记，宋国祥任主任。靴脚沟里秘密驻扎临抚凌青绥联合县抗日根据地的县委机关党校、军工修械所、军工服装厂、粮食储备库、医务所、弹药库。在共产党、八路军的宣传、教育下，花厂峪人民积极参加抗日斗争，为抗日政府和八路军筹集军粮，运送补给，站岗放哨，传递情报，积极参加游击队、八路军，舍生忘死地保卫抗日政权，保卫抗日物资，保护人民子弟兵。贫苦农民赵成金和吴尚庚分别组织民兵爆破队、民兵游击队，在祖山（老岭）山脚下、长城内外，以地雷、土枪、土炮为武器，配合联合县武装工作队、八路军正规军马骥队打击日伪军。1943年9月18日，侵华日军纠集长城内外承德、唐山、锦州、秦皇岛等地5000多人的兵力，分10路围剿祖山（老岭）抗日根据地，血洗花厂峪，企图一举消灭临抚凌青绥联合县政权和武装力量。17个昼夜中，花厂峪未能突出重围的地方干部和老百姓隐藏在山洞中、树丛里，既不能烧火做饭，也不能找水喝，小孩不能哭，大人不能动。花厂峪群众在党支部领导下，宁愿抛弃自己的亲生骨肉，也要保护抗日干部，保全抗日军用物资。

（二）反日伪"集家并村"斗争中的拥军模范

1943年1月至1945年8月，侵华日军在青龙山区实行"集家并村"修"人圈"，制造千里无人区，企图将抗日干部和八路军饿死、冻死在山上。青龙人民在抗日政府和共产党的领导下，积极参加反"集家并村"修"人圈"斗争，大力开展为八路军送军粮拥军活动。在八路军干部、伤员被日伪军围困在深山老林，无粮、无衣、无药的日子里，青龙的抗日群众为了支援抗日队伍，千方百计通过

"人圈"封锁线，把粮食送给八路军。有的假装拾粪，把粮食藏在粪筐里，挑出"人圈"；有的从"人圈"的水沟里爬出来，给八路军送粮；有的把粮食藏在驴鞍子的屉子里，以驮柴作掩护，把粮食送给山上的八路军队伍；有的在秋收时把粮食埋在地里，做上标记，等八路军去取。1943年秋至1944年年末，花厂峪全村70多户人家的房子被烧光，只剩下两个砖石门楼。为了保卫凌青绥联合县，不管日伪军怎样烧、杀、抢、掠，花厂峪人民钻山洞、住窝棚，节衣缩食救济八路军，没有一户人家进"人圈"，直到1945年日军投降才下山。在日伪军"集家并村"的大扫荡中，日军抓住村民赵清，用乱棍打、烙铁烙，逼问抗日干部藏在哪里，赵清坚贞不屈，宁死不讲，留下满身伤疤。

在反"集家并村"修"人圈"斗争中，涌现出许许多多的拥军模范。当杖子乡后陡岭子村，12岁拥军模范少年张素芬，在父亲的影响下担任了八路军的地下交通员。父亲张勤，是八路军的关系人，经常用赶驴驮子跑买卖作掩护，给八路军送信、送鞋袜、运粮食。1942年冬，张素芬为了迷惑敌人，开始装聋作哑，忍着饥饿，奔走在野兽出没的山岭间；冒着生命危险在敌人的刺刀下混过关卡、偷进"人圈"，及时为八路军和地下干部送信、送粮、搜集情报，完成了一个又一个艰巨的任务，从未泄密。后来被日军发现被捕，在日军的监狱中忍受酷刑折磨长达4个月，始终装作哑巴，一句话不说。1945年日本投降，张素芬被父亲从监狱里找到，在奄奄一息中被抢救过来。茨榆山乡茨榆山村杨桂芝，被誉为拥军模范"宣妈妈"。1943年9月，日军烧毁了茨榆山村所有的房屋，强迫老百姓住进"人圈"。只有宣士友、宣起、宣珍、宣士荣4户人家没有进过"人圈"，坚持给八路军送信、带路，组织民兵破交通线。宣士荣的妻子杨桂芝，承担给八路军烧水做饭、护理伤员的任务。为了精心照顾八路军伤员，杨桂芝隐蔽在山洞里，两年不下山，给八路军拾柴、采药、送信、送粮，自己吃山菜野果，弄来的粮食留着给伤病员吃；自己睡在乱草树叶上，家里的被子给伤病员盖，护理好许多子弟兵伤员重返战场。八路军伤病员和抗日干部都亲切地称杨桂芝为"宣妈妈"。三星口乡伪甲长张书阁，是八路军的秘密关系人，经常夜里为八路军带路、送信、送粮，组织群众拆"人圈"、破交通线。在他的带动下，龙头村有十多名群众都成了八路军的可靠关系人。1943年10月，张书阁为八路军提供情报，使八路军马骥部队取得龙头大捷，消灭了日伪运输队，缴获了可以装备一个团的武器弹药。张书阁被叛徒出卖被捕，对日伪军的威逼利诱，守口如瓶，后被日伪军杀害。

（三）参军参战

抗战时期，青龙抗日民众中先后有 412 名优秀青龙儿女加入共产党，全县有 840 多人参加了八路军、游击队，5000 多人参加了农民报国会、民兵基干队，或是拿枪，或是自制土地雷，积极配合八路军攻打敌人据点，扒公路、割电线、破坏修"人圈"，反奸除特，同日伪军作战。

二、解放战争时期支前活动

1945 年 8 月，青龙解放。9 月，以今县境成立青龙县临时行政委员会；1946 年 1 月，改临时行政委员会为青龙县政府；1947 年，属东北行政区；1949 年 3 月，属热河省。1946 年冬季，进入解放战争时期，青龙人民在县委、县政府的领导下，积极开展拥军、支前活动，为辽沈战役的胜利及迎接支援东北野战军入关参加平津战役作出突出贡献。

（一）组建拥军支前机构

1945 年 9 月，日军投降后，蒋介石在青龙县四围派重兵攻占唐山、秦皇岛、山海关、承德，进而夺取东北。不久锦州、沈阳、长春各大城市和交通要道皆被国民党军占领，并大举向解放区进犯。青龙县地处冷口、喜峰口两大要隘关口。在这种形势下，中共青龙县委、县政府，根据上级的一系列指示及时召开会议研究部署各项事宜，组建拥军支前机构。1946 年冬，冀东军分区支前会议结束后，县委、县政府立即召开县直各部门主要领导会议，研究确定由政委何济民、县长苏达文分别任正副主任，建联会主任王平东、公安局局长孙占一、武装部部长张百策为委员的支前委员会。随后召开各区区委书记、武装部部长会议，要求各区相继成立支前委员会。当时，全县建立了 1 个总兵站、11 个分兵站，各站下设粮秣股、运输股、慰问股（妇联）、保卫股。动员全县人力、物力、财力支援东北解放战争。

1947 年 6 月，成立了以武委会主任张百策为团长、县委书记刘保胜为政委的 1500 人青龙支前民兵担架团。10 月 6 日，县政府召开各区长、财粮助理会议，作了《为迎接大部队的到来迅速完成秋征入库工作》的指示。1948 年 2 月 5 日，根据形势发展的需要，再次召开各区武装战勤干部会议，重新安排民兵担架队、破交队，兵站也由原来的 11 个，撤至交通干线的干沟、双山子、青龙街、肖营子 4 个。3 月，撤销人民武装部，成立了以县长王平东为主任的青龙县战勤指挥部。4 月至 8 月，县委曾多次发出有关生产、武装、战备物资储运等方面的通知，要求"全县人民把拥军支前工作搞成一个运动，把努力生产作为全年中心任务"。11 月，县委、县政府发出紧急命令："大军将到，望 24 日前备足粮、柴、草，所有干部不得脱离岗位。"22 日，县委、县政府、战委会又联合发出《关于紧急支前工作的联合指示》的通知，全县上下，男女老幼，全力以赴，投入到了轰轰烈烈的支前运动中。

翻身后的农民妇女积极为扩军做军鞋。七区肖营子村妇女主任刘凤英，在村扩军会上主动提出倡议，号召村里姐妹们献鞋献袜，以备欢送新兵。在她的带动下，当场就有金秀莲、杨荣舫、肖凤霞等多人拿出鞋子 10 余双、袜子 5 双、毛巾 14 条及其他物品支持扩军。为欢送参军入伍的新兵做军鞋、军袜，成为全县妇女的风气。

（二）抢修路桥

1948 年 11 月 2 日，东北解放。3 日，中央军委电示东北局，准备进行平津战役。是月，东北野战军入关前夕，东北解放军总部指示冀东区：迅速将青龙、冷口、平泉、喜峰口至蓟县、平谷间的公路桥梁抢修架设好。任务下达后，全县广大群众日夜抢修道路，架设桥梁。仅用 19 天的时间，全县就抢修了总长 700 多千米的道路、81 座大小桥梁。白家店村群众为使我军从冷口入关畅通无阻，架桥时因缺少木材，主动献出 50 多副门板。双山子村出动 1000 多人，在寒风冰水里，一夜之间就架好了 200 多米长的青龙河大桥，保证了部队人员、车辆、大炮的顺利通过。

（三）物资支援

1948 年 1 月至 11 月，青龙县委、县政府在恢复和发展生产、改善人民生活的同时，调动一切积极因素，在物资上充分做好支援辽沈战役前线及迎接东北野战军入关的准备。

1. 支援辽沈战役的物资准备

1948 年 1 月，冀东行署召开备战工作会议后，青龙县即组织力量于 1 月下旬设立了一个总兵站，设在双山子（县政府所在地）；12 个分兵站分别设在一区龙王庙、三间房；二区隔河头、牛心坨；三区双山子；四区罗杖子；五区大杖子、干沟；六区焦杖子、青龙镇；

七区肖营子、草碾。2月下旬,冀东行署派两名干部到青龙传达新的任务,并检查了兵站工作的安排部署情况。根据青龙的地理位置和行军路线,仅保留了冷口至干沟主线公路间的肖营子、青龙镇、双山子、干沟4个兵站。县长王平东任总兵站站长,齐中山为副站长,周化通任动员(武装)部部长,刘明达任粮食部部长。各分兵站下设动员股、财粮股,保证战备供给、交通运输及其他一切工作的正常运转。据1948年1月统计,双山子、大杖子两兵站各准备了150000斤小米、450000斤柴、450000斤草、15000斤料;干沟兵站备有120000斤小米、360000斤柴、360000斤草、12000斤料。其余各站均有5000斤以上的小米,且所有的粮、草、料均已分散在交通方便的各村中保存。同时,住在公路附近的群众积极响应号召,每户又准备了1~2斤的油盐及其他生活必备的物品,家家节衣缩食,来满足支前的需要。在运输方面。各区又准备了大量的骡、马、驴及胶轮大车、铁轮车。据1948年1月7日统计,全县共准备345匹骡、131匹马、7992头驴、14辆胶轮车、20辆铁轮车。仅八区一个区就准备了1240头驴、8辆铁轮车。

2. 东北大军入关的物资准备

1948年11月,东北大军入关前夕,东北解放军总部指示冀东区准备70万人、7万匹马和3个月所需的粮食副食之后,青龙县委再次发表关于支前工作的紧急指示,要求各区干部要以战斗精神,迅速按照县政府通知将粮食入库,并强调每区设立15个粮库,每库不少于10万~15万斤粮食(巩固地区可设大粮库);粮库均设在主公路附近或驻军之地;以村为单位,备足柴草,送往供应站;油盐除由商店准备及有计划地进行调剂储存外,要发动合作社、村公所、群众聚集储存,以补供应之不足。蔬菜,除动员群众每人捐献干菜0.5斤外,其余部分要降价卖给部队,并大量准备黄豆、青豆以当菜食。上下齐动手，层层抓落实。几日内就大部分完成任务。1948 年 12 月，东北解放军第四野战军部队从东北入关，途径青龙。为确保部队的吃、住、行，青龙县组织了 14000 人的运输队，17000 头牲口、100 多辆马（牛）车，昼夜不停地从四面八方往部队驻地运粮食、蔬菜、柴、草等物资。据不完全统计，全县筹集粮食 254 万斤，蔬菜 170 多万斤，猪、羊肉 18 万斤，鸡蛋 16000 斤，粉条 30000 多斤，烧柴 100 多万斤，马草 82 万斤，保证了部队人马的吃用。出县境时，每个战士随身携带的米袋还装满了小米、黄豆和芝麻，入关部队全部过完之后，筹备的军粮还剩下 60 多万斤。

为了解决部队的冬装，全县人民拿出土布（农家手工织作）19000 块（折 720000 尺）、棉花 2500 多斤，做军衣 7400 多件，军鞋、袜各 63000 余双。三星口农民李长舫一家就做军鞋 5 双。在李长舫的带动下，仅这个村就给部队做军鞋 1200 双、军袜 2000 余双。为使解放军休息好，全县群众主动腾出 44000 多间房屋。肖营子 1 个村就腾出 380 间，有的还把结婚用的被褥拿出来让解放军伤病员铺盖。

（四）欢迎解放军入关

1948 年 11 月中旬，东北野战军途径青龙入关前，青龙县委、县政府发出《热烈欢迎，沿途做好宣传接待》的通知。通知要求：张贴欢迎东北人民解放军胜利归来方面的新标语；组织村中秧歌队敲锣打鼓，喊欢迎口号；安排好带路的；烧好开水、绿豆汤放在道路的两侧；城镇地方，部队路过时可点路灯；沿途村庄、村公所的牌子应挂在醒目的地方，村中干部日夜轮流值班，主动上前迎接部队，解决具体困难，如安排房子、催促草料、蛋菜、武装配合站岗等，并派专人将一批批部队送到邻区、邻县境内，特别对伤病员更要照顾周到；部队所住村庄干部要积极组织开欢迎大会，向解放军致敬；发动妇女群众，腾房子、烧热炕、缝洗衣服、慰问伤病员等；组织儿童做好部队的敬戴工作；教育群众注意防空，并挖好防空洞。从第四野战军入境开始，县区各机关即建立联合办公处。当部队经过和住宿时，所有干部统一由战勤委员会分工，并将办公地点移至交通线附近，标明牌子。县战勤委员会原有干部，以及县委、县政府的所有科长、公安科长、工商管理局局长等人，均分工在各区负责，代表县委会和战委会帮助与督促执行一切支前工作。县委、县政府主要领导深入各区亲临支前一线指挥。各负责同志，按县政府指定的地点检查物资的准备情况及存在问题，当天检查结果当天汇报给县战前委员会，以便更好地掌握情况，及时解决问题。

从1948年11月下旬开始，东北解放军经过青龙县境内的冷口、喜峰口、河流口、桃林口陆续入关，每天不下一两万人。群众站在村头路口，敲锣打鼓、扭秧歌、呼口号，把开水端到战士手中，将鸡蛋塞进战士的口袋里，像亲人一样迎接子弟兵。全县民兵、儿童团组织起来站岗放哨、送信带路。许多群众把战士拉到自己家中，推上热炕头，缝烤衣服、鞋袜，擦洗伤口，煮鸡蛋、烧豆汤，把一切慰问品热情地送给子弟兵。焦杖子村的群众煮了3000多个鸡蛋，献出4500多张豆腐皮给伤病员吃；60多岁的老贫农朱大娘，当时正在生病，听说解放军伤员住在左邻，让儿子把别人送给她的6张豆腐皮给伤员吃，她说："解放军又苦又累，让他们养好伤，多打胜仗，比我吃了强。"妇女组织发动所有妇女护理解放军伤病员。妇女支前模范王金玉把生病的丈夫和6岁的孩子托给别人照料，自己去护理伤员，直到部队离开后才回家。每个伤员的病情好转后，就由各转运站派专人负责，从这一站送往另一站，从本县送往邻县。通过有组织的精心护理，一批又一批的伤员迅速康复，重返战场。

（五）干部支援

1949 年 5 月，青龙县挑选了 50 名干部组成工作团南下，为支援新解放区的组织建设作出了贡献。

三、战争年代民兵贡献

革命战争年代，青龙县民兵自卫队、游击队、基干队坚持劳武结合，一手拿枪，一手拿锄，一面参战，一面种田，在抗战救国、参战支前、建立政权的斗争中起到重要作用。

抗日战争时期，青龙民兵配合八路军武装干部，破坏日伪交通、捣"围墙"，配合八路军武装部队站岗、放哨、埋地雷消灭日军；解放战争时期，青龙民兵配合解放军支援前线、参军参战，创立了许多战绩。

（一）配合八路军作战

1942 年以后，八路军冀东军区党委先后派遣地方干部和武装部队深入青龙山区建立抗日根据地和抗日政权，组织民兵结成武装力量参加抗日。

1942 年 9 月，中共晋察冀十三地委组织临（榆）抚（宁）凌（原）青（龙）绥（中）武装工作队，队长宋国祥，队员 50 人，在青龙东部开辟以花厂峪、花果山为中心的抗日根据地。临、抚、凌、青、绥联合县建立后，在周边建立 6 个抗日区政权（其中 1 个区政权跨境），按区组建民兵武装分队，每区 10 ～ 20 人。在八路军抗日干部的组织下，青壮年民兵组织"破交队"。用钢钉埋设路面扎破日伪军汽车轮胎，阻断交通，用大镐和铁锹掘毁日伪交通公路，用铁板大斧子和钢搂锯子砍断日伪电线杆，割断电话线，一夜之间破坏日伪的交通线与通信联系。1942 年 11 月以后，黄石砬李杰、大核桃沟陈台子陈清、干沟周子丰相继组织农民武装自卫队，配合地方干部武装斗争，破坏日伪公路交通、电话线杆。1943年3月17日，周子丰、李杰、陈清3支农民武装近300人，在大核桃沟陈台子村举行誓师大会，武装暴动正式开始。1943年5月初，临抚凌青绥联合县委书记张化东与八路军副营长马骥把陈台子武装暴动队伍调到花果山，改编为马骥部队第三连，周子丰任连长。是年，花果山村所有的青壮年都参加了抗日民兵队，配合八路军打击日军；所有的少年都当了秘密交通员，为八路军站岗放哨；所有老人、妇女都参加了支前活动，为八路军送军粮、做军鞋。1943年春天，临抚凌青绥联合县工委在花厂峪组建民兵基干队（游击队），赵成金担任队长、爆破组组长，在老岭（祖山）山脚下、长城内外，以地雷为武器，打击日伪军，保卫抗日政权。

1943年5月28日，数百名民兵游击队队员参加二道坳子岭伏击战。28日夜，地方干部组织民兵游击队，破坏日伪从狮子沟到大河南近30华里的电线，抢夺大巫岚伪"义仓粮"库和配给所的物资。29日黎明前，马骥带领八路军一营的两个连和数百名游击队队员进入二道坳子岭伏击阵地，占据交通险要地形，居高临下。10时左右，敌人的5辆汽车驶入伏击圈，经过不到1个小时的激战，击毁敌人汽车2辆，击毙20多名护卫汽车的日军，缴获轻机枪2挺，长短步枪20余支，其余3辆汽车狼狈逃窜。此役，民兵游击队参战起到重要作用。1943年10月15日，数百名民兵游击队队员参加"龙头伏击战"。当天，中共地下党党员张书阁（时任伪甲长）在伪甲长会议上获悉：日伪运输队用120辆胶轮大车，装有可装备一个团的武器和军用物资，自辽西运往青龙，15日经过木头凳、龙王庙。张书阁把这一情报汇报给八路军七区队的侦查员。七区队、十二团（团长曾克林）派来的两个连和游击队等负责人，秘密研究作战计划，决定在龙头伏击日伪运输队。10 月 14 日深夜，两个连八路军和数百名民兵游击队队员，埋伏在出头石至歹毒岭公路两侧。指挥所设在鸡冠山顶峰，这里居高临下，整个公路和大小山头尽收眼底。机枪班占据有利地形，冲锋连也做好战斗准备。10 月 15 日上午 9 时许，日伪车队进入伏击阵地，战斗打响，直到中午结束，共打死日伪军 30 多人，俘虏 50 多人，缴获大车 119 辆和全部武器弹药、军需物资，最后面一辆拉载重炮大车听到枪声后逃回。

抗战时期，全县有 840 多名青壮年民兵参加了八路军、游击队，5000 多普通民兵（包括青壮年民兵）参加了农民报国会、民兵基干队，或是拿枪，或是自制土地雷，配合八路军攻打敌人据点，扒公路、割电线，破坏修"人圈"，反奸除特，同日伪军作战。

（二）支援"辽沈战役"

1946 年 8 月，青龙县委组成了以县委书记兼县支队政委何济民为主任的支前委员会，在全县建立为解放军服务的 1 个总兵站、11 个分兵站。是年秋天，新四军第四师从山东途经青龙开往东北，县支前委员会先后组织了以民兵为主体的 1.4 万人的支前运输队，将军用物资及时运往前线，为确保辽沈战役的胜利作出了贡献。

1947 年 6 月，成立了以武委会主任张百策为团长、县委书记刘保胜为政委的 1500 人的青龙民兵担架团，奔赴锦西战场支前。途中，每天行军 140 华里，两三天中仅能吃上一两顿饭，无一人喊苦，无一人叫累。战场上，个个奋勇当先，英勇顽强，冒着生命危险，抢救解放军受伤的指战员，出色地完成了上级交给的每一项任务。担架团在返回青龙的途中，行至绥中县杨杖子庄外大庙处宿营时，恰与国民党军某部相遇，刘保胜带一个排上山抢占有利地势，张百策带一个排袭击，队员们在刘保胜和张百策的指挥下，采用虚张声势、声东击西的战术，用扁担、棍棒机智勇敢地将 130 多名敌人全部俘虏，缴获机枪 2 挺，步枪 80 多支，手枪 20 余支。青龙民兵担架团回到青龙后，成立了一个武装连，冀东军区司令员詹才芳命令该武装连攻打杨杖子。民兵担架团武装连经过 3 天拼战，解放了杨杖子，还没来得及休整，青龙民兵担架团又接受了奔赴山海关破敌交通的战斗任务，队员们不顾疲劳直驱山海关。因白天有敌机的监视而不能行动，只好趁夜黑之时采取挖路基、翻铁轨、人拉坑埋等措施，使"铁道大翻身"，仅半个月就顺利完成了破敌铁路交通 40 华里的任务，从而使企图增援东北的国民党军队不能出动，打破了蒋介石的全盘计划。民兵担架团凯旋后受到青龙广大干部和群众的热烈欢迎。凯旋后第三天，青龙县政府又组建了 600 多人的第二支破交队，由县委书记何济民、武装科科长周化通率领奔赴东北战场，转战于朝阳等地，完成了许多艰巨的破交任务。11 月 15 日，冀东第十二专署及武委会召开的"嘉奖锦西战役中有功民兵"的表彰大会，对青龙民兵担架团给予了高度评价，并奖给写有"英勇奋战，缴获惊人" 8 个大字的奖旗一面。

1948 年 2 月 5 日，为了建设一支更为精干的担架队伍，青龙县委召开各区武装战勤干部会，发放了制作标准担架的教材，下达了除一、五区外，各区均以 45 副为基准数字的规格担架制作任务。实行集体制作、集体整训。此次标准担架共制作 385 副，其中出征东北战场的担架 212 副。与此同时，又组成了 106 人的救护队。县委把他们及时送往分区，随时奔赴战场。据不完全统计，除上述之外，在解放战争时期，青龙县还分批组织了 270 多组破交队，制作了 3600 多副担架，共 2400 多人支前参战。仅焦杖子一个村就组织了 70 人的独立担架队，贫农孟昭雨随军抬担架，起早贪黑，风霜雪雨从不间断，随军转战 800 余里，抢救运送伤病员不下千人，为解放战争的胜利作出了贡献。

（三）积极参军参战

1947 年 9 月 1 日，冀东区党委号召全区军民要在土改复查的同时完成战争动员工作，即扩大与巩固主力军，掀起参军参战英勇杀敌与支前的热潮；保卫秋收春耕，以保障军需民用，为明年大生产做好准备。

10 月 5 日，青龙县委即刻行动起来，大力宣传，广泛发动了扩军支前工作，截至 20 日，仅半个月时间，全县就扩军 2708 人，其中翻身团 1963 人、区队 461 人、支队 294 人。仅八区 1 个区，参加翻身团 396 人、区队 250 人、支队 190 人。据不完全统计，仅 1947 年青龙县内就有 5900 多人参军，涌现了许多父送子、妻送郎、兄弟齐上阵、夫妻同入伍的动人事迹。陡沟村民兵中队长刘庆福和袁德兴，一次带动 30 多名青壮年参军，组成了一个建制排；东蛤蟆河村只有 31 户贫下中农，一次参军 24 人，其中独生子 5 人，兄弟一起参军的有两对，另外又组织 45 人参加了破交队；三权榆树村贫农肖素云，结婚后第二天，就把自己的丈夫送去参军；70 岁的王大娘，带着她的独生子王怜，去找村干部迫切要求参加解放军；岳杖子村张玉刚有 4 个儿子，一次就将 3 个儿子全送去参军，并说："为了早日得安宁，我什么都豁得出来，如果需要，我也要去上阵杀敌！"大杖子村在农会主任杨作林及农会委员王怜的带动下，一次参军 76 人；在公安助理的发动下，3 日内有 80 余人踊跃入伍。据统计，当时青龙全县报名参军的独生子 240 人，刚结婚就走的 160 多人，兄弟一起入伍的 87 对。

第四节 抗 战 经 典

1938年1月7日,冀东抗日联军第一游击支队夜袭青龙境内的清河沿日伪警察分驻所,打响青龙抗战的第一枪。1939年,中共晋察冀分局领导下的冀东党组织陆续派抗日干部、八路军武装工作队和冀东军区八路军十二团一营副营长马骥率队到青龙一带宣传抗日、建立抗日根据地。共产党八路军与青龙人民结成铁壁铜墙,同日本侵略军展开殊死斗争。

一、袭击凉水河警察署

1938年9月,八路军第四纵队三十一大队和地方游击队出白羊峪口,袭击凉水河日伪警察署,打死伪警察署长徐吟涛,活捉5名日伪人员。在公路伏击日伪汽车4辆,缴获物资1部。

二、全歼武修忠警察大队

1942年7月,接受开辟滦东地区任务的冀东军区十二团一营副营长马骥率队,在隔河头南与伪军武修忠警察大队遭遇,经过半天的激战,全歼了武修忠警察队200余人,击毙了大队长武修忠,并击退了张金祥大队的阻击。这次战斗的胜利极大地震撼了敌人,鼓舞了人民的必胜信心。

三、夜袭三岔口伪警防所

1942年12月8日夜11时,冀东军区十二团一营在马骥带领下,袭击三岔口警防所。仅用半小时，就将正在饮酒作乐的 18 名伪警察俘虏，缴获大枪 12 支，电话机 2 台。当地群众闻讯，自动组织起来，将配给所的盐店及粮站的盐和粮食全部运走，并放火烧毁配给所和村公所。

四、二道沟伏击战

1943 年 7 月，九区区小队在王厂二道沟伏击了日军的运输汽车。当场打死日军 6 名，活捉 1 名，该日军士兵被送往晋察冀分局，又转送到延安，经教育参加了"日人在华反战同盟"。

五、花厂峪口反"扫荡"

1943 年 8 月 28 日（农历七月二十八日），400 多名日伪军出义院口袭击花厂峪驻凌青绥联合县工委机关。晋察冀军区第十三军分区第七区队长马骥率八路军的 3 个连与敌周旋，施妙计将日伪军引入花厂峪口伏击圈，消灭日伪军 100 多人，其中日军 40 多人，包括 1 名日军少佐，余部溃逃。战斗中八路军 1 名排长、9 名战士壮烈牺牲，遗体被花厂峪村民掩埋在战场长城脚下。

六、袭击周杖子水银矿

1943 年 9 月 17 日（日伪军围剿花厂峪凌青绥联合县工委机关前一天），晋察冀军区第十三军分区第七区队长马骥率领七区队一、二两个连迂回在英武山。18 日拂晓接到地下交通员的报告，得知日伪调集重兵自北向南对八路军指挥机关所在地——花厂峪根据地进行大"扫荡"。为了拖住南进的日伪军，以解花厂峪之围，七区队决定北进，袭击周杖子日伪水银矿。9月19日拂晓前，区队长马骥指挥部队进入战斗位置，二连于水银矿东山掩护，地方民兵基干队于水银矿西山警戒，一连于水银矿南山负责主攻。早晨6时，战斗打响，一连战士迅速冲进矿区，很快结束战斗。此战，击毙日本人水银矿经理屿岛（原军衔少将），缴获轻机枪1挺、步枪20余支、手枪10余支、炸药2000箱。还将矿山囤积的大批粮食分给矿工和当地群众，炸毁矿山所有设备，给日伪以沉重打击，周杖子水银矿从此瘫痪。

七、热南战役

1945年6月热南战役开始，八路军分3路向热河南部各县进攻。十六军分区司令员曾克林率部向青龙南部进攻。6月22日攻克白家店、下抱榆槐两据点。24日袭击蛮子地、清河沿、九拨子、大马坪等据点。28日，攻克榆树沟、张杖子、刘杖子、马杖子等据点。

八、老沟伏击战

1945年8月初，地方干部刘子和、王海山获悉驻守在界岭口的日军曹长田中敏向各保甲要驮夫、准备去牛心山搬运给养的消息后，速奔花果山，把消息报告给八路军冀热辽十六军分区第十二团副团长马骥。马骥派出侦查员，察看了老沟的地形，摸清了日军人数及武器装备。次日，马骥率100多名战士从花果山根据地出发，黎明前就到了老沟李杖子，埋伏在村里边隐秘的山弯处。天刚亮，30名日军押着70多个驮夫，缓慢地进入伏击圈。经过一个小时的激战，共歼灭日军 23 名，缴获长枪 20 支、军用毯 20 余条。由于战斗开始后天降大雾，再有驻牛心山日军的增援，部分日军侥幸逃跑。战斗中，副排长张连水、班长于凤连牺牲，驮夫在八路军的掩护下无一伤亡。

九、李杖子伏击战

1945 年 8 月初，副团长马骥率一营在李杖子伏击日伪军，击毙日伪军 70 多人，缴获机枪 2 挺、长短枪 70 支。

第五节 红色记忆与传承

中华人民共和国成立后，青龙县认真贯彻全民参与、长期坚持、讲求实效地方针，坚持经常教育与集中教育相结合、普及教育与重点教育相结合、理论教育与行为教育相结合的原则，以爱国主义教育为核心，以提高全民国防意识为目的，采取灵活多样的教育方法，扎实有效地开展国防教育。根据《国防教育法》有关规定，青龙满族自治县采取财政支付、逐年完善、单位赞助、全民参与的方法，积极做好国防教育基地建设，充分发挥县、乡（镇）党校、民兵预备役训练基地、革命烈士陵园、民兵活动之家在国防教育中的重要作用。

一、中共青龙县委党校

1990 年以后，根据《国防教育条例》要求，中共青龙满族自治县委党校始终坚持把国防教育纳入党校干部教学、培训计划，作为每期学员必修课，使党校真正成为领导干部国防教育重要场所，提高领导干部政治、经济、科技素质，增强领导干部的国防观念。1990—2005 年，县委党校结合党训，对县直属机关干部进行国防教育，每年办国防教育党训班至少 1 次，参加培训人员多达 100 人。乡（镇）党校结合党训，对乡（镇）机关干部进行国防教育，每年办国防教育党训班至少 1 次，参加培训人员达 20 人。

二、训练基地与民兵之家

1984 年，青龙县人武部建成民兵预备役训练基地，占地 5.69 公顷，建有电教室、值班室、食堂、宿舍 75 间房屋。县民兵预备役训练基地每年保障 1 ～ 2 期的民兵军事训练任务，一般每期训练人数为 150 人左右。每期军训，都要开展灵活多样的国防教育活动。1989—2005 年"民兵之家"遍布城镇、乡村，并设有国防教育展室、民兵政治教育流动学校。全县有"民兵活动之家"300 多个，每年受教育人数达 1.5 万余人。

三、国防教育基地

1994 年，县国防教育办公室对革命老区花厂峪村的抗日斗争历史搜集整理，通过申报，因其为抗日战争时期临抚凌青绥抗日联合县及东北工作委员会所在地，被命名为"市级国防教育基地"。"花厂峪惨案"遗址被河北省国防动员委员会评为"省级国防教育基地"。1994—2005 年，每逢五四青年节、七一中国共产党的生日、十一国庆节，县内外党政机关干部、青少年学生来到该基地参观，每年接受革命传统与爱国主义教育的人数达 5000 余人。

四、青龙县革命烈士陵园

20世纪60年代始，每逢清明时节，青龙县城北、双山子镇东两个革命烈士墓地附近的机关干部和中小学教师、学生，在政府部门的组织下，来到烈士陵园祭扫烈士墓，缅怀革命烈士为中华民族求解放的英勇献身精神，寄托对革命烈士的哀思。

第三章 百废待兴，老区建设
在探索中前进

第一节 初期的社会主义改造

一、抗美援朝

1950 年 6 月 25 日，美帝国主义悍然发动了侵略朝鲜战争，将战火燃烧到了鸭绿江边，妄图以朝鲜作跳板，进犯我中国。面临这种危险形势，中共中央作出决定，组成中国人民志愿军，实施抗美援朝，新组成的中国人民志愿军，积极响应党中央的号召，保家卫国，支援朝鲜，于同年 10 月 25 日，跨过鸭绿江，出国作战。中共青龙县委响应党中央的号召，积极组织全县人民投入到抗美援朝斗争中。

一是，开展宣传和动员。1951 年 2 月 2 日，中共中央发布了《关于进一步开展抗美援朝爱国运动的指示》，号召在全国范围内普遍开展各阶层人民的抗美援朝、反对美帝国主义重新武装日本，国内要掀起铲除匪特、镇压反革命运动，以便与朝鲜前线相配合、相呼应。对各阶层人民，特别是在工农群众中，广泛进行时势教育，树立蔑视、鄙视、仇视美帝国主义的坚定信念，提高民族自信心和自尊心。采取多种形式，声援、支援中国人民志愿军和朝鲜人民军。

根据党中央的指示精神，中共青龙县委采取多种形式，进行了广泛的宣传动员，在县委的统一部署下，青年团、妇联、工会、中苏友协、工商联及各学校立即掀起声势浩大的宣传、教育活动，广泛深入地揭露美帝国主义的侵略野心和战争罪行，同时，针对极少群众中存在的崇美、恐美思想问题，有针对性地进行宣传教育，用事实揭露美帝纸老虎的本质，坚定群众反对侵略者的决心和信心。县直、区直和文教界组织了11200人的宣传队，深入全县各村，举行报告会、演唱会，宣传抗美援朝、保家卫国的重大意义，号召广大青年积极报名参军。在县委、县政府的支持下，全县各系统、各部门纷纷举行抗议和声讨美帝国主义侵略朝鲜的示威游行；组织全县干部、职工、教师、学生、农民进行反美援朝的签名活动，全县各界人士签名的占总人口的60%。

二是，实际行动支援抗美援朝。通过宣传和动员，极大地鼓舞了青龙县人民的抗美援朝热情，全县有400多名青年参加了志愿军，227人赴朝参加担架队。还开展了慰问志愿军活动。全县干部、职工、教师、学生等，人人给志愿军写慰问信，并有50%的教师和学生给志愿军寄慰问袋。在粮食十分短缺的情况下，全县各界捐献人民币100230万元，用于购买飞机、大炮，支援抗美援朝战争。

二、镇压反革命

国民党败逃台湾后，在大陆留下一大批特务、土匪、恶霸、反动党团骨干分子、反动会道门头子等反革命分子。他们进行种种破坏活动，如炸毁工矿、铁路、桥梁，烧毁仓库，抢劫物资，杀害干部，妄图颠覆新生的人民政权。特别是朝鲜战争爆发后，他们认为"第三次世界大战即将爆发"。从 1950 年冬开始，在全中国范围开展了镇压反革命运动。运动打击的重点是土匪、特务、恶霸、反动会道门头子和反动党团骨干分子。为了加强对运动的领导，1951 年 2 月 12 日，中央人民政府颁布了《中华人民共和国惩治反革命条例》，规定了处理反革命案件的原则和方法，为镇压反革命运动提供了法律武器和量刑标准。在运动中采取群众路线的方法，坚持首恶者必办、胁从者不问、立功者受奖的原则。贯彻惩办与宽大相结合的政策和"既不放过一个反革命分子，也不冤枉一个好人"的精神，力求做到"打得稳、打得准、打得狠"。青龙县也是一样，在日伪统治时期，驻扎在青龙县境内的伪军、伪警察、宪兵、特务达到 5770 多人。虽然在解放初期的清匪反霸斗争中，镇压了一批罪大恶极的犯罪分子和参加"还乡团"的首要分子，一批反动的地主富农、乡绅恶棍也被镇压。但还有些隐藏很深的地、富、反、坏分子残留下来。当抗美援朝战争爆发后，他们认为时机已到，有的造谣惑众，鼓吹美蒋南北夹击，共产党必败；有的利用反动会道门蛊惑人心；有的开始反把倒算活动；也有的伪装起来假积极，装老实，钻入革命队伍内部，伺机而动。

为巩固来之不易的人民民主政权，保卫胜利成果，青龙县委、县政府遵照中共中央《关于严厉镇压反革命分子的指示》《中华人民共和国惩治反革命条例》和 1951 年 2 月 22 日《人民日报》社论精神，开展了群众性的镇压反革命运动。1950 年 11 月，县委成立了以县委书记刘宝胜为组长的镇反领导小组，召开了有公、检、法干部和各区区委书记、公安助理参加的全县镇反工作会议。会后，抽调了 126 名公、检、法干部深入基层，调查摸底，整理材料。

1951 年 4 月中旬，县委召开了摸底人员汇报会，加上原来掌握的 512 份材料。总计收到 1355 份材料。经过分析研究、查证核实，从中确定了 446 个重点对象。4 月下旬，县委召开了 11 天的党委扩大会，逐件研究重点对象的材料，确认其中的 401 人为反革命分子，其中土匪 254 人、反动党团骨干 3 人、伪警察 66 人、日本特务 18 人、恶霸地主 24 人、其他反革命分子 36 人。从 5 月 3 日起分 3 批进行逮捕，第一批 229 人，第二批 96 人，第三批零星逮捕 76 人。经过审讯，判处死刑者 82 人，死缓者 16 人，无期徒刑者 53 人，有期徒刑者 35 人，回村管制者 26 人，教育释放者 55 人，关审期间病亡者 38 人，转外地处理者 96 人，从而稳定了社会治安，巩固了人民民主政权。

三、"三反五反"运动

1950 年召开中国共产党七届三中全会以后，党中央和中央人民政府为了恢复国民经济，采取了一系列的政治经济措施，其中之一是调整工商业中的公私、劳资、产销关系。调整后，资本主义工商业得到迅速发展。但资本家中的不法分子不满足于用正常方式获得一般利润，力图利用和国有经济的联系，以行贿、偷税漏税、盗骗国家财产、偷工减料、盗窃国家经济情报等手段牟取暴利，企图抗拒社会主义国有经济的领导，削弱国有经济。他们在经济上给国家造成重大损失，在政治上、思想上腐蚀了工人阶级和国家工作人员。

1951 年 11 月 30 日，中共中央根据同年秋季全国工农业战线开展的爱国增产运动中揭发出的大量贪污、浪费现象和官僚主义问题，向全党指出：必须严重地注意干部的贪污行为，注意发现、揭发和惩处。12月1日，中共中央作出《关于实行精兵简政、增产节约、反对贪污、反对浪费和反对官僚主义的决定》，把反贪污、反浪费、反官僚主义作为贯彻精兵简政、增产节约这一中心任务的重大措施，要求普遍地检查贪污、浪费和官僚主义问题。12月8日，中共中央又发出《关于反贪污斗争必须大张旗鼓地去进行的指示》。此后，全国规模的"三反"运动普遍地开展起来。

根据中共中央的指示精神，中共青龙县委作出部署："三反"运动由县委直接领导，县委主要领导成员分工负责，县委下设"三反"办公室，各系统、各单位也都成立了"三反"办公室，并指定专人负责。整个运动分三个阶段进行。

第一阶段：学习文件，提高认识，人人进行自查。在提高认识的基础上，县委采取领导机关先行一步，各级领导层层带着的方法，从领导到一般干部普遍进行了自查。1952年1月3日，县委代理书记李庆昌在县委机关和县直单位负责人大会上，代表县委作了《青龙县委关于贪污、浪费和官僚主义的检讨》的报告。1月9日，代理县长张唤群又在机关职工大会上检查了自己与政府机关的贪污、浪费、官僚主义问题。领导的带头推动了"三反"运动迅速而深入地开展，使犯有贪污、浪费、官僚主义错误的人，打消了顾虑，放下了思想包袱，大胆检查自己的问题。到2月中旬，县直机关340名机关干部中有109人检查了自己的错误，共交代贪污款2595.26万元、浪费1526621.11万元（以上款额为东北人民币）。

第二阶段：集中精力，开展打"虎"战役。1952年1月20日，中共青龙县第三届党员代表大会作出决议，坚决执行热河省党代会决议的"增加生产，厉行节约，立即开展反对贪污、反对浪费、反官僚主义斗争"的指示精神。1月15日，县委遵照东北行政委员会的指示和在一般贪污浪费问题已被大量揭发后，应迅速集中力量围剿大的贪污犯（被群众称为"老虎"）的部署，作出了"深入地开展反贪污、反浪费、反官僚主义斗争"的指示。从1月27日开始，以围攻大贪污分子为重点的打"虎"战役在县党、政、企事业的832名国家工作人员中展开。到2月中旬，打"虎"战进入高潮，抓出了一批"老虎"，由专人进行审讯、批斗、集中看管。3月初，热河省主席罗成德到青龙检查工作时，发现打"虎"斗争有扩大化和逼、供、信问题，指示停止打"虎"。在打"虎"战中共揭出亿元以上大"虎"、4000万元以上中"虎"、1000万元以上小"虎"，共51人，其中有8人被送进法院关押。

第三阶段：思想批判，定案处理。1952年8月11日，开始进行党员干部自我思想批判和组织定案，要求每个党员对照党员标准，检查自己的资产阶级思想和剥削行为。县直机关有75名党员检查了自家的雇工、放债、置买土地的剥削行为。在定案工作中，县委本着从实际出发、坚持实事求是的原则，对有争议的人和事进行反复查证、核实，在原揭发的652个贪污人员中，最后落实定案297人，其中党员108人，团员33人。贪污款数由原来的15.4亿元落实为1.5亿元，追回赃款1.3亿元（以上款数均为东北人民币）。经过复查核实，对一些人进行了处理。坦白交代态度较好免于处分的15人，受到刑事和行政处分的27人，受到党内处分的4人（开除党籍的1人，留党察看的1人，撤销党内领导职务的2人）。这次"三反"运动清除了党内和革命队伍内的腐败分子，纯洁了革命队伍，纠正了贪污浪费、腐化堕落、官僚主义等不正之风，提高了广大干部、党员的政治思想觉悟，增强了抵制资产阶级思想侵蚀的免疫力，密切了党群和干群的关系。但在运动中也出现了扩大化和逼、供、信的错误现象，错整了一些好人。

"五反"运动：1952年1月26日，中共中央发出《关于在城市中限期开展大规模的坚决彻底的"五反"斗争的指示》，要求对不法资本家开展"反对行贿、反对偷漏税、反对盗窃国家财产、反对偷工减料和反对盗窃国家经济情报"的斗争。当时青龙县私营工商业很少，运动中没有发现突出问题，历史档案亦无记载。

第二节 深入开展社会主义改造

一、对农业的社会主义改造

互助组劳动力、耕畜、农具等互换合作是青龙满族人民在农业生产上的一种传统的生产方式，由于在历史上，青龙处于山区，地广人稀，居住分散，有的家庭形不成完整的生产链条，如春天耕地播种环节，一个家庭很难达到劳动力、耕畜、耕具的完整配套。每年的春耕，农民都得搭犁换畜、换工来完成。青龙在完成土地改革后，换工互助的传统得到了传承和发扬。

1956 年，十一区三异景村（今宽城县辖），在农民陈凤林的带动下，曾先后组织起 5 个换工互助小组。土改后，这种换工互助生产小组越来越多。三异景村共有 247 户人家，1211 口人，居住在 9 条山沟里，有土地 1220 亩，民国以前是有名的穷村，半年糠菜半年粮的人家占八九成，生活极其困难。1946 年以后，互助合作组织迅速发展，生产方式得到了改善，人民生活水平很快得到了提高。全村加入互助合作组织的有 221 户，其中有 40 多户吃穿有余，140 多户够吃够用，大部分家庭购置了耕畜和农具，部分家庭盖了新房，据统计 1950 年全村盖新房 185 间。陈凤林互助组，有 5 户成员、35 亩土地，1950 年粮食总产量 21714 斤，比 1949 年增产 30%。农民李文成，有 8.3 亩土地，1949 年没有参加互助组，坚持单干，结果土地生产管理没有跟上去，仅生产粮食 1900 斤，他认识到了互助合作的好处，1950 年他参加了互助组，在集体力量的作用下，同样的土地面积，粮食产量达到了 6300 斤。

三异景村的互助合作经验，引起了全县人民的关注，许多区、村和农户纷纷到三异景村观摩学习，特别是土改中分得土地而又缺少劳动力，且没有农畜的农民，对互助合作经验更是感兴趣。参观取经回来后，积极参与组织和加入互助合作社。以点带面，全县互助合作组织迅猛发展，截至 1950 年年底，三区黄杖子、土桥岭，七区沙沟，六区前庄，十一区骆驼厂（今宽城县辖），五区木头凳等地都建立了不同形式、不同规模的互助合作组。据 1951 年 8 月统计，全县 8 个区，组建不同形式、不同规模的互助合作组 3744 个，其中男互助组 2661 个，妇女互助组 1083 个，参加互助合作组的劳动力达 27013 人，占全县男女总劳动力的 1/3 以上。

从各区互助合作组的发展情况看，以三区最多，组建了 725 个互助合作组，4567 个劳动力，入组男劳动力占全区劳动力总数的87%，妇女劳动力入组比例为 22%。

全县互助合作组织的稳健发展，为实现社会主义合作化的进程奠定了良好的基础。

初级农业生产合作社 1951 年 9 月，中共中央召开了全国第一次互助合作会议，通过了《关于农业生产互助合作的决议（草案）》。同年 12 月，党中央把这个决议以草案形式发给各级试行，并发出指示，要求全党"把农业互助合作当作一件大事去做"。从此，青龙随着全国合作化运动进入了以兴办互助组为主要内容的初级发展阶段，各种形式的互助组迅速建立起来。

1952 年 6 月 11 日，青龙县召开了第三届人民代表大会，会上传达了中央《关于农业生产互助合作的决议》精神，县人大常委会常务主席李庆昌作了《在爱国增产运动中整顿、巩固与发展提高合作互助组织》的报告。会后，各地立即掀起互助组的整顿与发展工作。

当时的互助组织有三种形式：一是临时互助组，既无固定人员，亦无固定时间，只是在农忙时节，临时搭犁具、换工，你给我干，我再给你干。参加的人多是亲戚或者邻居。二是季节性互助组，这种互助组比临时互助组前进了一步，有固定户和人，按季节组织，农忙集中，农闲解散。这种互助组一般是有组织、有领导、有核算。但一般停留在评工计工、找齐补价上。三是常年互助组，这是互助组的高级形式，一般是常年坚持，农副结合，有的还采用新技术，有公共积累，生产先进，产粮多。例如六区前庄村肖庆如互助组，除了坚持常年集中劳动外，还采用了新技术，全组统一改良土壤。十一区三异景村的一些互助组还购买了新式先进农具，并进行选种、换种，做种子发芽实验等。

为进一步推动互助合作工作，1952 年 8 月 21 日，青龙县委召开了县直有关单位负责人参加的区委书记联席会议。会上，各区委书记汇报了各区互助合作情况和问题，讨论了巩固、发展互助组，试建初级社的设想。县里抽调了 24 名干部，经统一学习、统一训练之后，深入各区具体领导互助合作工作。同年 11 月中旬，县里召开了劳模大会，会上除了总结、推广先进经验、表彰奖励劳模外，还把传达、贯彻中央关于巩固、提高互助合作的问题作为重要内容。并号召劳动模范积极带头，耐心工作，把自己所在单位的互助组办好，11 月下旬，县委召开了大型区村干部和互助组组长代表会，集中解决了互助组的巩固、提高与发展问题，要求各区立即动手试办一个初级社，以探索道路，总结经验，促进互助组的巩固与升级。

会后，各区立即行动起来，大批干部深入到基础条件较差的互助组，帮助规划，安排工作。

县委的重视与措施得力，各级党委和各村都把成立互助组、初级社作为中心工作来抓，加强领导，培训骨干，并加强宣传教育，使互助合作运动有了很大的发展，各种类型的互助组得到了巩固和提高。到1953年年末，全县有各种类型的互助组5215个，其中常年组1075个、季节组2703个、临时组1437个，入组农户47882户，占全县总农户的69.1%。在1952年两个初级社的基础上，全县又增加了13个初级社，初级社达到了15个。

1953年10月，中共中央召开了第三次全国互助合作会议，会议根据党的过渡时期总路线方针，通过了《关于发展农业生产合作社的决议》。随后东北局、热河省委都发出了认真贯彻中央《决议》的指示，东北局提出：到1954年春，合作社在原有基础上翻一番半，把提高旧社、建立新社作为重要工作，同时，发出了《农业生产合作社试行章程》。热河省委根据东北局的指示也作了具体的安排部署，连续多次召开建社工作会议为各县培训建社骨干。截至1954年春，热河省为青龙县培训了县、区、村建社骨干150余人。

青龙县认真落实上级的指示精神，在前白枣山和后白枣山村实施了初级社的试点工作，建立了生产资料入股、生产统一经营、劳资比例分配半社会主义性质的生产关系。培训了300多名区、社、村干部，抽调552名干部，由县委书记、县长率领的工作组，深入基层开展了由组转社工作。截至1954年9月，全县315个行政村中有308个村建社，全县建初级社达到970个。

青龙县在合作化发展过程中，由于一些区、村操之过急，出现了强迫命令，违反自愿、互利原则的倾向，致使有的社成了挂牌社，有的还出现入社又退社的现象。

1955 年 1 月 10 日，党中央根据全国合作化运动的情况和问题，发出了《关于整顿和巩固农业生产合作社的通知》。通知指出，全国农业生产合作社已发展到 48 万个，应基本转入控制发展、着重巩固阶段。根据中央通知精神，热河省委也发出了在合作化速度上步子要放慢些的指示。1955 年 1 月 25 日，根据热河省委指示，青龙县抽调县直属机关干部 88 人，组成 3 个工作组，由县委书记、县长直接率领，分赴六区的前白枣山、陈杖子、后白枣山 3 个村对合作社进行整顿，提高试点工作。工作的重点：一是整顿领导班子，提高领导水平；二是贯彻上级文件，学习《农业生产合作社章程》，提高群众觉悟；三是解决办社中的具体问题，稳定群众情绪；四是建制度，作规划，制定生产措施，促进当前生产。试点工作于同年 2 月 1 日结束。2 月 2 日，全县抽调 264 名县区干部深入各村，对所有合作社逐个整顿。

1955 年 3 月上旬，毛泽东主席提出"停、缩、发"三字方针后，多数合作社稳定下来，个别合作社退回到互助组，少数组转为合作社。全县合作社达 998 个，入社户数达 25754 户，占全县总农户的 34.5%，其中四、十两个区基本实现合作化。全县 315 个行政村中有 309 个建起了部分群众参加的初级合作社。

1955 年 7 月 31 日，中共中央召开了各省、市、自治区党委书记会议，会上，毛泽东主席作了《关于农业合作化问题的报告》，严厉批评了在合作化问题上的右倾思想，并且指出：全国农村新的社会主义高潮就要到来。紧接着，1955 年 10 月 4—11 日，中央召开了党的七届六中全会，会上深入地分析了合作化运动的形势，通过了《关于合作化问题的决议》。

为深入贯彻毛泽东主席关于合作化的指示，促进合作化运动的发展，1955 年 9 月 13—21 日，中共青龙县委召开了县、区、村三级干部会议，与会人员共 1019 名，其中有村干部 756 名、县区干部 263 名。会上认真学习了毛泽东主席关于合作化的指示，检查了全县前阶段在合作化上的右倾思想，制定了 1956—1957 年高级农业合作社的发展计划。会后，县领导分别深入到三、四、八、九、十一区抓典型，总结经验，层层训练骨干，制订方案，研究解决具体问题的办法，做建立高级社的准备工作。

1955 年 9—12 月，毛泽东主席主持编辑的《中国农村社会主义高潮》一书，以及为该书写的两篇序言和 104 篇按语，对于推动合作化运动的发展，由初级社转为高级社起到了巨大的推动作用。青龙人民情绪高涨，不管是初级社的社员、互助组的组员，还是单干的农民，在"农村社会主义高潮"的带动下，都纷纷要求建立或参加高级社。为适应新形势，县委于 1956 年 1 月 6—12 日，举办了建立高级社训练班。训练班主要是研究、讨论了高级社的性质、规模、规划，建立高级社的时间、方法和步骤，还讨论了生产资料、物资财产的处理原则等。训练班结束后，1 月 15 日，县委又从县、区、村抽调 821 名干部，按全县 13 个区，组成建高级社辅导团，在县区领导直接率领下，深入各村开展建高级社工作。

辅导员在村里，一是组织农民学习、宣传毛泽东主席关于合作化的指示；二是详细讲解入社的方法和有关规定。具体政策是：高级社土地、山林、果树属于公有，取消以资分红的办法；耕畜、大型农具、生产设施全部作价入社；生产统一经营、劳动力统一调配；实行同工同酬，按劳分配。通过辅导团的宣传和讲解，广大农民了解了党的入社政策和实行合作化的好处，全县迅速掀起了建立高级社的热潮。1956 年 1 月 15—28 日，不到半个月时间，全县建起高级社 195 个，入社农户 70773 户，占全县总农户的 93.2%。四、九两个区已经全部建起高级社。到 1956 年年底，经整顿、提高，有一些又合并到一起，最后高级社落实到 147 个，入社户数 75802 户，占总户数的 89.9%。其中，联村建社 90 个，500～1000 户的社 58 个，1001 户以上的社 13 个。全县基本实现了农业合作化。

青龙的合作化运动，虽然在实施过程中出现了一些偏差，工作中要求过急、过粗，改变过快，形式过于简单，伤害了一些人的利益，留下了一些问题，但总体上看是成功的。

二、对手工业的改造

据 1954 年调查统计，全县个体手工业共有 8 个行业，206 户，从业人员 583 人，半数以上为农民兼营，共有流动资金 47610 元，1955 年总产值为 306900 元。1956 年年底完成社会主义改造，成立了手工业主产合作社 19 个，社员 340 人，手工业主产小组 23 个，组员 144 人。由国营改造的 41 人，弃工从农的 58 人。

三、对私营工商业的改造

据 1954 年调查统计，青龙县的私营工业有铸造、印刷、木器、烘炉、磨坊、陶瓷等 7 个行业，（其中雇佣 3 个以上工人的私营工业有 7 户，职工 56 人），1955 年产值 12 万元。私营工业的主要特点是小型的多，大型的少，合资的多，独资的少，没有机械动力，全是手工作坊。1956 年春，印刷厂、锅铧厂 2 户完成合营，后又改为国营，宽城的 3 户陶瓷业改为公私合营。

私营企业，全县（含今宽城县）共有 365 户，从业人员 422 人，主要有百货商店、药店、食品业、饮食业等。其中大部分以经营商业为主，兼营农业，原从业人员有 203 人转为供销社职工，有 86 人以固定代销员形式活动在指定区域，以手续费作报酬代替工资，其余 35 人是以农业为主、季节性兼营卖小吃为副业者不予改造。另外 98 人弃商为农。对私营商业和小商小贩的改造采取的形式是：一是对小商小贩依据其独立经营的特点，采取全行组织起来的办法，对摊贩则组成合作小组，对个体商店以组织合作商店为主。二是对在集镇上的小商贩，组成合作小组，统一领导经营，在农村的小商贩实行代购代销。三是农村富农兼商者采取合营形式，未改变成分或政治不纯的商人，暂用代购代销形式加以组织。四是跨行业经营者，以其经营特点，有口的归口，无口可归的与相近行业组织在一起进行改造。

四、肃反运动

1955 年 7 月 1 日，中共中央发出《关于开展斗争肃清暗藏的反革命分子的指示》，全国各地先后开展了肃清一切暗藏的反革命集团的斗争。同年 8 月 25 日，中共中央又发出《关于彻底肃清暗藏反革命分子的指示》，要求在全国范围内，按照中央"七一"指示规定，进一步开展肃清一切暗藏反革命分子的运动。

1956 年 3 月，中共青龙县委遵照党中央和省委、地委指示，在全县各系统开展了肃清一切暗藏的反革命分子运动。为加强运动的领导，县委成立了 5 人小组，由一名县委副书记任组长，并设立了 5 人小组办公室，作为领导肃反运动的指挥部。办公室下设秘书、材料、专案、个别定案 4 个组。为方便运动的开展，根据各系统、单位人数、工作性质，成立 13 个核心小组（财贸系统 5 个、文教卫生系统 2 个、党群政法系统 6 个）。从全县各单位抽调 204 名肃反专职干部，还抽调 147 名干部为调查员，搞材料调查。整个肃反运动分四批进行：第一批为 1956 年 3 月—1956 年 8 月；第二批为 1956 年 8 月—1957 年年底；第三批为 1958 年 10 月—1959 年 3 月。每一批均为宣传发动、坦白检举、小组斗争、定案处理四个阶段进行。

经过 3 年的内查外调，肃反运动在全县 18451 名干部职工中，查出大小问题 1251 人，最后定为反革命分子和坏分子的 133 人，普通历史反革命分子 25 人，其他分子 3 人。处理结果为：依法逮捕判刑者 18 人，依法管制劳动教养者 10 人，其余分别给予开除公职、控制留用等处分。此次肃反运动，青龙县委贯彻执行了党的"惩办与宽大相结合"的方针和"有反必肃""有错必纠"的原则，清查出一批隐藏较深、罪恶严重的反革命分子，基本上达到了肃清一切暗藏的反革命分子的目的。对于在肃反中由于"左"倾思想的影响，出现的一些量刑、处理偏重的问题，都分别作了甄别纠正。

五、整风运动和反右派斗争

1957 年 4 月 27 日，中共中央发出《关于整风运动的指示》。5 月 1 日，该指示在《人民日报》上发表。《指示》指出，为了适应我们的国家已经从革命的时期进入了社会主义建设时期的新形势，为了克服近几年来党内新滋长的脱离群众和脱离实际的官僚主义，宗派主义和主观主义以及特权思想，必须按照"从团结的愿望出发，经过批评和自我批评在新的基础上达到新的团结"的方针，在全党进行一次普遍的、深入的反官僚主义、反宗派主义和反主观主义的整风运动，并要求党外人士给各级党的工作提意见，帮助党整好风。中共青龙县委按照中共中央、河北省委和承德地委的安排部署，认真地开展起了反对党内的官僚主义、宗派主义、主观主义和要求党外人士给各级党的工作提意见帮助党整好风的整风运动。5 月 14 日，县委成立了整风领导小组。由县委书记王禄，副书记孙升华、肖庆林，县委常委、县长刘允复，县委常委张九清、高志芳，副县长孙友，宣传部副部长张阁秀9人组成。领导小组下设整风办公室，张阁秀兼任办公室主任，长期具体办公人员2名，忙不过来时，随时增派人手。同时制订了详尽的整风运动计划。各单位也都以党总支或党支部为单位，先后成立了47个领导整风核心小组，并抽调专人负责。根据县委整风计划，结合本单位具体情况，分别制订出了具体的整风计划，开展各部门的整风运动。县委还从县直单位抽调一批人员，深入各系统总支、各单位支部协助指导整风，开始部署整风工作。整个整风运动划分四个阶段：第一阶段，学习文件，提高认识，发动群众大鸣大放，给党提意见，帮助党整风；第二阶段，进行整顿，对群众提出的各种意见、批评和建议分类整理，提出改进意见；第三阶段，揭发检举，批判辩论，对大鸣大放中暴露出来的反党、反社会主义方面的问题以及通过其他各种形式揭发检举出来的右派言行，梳理成"辫子"，进行辩论和批判；第四阶段，组织处理，个人总结，对已定成右派分子和右派言论错误的人分别进行组织处理，建立健全组织，完善组织制度。自第三阶段始，运动重点转为反右派斗争。

青龙县整风运动分两批进行。第一批有县级领导机关、文教、卫生、财贸和工业系统；第二批有党群政法部门。教育系统又分别在1957年和1958年两年暑假期间分县东县西两批进行。

中共青龙县委坚决反对主观主义、官僚主义、宗派主义内容，以解决人民内部矛盾为主题，5月下旬，县委在县直机关开始第一批整风学习。反复学习毛泽东《关于正确处理人民内部矛盾的问题》和《在全国宣传工作会议上的讲话》精神，深入理解"关于辨别香花与毒草的六条标准"，结合反对"三个主义"，检查各单位的工作，开展"大鸣大放"。党内党外均本着从团结的愿望出发,查找工作中的缺点,改进领导作风,帮助党整风。县级机关整风,首先从县委委员开始,逐步到县委各部部长和党员的科、局长,最后深入全体党员。县委要求党员干部以身作则,从检查执行党的方针政策入手,检查领导干部的思想作风。做到边学习边检查边处理。同时强调整风不忘生产,生产不忘整风,整风、生产两不误。

6月2—5日,中国共产党青龙县第二届二次代表会议召开,中心议题是如何把《正确处理人民内部矛盾问题》作为全县整风运动的主题,作为做好今后工作的准绳,把整风运动引向深入这一重大政治命题。出席会议的367名党代表(占全县党员总数的4.3%)认真听取中共青龙县委《关于整掉党内官僚主义、主观主义和宗派主义,正确处理人民内部矛盾,调动一切积极因素,为争取一九五七年全面生产大丰收而奋斗的报告》和县委在工作中所存在官僚主义、主观主义和宗派主义问题的深刻检查以及改进措施。会议留出充裕时间,让各位代表给县委提意见,真心实意地接受批评与建议。大会最后要求:第一,正视矛盾的存在,任何单位和个人不可以任何理由和借口搪塞或敷衍了事,必须在全党进行一次彻底整风,坚决克服掉党内的官僚主义、主观主义和宗派主义,以适应社会主义建设需要;第二,严格按照中共中央和省委、地委指示执行,分兵把口,责任到人,从县委书记到党员小组长都要带头学习,带头检查,带头改进,切实加强整风运动的领导;第三,加强党同广大劳动人民群众的联系,彻底改变县委脱离群众的现象,在进行整风的同时,和工人农民一起参加劳动,并使这个办法形成永久性制度;第四,充分发动群众,广泛征求群众和各界人士意见,调动一切积极力量,使整风运动"既轰轰烈烈地展开,又和风细雨地进行"。运动开展至6月底,县委搜集到各整风核心小组,以及通过召开各阶层代表人物座谈会、小组讨论会和个人交谈等方式所提出的对县委、各部门和个人的批评建议 130 件，其中县委 73 件：涉及干部提拔、配备使用、处分等方面问题的 26 件，工资问题的 5 件，要求解决福利设施的 3 件，要求解决房子问题的 6 件，党政团工作方面问题的 8 件等。针对问题，县委不推、不拖、不靠、不等，该县委解决的县委解决，该部门解决的部门解决，该说明原因的说明原因，做到事事有着落，件件有回音。例如：有几个单位提出，县委对土门子区一名宣传干事"抓差"伤人问题的处理上存有宗派主义问题，当时的区委书记（已任县委农工部副部长）、区长（已任县人委办公室副主任）应负领导责任。县委认为此意见正确，马上作出对当时区委书记、区长处理决定，分别给以党内严重警告、党内警告处分。

8 月 21 日，县委在全县三级干部会议上作了《全党动员，全力以赴，迅速地在全县农村中开展起一个声势浩大的社会主义宣传运动》的报告。这次社会主义教育运动实际上就是农村全面整风的开始，是和整风运动结合进行的。在社会主义大辩论的基础上，开展农村全面整风，搞好农村整党、整团、整社工作。于是，社会主义教育运动，也就成了农村整风的重要内容。在全党全民的大鸣大放大辩论过程中，绝大多数人本着从团结的愿望出发，进行批评和斗争，提出了许多善意而中肯的意见和批评。同时，确实有极少数人抱着个人成见，从个人利益出发提问题，思想情绪过于偏激。有人对社会主义道路、粮食统购统销、党的领导等缺乏全面正确的理解，采取歪曲和持有怀疑的态度。也有极个别别有用心的地、富、反、坏、右分子借机煽风点火，造谣生事，污蔑党的领导，攻击社会主义，在严厉打击他们猖狂进攻的同时，也拉开了反右派斗争的序幕。

通过整风运动，的确使一部分党员干部中的官僚主义、主观主义、宗派主义、教条主义、命令主义和个人主义等受到深刻冲刷；

党的组织得到了普遍加强；党员干部得到了锻炼，思想、政治党悟明显提高；密切了党群、干群关系；群众受到了教育；促进了社会主义建设，实现了整风与生产双跃进。

在全党整风运动中，发动党外人士，来帮助整顿党的作风，开诚布公地请党外人士对共产党一切工作畅所欲言地提出建议和批评，说明共产党人不仅不害怕批评，而且敢于接受批评；说明党为了国家和人民的利益，为了更好地领导人民进行社会主义建设，是有决心消除各方面工作中的缺点和错误的。

然而，正当整风运动掀起高潮时，国内极少数资产阶级右派分子利用帮助共产党的机会，向党发起进攻，散布反党反社会主义言论，有的叫喊让中国共产党下台，有的叫喊实行两党制，各党派"平起平坐""轮流坐庄"，有的公开提出要共产党退出机关、学校和企业……对社会主义制度和社会主义革命及建设成就进行恶毒攻击，全盘否定。为打退资产阶级右派的猖狂进攻，坚持共产党对社会主义事业的领导和巩固新生的社会主义制度，1957年5月15日，毛泽东开始撰写《事情正在起变化》一文，要求全党认清阶级斗争形势，注意右派的进攻。6月8日，中共中央发出《关于组织力量准备反击右派分子进攻的指示》要求各省市机关、高等学校和各级党报都要积极准备反击右派分子的进攻。运动的指导思想开始发生变化，运动的主题开始由正确处理人民内部矛盾转向对敌斗争，由党内整风转向反击右派进攻。1957年6月29日。为彻底打退右派分子进攻，中共河北省委发出了《关于打击、孤立资产阶级右派分子的指示》，要求各地委、市委认真组织群众坚决打击右派分子。

8月21日，中共青龙县委、县人委在县城大杖子召开全县干部扩大会议，参加会议的有县直干部500人、区乡全体干部和农业社的部分支部书记682人、全县教师958人，会议历时5天。会议传达了中共中央《关于组织力量准备反击右派分子进攻的指示》和中共中央、中共河北省委关于在农村开展社会主义大辩论的指示。围绕"需要不需要党的领导？""合作化有没有优越性？""统购统销是搞好了还是搞糟了？""肃反工作正确与否？"等问题进行了鸣放辩论。成立了全县社会主义大辩论、机关反右整风和秋收分配粮食统购统销三个工作组。抽调了563名干部深入到各区、乡、社，农村整风、反右斗争和社会主义宣传教育运动在全县轰轰烈烈地展开。

这次反右派斗争在指导思想上提出把反右派当作"党内外一场大战来打"，"战场既在党内又在党外"是"一场大规模的思想战争和政治战争"，是"一场全党全民的大战"。在政策和策略方面，主要是根据5月19日《人民日报》发表，经过毛泽东作了若干重要补充和修改的《关于正确处理人民内部矛盾问题》一文中提出的辨别香花和毒草的6条标准来划分右派的。在反右派斗争过程中，提出了"引蛇出洞""钓鱼""聚而歼之"等策略。从搜集材料到批判文章都严格保密，如临大敌，在对方毫不知情的情况下发起突然袭击，采取"大鸣、大放、大字报、大辩论"的方法进行斗争，并且采取斗争会的形式。

整风和反右派斗争运动由1957年5月开始，翌年7月结束，全县共划定右派分子119人（其中教育系统80人），被定为反社会主义分子的中学生5人，定为有右派言论错误的14人，受株连的6人。最后处理捕判3人，开除党籍10人，开除公职42人，劳动教养43人，撤销原职留用察看19人，撤销原职监督劳动28人，开除团籍1人，开除学籍2人，行政降级3人，行政记过3人，开除留用1人，取消预备党员资格1人。

通过这次反右派斗争，打退了资产阶级右派的进攻，教育了人民群众，巩固了无产阶级政权，推动了社会主义建设。但由于当时

"左"倾思想的影响，过分地夸大了"敌情"，又由于采取大鸣、大放、大字报、大辩论的形式，致使反右斗争严重扩大化，把一些在整风中给党或一些领导干部提批评意见、说过激话的人，认为是攻击党、攻击社会主义，将一批知识分子、教师、民主党派，甚至是共产党员、国家干部打成右派分子，有的还株连了其家属和子女。

1962 年以后，根据中央指示精神，本着"实事求是""有错必纠"的原则，对错划的右派分子，分别给予恢复党籍，安排工作。对年老多病者，办理离退休手续，受牵连的家属及子女也给予落实政策。到 1978 年止，对错划的右派分子全部予以改正。

第三节　负重奋进，全面进行社会主义建设

一、"大跃进"运动

1958 年 5 月，中国共产党第八次全国代表大会第二次会议提出了"鼓足干劲，力争上游，多快好省地建设社会主义"的总路线。8 月，中共中央政治局扩大会议，讨论通过了《关于在农村建立人民公社问题的决议》。根据社会主义总路线基本点的要求，强调了高速度。根据中共中央部署，中共河北省委和中共承德地委先后召开会议，贯彻中共中央指示，在各行业迅速掀起了"大跃进"热潮。

（一）人民公社化运动

1. 建立人民公社

青龙县委根据上级部署，积极建设落实人民公社。1958 年 8 月 18 日，中共青龙县委组成以县委第三书记孙升华、副县长孙友为组长的工作组，到三岔口区（重点是楼子石乡）进行小社并大社建立

人民公社的试点工作。在试点上，首先召开了各级干部会议，培训报告员、宣传员，共训练报告员、宣传员3400人，然后，各乡分别召开党员会、群众会，由报告员、宣传员负责传达中共中央关于把小型农业社适当并大社的意见，学习毛泽东视察山东省农村时"还是办人民公社好"的指示，介绍河南信阳地区人民公社"十大优点、四项有利条件"，宣传建社方案以及具体问题的处理，讨论人民公社社章，大讲特讲：建立人民公社可以提早过渡到共产主义，人民公社实行半供给半工资制，在本社范围内吃饭不要钱，老人入住幸福院，儿童由社供养，吃饭有食堂，娱乐有影院，共产主义是天堂，人民公社是桥梁，等等。为了扫清建立人民公社的障碍，还采用了大鸣、大放、大字报、大辩论的方法，批判右倾保守、爬行主义，批判各种抵制并小社建公社的言论和行为。以此来统一人们的思想和言行。一时间，处处敲锣打鼓，悬灯结彩，热烈欢呼建立人民公社的标语贴遍沟沟岔岔。在干部和积极分子的带动下，人人写决心书、申请书，一个昼夜就达两万多份，强烈要求全区建一个公社。8月23日，由10个乡、6984户、39817人合并建成1个人民公社。8月25日，县委召开了电话会议，传达了省委、地委指示，介绍了三岔口区建立人民公社试点工作经验，讲了建立人民公社的意义、组织机构、分配原则等具体问题。8月27日，县委再次召开电话会议，县委第一书记王禄通报了各区25日电话会议后的行动情况，强调并社工作必须书记挂帅，全党动手，深入实际，搞好试点，必须搞好，不准搞坏。8月28日上午，孙升华由承德开会回来，下午就召开了常委扩大会议，研究贯彻地委会议精神。8月29日，县委召开了区、乡、社和县直干部6800人参加的大会，传达了承德地委会议精神，县委第一书记王禄再次强调，迅速建立人民公社的意见，会议开到夜间十点多钟。散会后，各区又连夜组织讨论。8月30日早，全体区、乡、社干部和县委抽调的 122 名干部分赴乡下，紧急开展并小社建公社工作。

9 月 1 日止，不到半个月时间，青龙县就将原来的 13 个区、90 个乡、451 个小型农业社（入公社户数占总户数的 99.97%）并转为 14 个人民公社，即原一区龙王庙、三间房、山神庙、碾子沟、牛心山、花果山、花厂峪 7 个乡合并，建东升人民公社，驻地龙王庙；原二区三岔口、楼子石、山拉嘎、霍杖子、董杖子、隔河头、新城沟、官场、八道岭、石门子 10 个乡合并，建东风人民公社，驻地三岔口；原三区双山子、于杖子、平方子、老李洞、冯杖子、干树沟、安子岭 7 个乡合并，建卫星人民公社，驻地双山子；原四区土门子、大于杖子、大狮子沟、大巫岚、大石岭、写字洞、蒿村 7 个乡合并，建灯塔人民公社，驻地土门子；原五区木头凳、干沟、山东、邱杖子、付杖子、周杖子、三星口 7 个乡合并，建先锋人民公社，驻地木头凳；原大杖子镇和原六区的西双山、大营子、陈杖子 3 个乡合并，建跃进人民公社，驻地大杖子；原六区下甸子、张杖子、沈杖子 3 个乡合并，建胜利人民公社，驻地沈杖子；原七区肖营子、六珠平、白家店、七道河、五指山、当杖子、草碾 7 个乡合并，建曙光人民公社，驻地肖营子；原八区八道河、十字坪、二道河 3 个乡合并，建火箭人民公社，驻地八道河；原八区凉水河、下草碾、沙岭、四拨子 4 个乡合并，建五星人民公社，驻地凉水河；原九区峪耳崖、孤山子、大地、华尖、关石、三道河、三家湾子、东黄花川 8 个乡合并，建钢铁人民公社，驻地峪耳崖；原十区新甸子、蓝旗地、大桑园、闯王台、孟子岭、王厂沟和原十一区宽城、河西、三异井、化皮六子、龙须门、缸窑沟 12 个乡合并，建红旗人民公社，驻地宽城；原十二区板城、三座庙、柳树底下、亮甲台、崖门子 5 个乡合并，建上游人民公社，驻地在板城；原十三区汤道河、金杖

子、朝阳山、双松汀、偏崖子、苇子沟 6 个乡合并，建飞跃人民公
社，驻地汤道河。

2. 大办食堂

随着人民公社的建立，大办公共食堂应运而生。为了解放劳动
力和向共产主义迈进，青龙县又掀起了大办食堂高潮，并把它当作
解放妇女、节约粮食、节省劳动力甚至消灭私有制残余。"大跃进"
开始后，河北省徐水县进行"共产主义大协作"，开始大搞吃饭食堂
化的做法在《人民日报》发表后，中共河北省委要求全省各地加紧
推广徐水县经验，加快普及农村公共食堂的步伐。青龙县农村的公
共食堂，就是在这种形势下建立起来的。

1958 年 7 月中旬，中共青龙县委在双山子乡抓公共食堂试点，
并召开了现场会，要求全县铺开。7 月下旬，县东的平方子乡烂泥
沟社和县西的碾子峪乡孤山子社分别建起了公共食堂 11 个和 12 个。
为了加强食堂建设的领导，8 月 18 日，中共青龙县委成立了群众集
体生活办公室，主任由组织部副部长李树海担任，8 名县直有关部
门负责人为成员，具体负责大办食堂工作。9 月 4 日，县委发出《关
于迅速巩固和发展公共食堂的指示》。开始大办食堂许多人思想上有
这样那样的顾虑，提出了许多问题，进展不顺。为此，县委采取了
8 条措施：第一，大力宣传公共食堂的"十二大好处"（1. 妇女从繁
重的家务中解脱出来，可提高劳动出勤率；2. 解除了鳏寡孤独户的
担水、烧柴、加工、吃饭等困难；3. 劳动力生产回来可及时吃到饭；
4. 集体烧火做饭省柴省米省饭；5. 减少了粮食损坏，特别是薯类；6.
减少了社员购买油盐酱醋的误工；7. 减少了为下乡干部派饭的麻烦；
8. 解决了没柴没米户影响生产的矛盾；9. 解决了社员推碾拉磨的矛
盾；10. 树立了社员集体主义思想，抑制了农民私有观念；11. 改善了
人与人之间的关系；12. 培养了农民组织性、纪律性和自觉性）。第

二,开展大鸣、大放、大字报、大辩论。批判因循守旧,批判右倾保守,批判个人主义,扫除办食堂中的障碍。第三,发动党团员干部带头加入食堂,带头投粮投菜,捐献炊具物资。第四,公社内建立生活福利部,确定专人领导群众集体生活,同时建立食堂的管理组织,选配好炊管人员。第五,发动群众修建好食堂厅堂,安锅搭灶,筹集炊具。第六,发动群众讨论制定各种规章制度,健全账目。第七,动员群众向食堂投粮、投菜、投猪。第八,层层抽调干部直接抓食堂的筹建工作,解决办食堂中的具体问题。通过紧张筹建,到1958年10月基本实现了食堂化。全县14个公社,296个生产大队,79877户,414706人,共建食堂3660个,参加食堂的有403370人,占农业人口总数的97.3%。

食堂虽然建立起来了,但是由于物质和思想条件都不成熟,食堂中的问题越来越明显,有的食堂只挂牌子,无人去吃饭;有的食堂只是男劳力在食堂吃,妇女、儿童在家吃;有的食堂只做饭不做菜;有的食堂缺东少西;有的食堂卫生条件差;还有的食堂出现敞开肚皮吃、浪费严重、贪污盗窃、优亲厚友等问题。针对这些问题,县委县人委采取了一系列措施:11月上旬连续召开两次电话会议;11月10日,县委下发《关于搞好当前人民群众生活采取几项紧急措施的指示》,对食堂标准、食堂规模(以生产小队二三十户为宜)、从严审查食堂管炊人员等提出具体要求;组织了200多人对全县所有食堂巡回大检查,进行分类排队;11月15日,县委县人委在孤山子大队再次召开了群众生活现场会议;并明确县委副书记刘会文和社、队一把手亲自主抓食堂工作,对食堂进行彻底整改。到1958年年末,全县大部分濒临垮台的食堂勉强坚持下来。

由于1958年大炼钢铁顾不上收秋,增产不增收,到1959年春粮食就开始紧张,食堂的日子很不好过,有的食堂没粮没菜没柴,力不从心，许多食堂难以维持。1960年食堂更加困难。几经折腾，直至1961年5月才解散。

（二）农业"大跃进"

1958年1月22日，中共青龙县委根据上级指示精神，提出农业"大跃进"的计划是：在整风基础上，去掉保守思想，动员各方面力量，以战斗者的姿态，全面投入备耕生产，为保证粮食亩产400斤、争取450斤、余粮1亿斤的目标而奋斗。

2月初，县委组织四级干部参观河北的满城、抚宁后，将粮食亩产指标提高到450斤，争取500斤。没出2月又根据中共河北省委和中共承德地委指示，将亩产提高到450斤，争取543斤。

根据中共中央南宁及成都会议精神和中共河北省委四级干部会议精神，中共青龙县委于3月14日印发了《关于在生产"大跃进"形势下，进一步把农村整风推向新高潮的意见（草案）》，强调：在实现思想和生产双跃进的基础上，要批判各式各样的右倾保守、骄傲自满、老大暮气、干劲不足、革命意志衰退等思想和倾向。3月26日中共青龙县委又印发了《苦战三年改变青龙面貌的计划》，要求期内完成五大任务、取得六大成果、实现十五化。五大任务是一年绿化荒山，二年低产变高产，工业翻四番，四害变四无，三年文盲全扫除；六大成果是一人二猪两只羊，百棵果树三百桑，每人有树三千棵，亩产达到千斤粮；十五化是坡地梯田化，梯田水利化，山沟水库谷坊化，灌溉自流化，施肥化学化，猪圈厕所标准化，土壤改良化，工具新式化，远山森林化，近山桑果化，山路车马化，车轮胶皮化，畜种改良化，深耕细作化和农村电气化。

4月2日，中共承德地委在青龙县板城区召开了农村整风、生产现场会，推广了青龙县板城区提前4个月完成整风、实现整风生产双跃进和青龙全县高山改土、车子化和厕所大缸化等经验，为全地区开展四比双反（比干劲、比先进、比勤俭、比好快多省，反保守、反浪费）运动树立了榜样。

4月28日，中共青龙县委再次作出《关于普遍开展千斤苞米、万斤薯运动的决定》，要求按原定计划完成高产作物的播种任务，采取有效措施，确保高产作物的高额丰产。强调开展此运动是青龙实现农业"大跃进"的根本保证，要拿出十二分的干劲来完成。

5月2日，县委制定实现田园化规划。在全县现有5万亩田园的基础上，1958年争取达到20万亩，田园单产保证达到1200斤。口号是：凡是灌溉地，全部搞田园；粪水加技术，干劲加苦钻；最低一千二，力争翻五番。5月12—14日，县委在肖营子组织召开了全县三级干部现场会，要求立即掀起夏锄生产、工具改革、水利建设、高产作物管理、养猪积肥和除治病虫害六大高潮。提出"单产总产翻一番，余粮达到两万万"的口号。县内区与区之间相互下了挑战书，县委向全承德地区各县发出友谊竞赛倡议书。

6月全县掀起抗旱运动，全县所有干部和群众齐上阵，昼夜奋战。提出的口号是：不怕龙王瞎胡闹，革命意志冲云霄。人民自有回天力，一年无雨保全苗。面对干旱挑战，全县人民跃进信心不减，继续开展以试验田为内容，以千斤队为形式，以浇水、追肥、技术改革为中心的"五增"运动：在白薯地里种玉米，增棵；浇水追肥、精耕细作，增穗；挖鱼鳞坑，增面积；薯母子种地里，增秧；垵田垄上插薯吊子，增产。通过"五增"，全县可额外增产10010万斤粮食。此举被整个承德地区推广。6月29日，中共青龙县委作出《学习娄子石红旗，推广娄子石红旗，在全县遍插娄子石红旗的决议》和《在农村党员干部中开展向张会起红专学习的决议》（张会起当时任娄子石乡党委副书记）。紧接着在娄子石乡召开2008人参加的"红旗"现场会，县委书记王禄作了《全党全民总动员，苦战鏖战一百天，大闹红七月，保证千斤县》总结讲话。会后，青龙县又飘起两面红旗，一面是创造三套高产套种的瓦房社，另一面是荒山上大搞林粮间作的大杖子林业专业队（10 月改名为五四青年林场，被承德地委赞誉为林业战线上的红旗）。同时，也拔掉了 3 面"白旗"。

7 月 12 日，中共承德地委向全地区推广了青龙县娄子石乡《坚决贯彻总路线，苦干一冬一春，改变了全乡面貌》的经验。

7 月 24 日，中共青龙县委在双山子区召开农作物后期管理现场会。会上传达了中共中央向全党和全国人民提出的"苦干三年，实现四十条，赶上英国要有雄心，三年赶上英国，五年赶上老大哥，七年赶上美国"的目标，以及中共河北省委、中共承德地委对农业提出的任务。提出"人有多大胆，地有多大产"的口号，重新修订了增产指标，通过了"确保亩产 3500 斤，力争 4000 斤"的决议。最后，县委向全民发出"全党全民总动员，鼓足干劲冲破天。猛攻红七月，昼夜不休闲。抓住三名大元帅（白薯、苞米、水旱稻），逮住两个先行官（水、粪）。旱也收，涝也收，坚决保证千斤县。超围场，越兴隆，秋季产量乘火箭。总产达到十七亿，天安门前把礼献"的战斗号召。会后全县呈现出更加热烈的农业"大跃进"局面。

全县各级干部都确定了自己的试验田。全县有 2510 名干部搞了 5510 亩试验田，带头发射"卫星"。县委第一书记王禄保证亩产粮食 5000 斤，争取 5500 斤。全县大小卫星齐发射。同时全县开展创建卫星田运动，面积达 207886.2 亩。其中白薯 72941 亩、玉米 82764 亩、高粱 23329 亩、谷子 22060 亩、稻子 6790 亩。

9 月在全民大炼钢铁非常紧张的情况下，县委还动员全县人民抓紧一切时间抢秋、深翻土地。9 月 16 日中共承德地委向全地区推广了青龙县东风人民公社和卫星人民公社深翻（1.5 尺至 3 尺）土地、分层施肥的经验。

1958 年，全县水土保持和农田水利建设"大跃进"取得了前所未有的巨大成绩：全县 8000 多条山沟，修起了 8 万多座谷坊；修建水库 3487 座；肖营子乡温杖子村在小象沟建成全县第一座小水电站，供本村农业用电和照明用电，全县第一座集蓄水、灌溉和发电的中型水库——水胡同水库设计完毕，并开始正式施工；挖鱼鳞坑52 万个；挖水平沟 101.3 万个；打井 3.8 万眼；调渠 1500 道；造林41.36 万亩；栽桑树 25.02 万株；采山杏种子 450 万斤；育苗 7134 亩；建社办林场 6 个；有常年林业专业队 452 个；修田整地 27.94 万亩；控制水土流失面积 2680 平方千米，等等。为此，中共承德地委给予高度评价，号召各县参观学习；《河北日报》记者特来青龙县实地采风，深有感触，以《苦战一月，两次总攻，青龙县雨季造林告捷》为题予以报道；青龙县获评"全国水土保持工作特等奖"殊荣，得金丝绒锦旗一面；还荣获国务院"绿化第一县"锦旗一面，被林业部命名为"林业元帅县"；龙王庙东升人民公社花厂峪大队被国务院评为农业社会主义建设先进单位。

青龙县在农业"大跃进"过程中，以政治挂帅，开展了鸣放辩论，又开展了共产主义大协作。在生产上竭尽全力，大抓增产关键和措施，认真贯彻了"土、肥、水、种、密、保、管、工"农业八字宪法，培树典型，开展红旗竞赛，总结评比，把生产不断引向高潮。在遭受 6 月大旱和 7 月水灾（全县连续降雨 3 昼夜，降雨量195 毫米，其中一夜降雨 103 毫米，瀑河洪峰超过 1949 年，冲毁土地庄稼 1 万多亩、房子 19 间，伤亡 5 人）的残酷打击下，还是使 1958 年农业生产取得了历史上最好成绩，多项主要指标打破了历史最高纪录。全县粮食总产量达到 15128.89 万斤，比之前历史上最好年度的 1957 年增加 768.19 万斤；粮食平均亩产达 252 斤，比1957 年增长 7.23%；棉花总产量达到 93.87 万斤，比 1957 年增加

54.77%；桑蚕产量达 36.83 万斤，比 1957 年增长 17.9%；养猪达 13.73 万口，比 1957 年增加 8.88%；干鲜果品种产量达 2279.27 万斤，比 1957 年增长 8.21%。当然，这些实际数字不能与浮夸数字相比，这是农业"大跃进"值得肯定的一面。

（三）工业"大跃进"

1958 年年初，中共中央在南宁会议和成都会议上，提出加快工业发展速度，在 5 年至 7 年内，使地方工业总产值赶上或超过农业总产值。在随后召开的中共八大二次会议上，又通过了第二个五年计划。1958 年 3 月 6 日，中共河北省委召开电话会议，要求各地迅速制定工业建设发展规划，为全省工业规划会议做好准备。

中共青龙县委紧跟中共中央和中共河北省委战略部署，迅速掀起全民大办工业热潮。提出"紧跟党的总路线，苦干实干加巧干。建成百乡千区万厂县，工业产值翻个二十番"的战斗口号。1958 年 5 月 1 日，县委决定成立青龙县地方工业规划行动委员会，下设地方工业跃进办公室；16 日，青龙县人民委员会第八次会议召开，其中一项主要议题就是总结 3 月以来工业"大跃进"成绩、问题与不足，再次发出工业跃进动员令，提出积极全面地发展地方工业，建立起以农业技术改造为中心的工业体系，争取 5 年内实现"农业机械化、农业电气化、街道水泥化、车轮胶皮化"，工业要一马当先，冲锋在农业前面。

在工业"大跃进"运动中，中共青龙县委充分发动群众，紧紧依靠群众，尊重群众的首创精神，调动了广大群众的积极性和主动性。广大群众发出了"如今我们把身翻，办好工业理当然。谁说土里长不出洋机器，创奇迹的就是庄稼汉。党叫干啥就干啥，砸锅卖铁也心甘"的豪迈誓言。因此，村村建工厂，组组出老板，大小土洋厂矿如雨后春笋般涌现，遍布全县沟沟岔岔。到 5 月底止，全县已经办起了 1911 个小型厂矿，并投入了生产。其中绝大多数厂矿是4 月、5 月发展起来的，平均每天有 32 个厂矿告成。这些新开业的厂矿已经开始为农业生产服务。建成的 328 个小型颗粒肥料厂，已制出 634 万斤肥料，为夏季追肥奠定了基础。各乡社开办的 120 个小型农具修配厂，除了积极为农民修配农具外，还研究创造出了耘锄、空心锄、水稻锄、移苗器、追肥器等 20 多种小型改良农具。

虽然工业发展速度空前、成绩巨大，但照社会主义建设总路线要求还有相当大的差距。有些可以抓紧搞起来的还没有抓紧搞起来；有些可以快搞的却没有快搞。其主要原因是思想还没有得到彻底解放，对总路线的领会和贯彻不够，于 6 月 1 日召开了县委常委扩大会议，着重研究了加快地方工业的速度和措施，决定立即在全县再掀起一个加速工业建设的新高潮，把当年原计划建设项目 2000 个修改为 13000 个，比原计划增加 6 倍多，争取实现千厂区（13 个区）万厂县，到"七一"前夕建厂 7000，到"十一"实现 1 万。口号是："苦干十天，建厂五千，用七千厂迎接'七一'，用万厂迎接国庆"。为了再提速发展，采取了如下措施：一是再宣传、再发动，再提高认识。进一步加强总路线的宣传贯彻，组成百人宣传大队，由县委书记、县长亲自率领，深入农村开展宣传，利用一切宣传手段进行宣传，从而使总路线更加深入人心，成为推动工业高潮的原动力。二是采取工业生产为农业生产服务的方法来促进工业的大发展，突出抓好炼铁、炼铜、炼铅、农具制造、煤、电、化肥等方面的工业建设。三是培树典型，以点带面。首先抓滚球研制，发动各行各业能工巧匠，土法上马，苦熬七昼夜，终于研制成功了滚球轴承，使全县所有的碾、磨、辘轳、水车、扇车、手推车、农具等实现了滚球轴承化。其次抓商业系统办工厂，商业局在 3 个多月内就建起了炼铜厂、炼铅厂、炼铁厂、野生纤维厂、废品综合加工厂和副食品加工厂。野生纤维厂利用山野资源，试制出 103 种野生纤维，其中乌拉草、狗桑麻、臭蒲蓬草、苦参根等 7 种已大量投入生产，制出人造棉 2555 斤，纺出线 2323 斤，织出各种各样、色彩艳丽的花布 62 种，2000 多尺，织出各种形状的衣、帽、被褥面等，其他 5 厂也都见成效。全县各基层商业单位办起冶炼、织纺、酿酒、食品等各种工厂 8834 个，投产的 8786 个，共生产出 200 余种 230 多万元的产品。尤为突出的是在 7 月的下半月，建冶炼厂达 58 座，其中有炼铅炉 4 个，炼铁炉 11 个，炼铜炉 3 个。采挖矿石 6250 吨，铜铅已大量投入生产，炼铁炉有 4 处流出铁水。再次，培树了石岭子乡于树沟社"赤手空拳炼成焦炭"的典型。在上述典型的带动下，全县工业建设高潮迭起。中共承德地委、专属特来电祝贺，3 个典型均被全承德地区推广。

1958 年，青龙县工业在各级党委的领导下，在广大群众的热情支持下，积极响应上级以"虚"代"实"的号召，工业生产出现了建设高潮。工业总产值实际完成了 273.2 万元。比 1957 年提高了 1.94 倍，工业企业由 1957 年的 29 个增加到 22886 个。平地建工厂，白手起家，工业各方面有了显著增长，使青龙县的整个工业发生了根本变化。

在大办工业的过程中，由于片面强调因陋就简、多多益善，使许多根本不具备办厂条件的地区，一哄而起，要求群众出钱出物，助长了"平调风"的盛行，浪费了大量的人力、物力和财力。有相当多的企业规模结构不合理、设备简陋、水平低下，甚至无法进行正常生产，打乱了青龙县地方工业的有序发展。

（四）大炼钢铁运动

随着工农业生产的迅速发展，需要大量钢铁，然而，全国的解决钢铁问题便成为工农业继续跃进的关键。在工业"大跃进"的浪潮中，全民大炼钢铁运动迅猛开展起来。1958 年 8 月，中共中央政治局北戴河扩大会议，确定 1958 年钢产量比 1957 年翻一番，即 1070 万吨，并提出要大搞群众运动，实行书记挂帅，全党全民办钢铁。会议通过了《中共中央政治局扩大会议号召全党全民为生产 1070 万吨钢而奋斗》的公报。9 月 1 日《人民日报》发表《立即行动起来，完成把钢产量翻一番的伟大任务》的社论。从此，轰轰烈烈的大炼钢铁运动自上而下地开展起来，并很快席卷全国。

1958 年 8 月 13 日，县委召开了全县广播大会，县委副书记李连荣作了《全党全民总动员，工农财贸齐支援，保驾钢铁、机械两大元帅升帐》的报告，宣布了 45000 吨生铁生产跃进指标，号召全县人民以百倍的信心、冲天的干劲、"大跃进"的速度，千方百计地完成任务。从此，全县大炼钢铁运动骤然形成了热潮。土门子区在广播会的当晚就建土炼铁炉 135 座；八道河区也连夜发动群众建炉，并明确提出苦战三昼夜建炉 1000 座；大巫岚 133 个劳力，建炉通宵达旦，一夜间建炉 15 座；县直各机关也都夜战建炉。1958 年 9 月 3 日，青龙县委召开紧急会议，根据省委、地委指示精神，决定将原定生铁生产指标由 45000 吨改为 49000 吨，争取 58650 吨。并决定立即抽调 3 万名青壮年组成钢铁野战军，成立钢铁野战军指挥部，县委第一书记王禄、第二书记张忠为司令员，县委副书记李连荣、副县长高英为副司令员，下设参谋部和钢铁兵团，公社主任为团长，生产大、小队干部任营、连长，一律实行军事化管理。从此到年末，从县委书记到社员，从机关、厂矿到学校，人人为大炼钢铁发力，一场场激烈的钢铁争夺战动人心魄。

9 月 5 日，钢铁指挥部分别在四区土门子和八区八道河召开了大搞钢铁誓师大会。参加会议的有各公社大队以上负责干部和炼铁技术员、木匠、泥瓦匠等。会上，贯彻了北戴河会议精神，研究了钢铁生产任务和措施。在八道河大会上，牧马铁厂介绍了利用河水推动鼓风机炼铁的方法；在土门子大会上，大石岭铁厂介绍了苦战20天流铁水的经验。会议中间，八道河大会首先向土门子大会提出挑战，其口号是："书记挂帅领兵，亲自跨马出征。带领钢铁大军万名，不分昼夜冲锋。工农同时并举，保证双翅飞腾。十号建炉五百，十五号建炉一千五，保证个个成功。钢铁斤两不让，时间分秒必争。九月千吨钢铁，保证超额完成。时间还要提前，县西定超县东。"土门子大会立即应战，也提出了跃进口号："头可断，血可流，不完成任务不罢休。汗流尽，腰累弯，坚决争取元帅县。"第一书记挂帅，亲自跨马领兵。发动全党全民，一齐陷阵冲锋。十号建炉一千，十五号两千完成。铁水川流不息，土炉大显神通。九月钢铁千吨，矿石两万挂零。冲破天，推倒山，踩塌地，遍插红旗争第一。人人摩拳擦掌，个个振奋精神，参加土门子大会的各公社还都提出了应战口号。没有等到散会，与会人员纷纷给本单位打电话，传达会议精神，安排男女劳力进行夜战。大巫岚一夜就组织1300多人上山挖矿石近40吨。会议开到6号晚，与会人员没有一个人回家，连夜返回战斗。从此，建炉、炼铁、采矿形成了全县性高潮。

9月12日，县委召开了县委扩大会议，扩大到公社书记、县直单位负责人。会议明确提出，一切工作都必须以钢铁为中心，为钢铁生产让路，任何单位、任何人都要服从钢铁生产，支持钢铁生产，服务钢铁生产，绝不容许与钢铁生产抗衡。反对本位主义、个人主义、分散主义，钢铁战线要什么给什么，需要多少给多少，什么时间要，什么时间给。9月18日，为放出钢铁卫星向国庆节献礼，县委又召开了广播大会，县委第二书记张忠在会议上做了紧急动员。9月19日，县委发出《关于国庆节前实现钢铁卫星县的紧急动员令》，明确提出：要通过插红旗，拔白旗，开展大鸣、大放、大字报、大辩论，批判消极派、算账派、摇头派，清除钢铁生产的障碍，以军事化行动，以淮海战役的气魄，钢铁般的毅力，战无不胜的决心，动员全党全民，组织5万精兵，依靠党委，发动群众，白手起家，自力更生，苦战鏖战10昼夜，保证日产生铁1000吨，赶禹县（河南），超鲁山（河南），国庆节前实现钢铁卫星县。

9月20日，县委在汤道河公社朝阳山大队，召开全县各公社主管工业的书记和炼铁技术员参加的现场会，参观了用石灰窑炼铁，县委进一步动员，并对各地下了命令，要求每个大队最低建一个石灰窑或砖窑用于炼铁。3天内全县要建石灰窑、砖窑500座。当日，《承德群众报》登载了兴隆县向全专区各县发出《恶战十天，争做千吨县的挑战书》，县委星夜讨论研究，21日又召开了各公社第一书记和县直有关人员参加的紧急会议。决定将向国庆节献礼的指标由日产千吨改为日产双千吨。将原定抽调劳力5万改为8万（实际达到9.7万，占全县男女劳力60%），并提出家家户户建焖炉，达到队队炼铁，户户有炉。一时间，浓烟滚滚，火光冲天。

虽经昼夜苦战，可到国庆节，仍未实现日产双千吨目标，只拼凑了3个日产1750吨的卫星。

10月中旬，生铁产量宣布为4153吨。然而，这组数字中，仅有4%即110吨是铁，其余全是烧化的矿石、焦炭、石灰石的混合物，没有任何利用价值。10月13日至14日，县委根据省委和地委精神，召开了公社书记会议，总结了经验教训，宣布不再搞烧结铁，强调生产纯铁。10月23日至25日，中共承德地委召开各县（市）第一书记、工业书记会议，明确以后要以生产好铁为目标。会上分配给青龙纯铁生产指标为2400吨、土钢2000吨。从此，家家户户的焖炉熄火，社社队队的石灰窑、砖窑炼铁停产，钢铁大军由10万人减到3.3万人，钢铁生产的全民性运动转向专业化。1958年年末统计，全县共建"六五立米式"高炉35座、"阳城式"炉51座、"曲周式"炉573座、其他土炉403座，家家户户建的焖炉5万多座、炼钢炉514座。采矿石30多万吨，产生铁1756吨（不含所谓的烧结铁），占任务的73%。生产土钢516吨，占任务的25%。收购废钢铁31306.9吨。突击挖原煤并用尽43798吨，是1957年的2倍。

大炼钢铁运动，虽然不到半年，却给人留下了深刻的教训。一是高指标违背了我们党实事求是的思想总路线，违背了客观规律。在缺乏资金、技术、毫无把握的情况下，不到半年时间要求炼钢铁49000吨，实属异想天开。为了"追星"不得不拔苗助长，造成共产风、浮夸风、命令风、瞎指挥风、干部特殊化泛滥。二是有损于党员干部形象，伤害了党群干群关系。名曰收购废钢铁，实则向群众乱摊派，要群众砸锅卖铁起钉锔，有的群众不乐意就挨大辩论。三是影响了农业生产和生活，由于百分之六七十男女壮劳动力被抽调，致使无人收秋，庄稼烂在地里，后来只好用耙子搂冻薯，用杆子打冻梨，造成农业丰收不增产。四是造成人力、物力、财力的巨大浪费，耗费1200多万个劳动日，仅炼钢铁专业人员就吃掉粮食3000多万斤；耗费国家、集体、个人资金数千万元；砍伐树木10余万立方米，烧制木炭1.5万多吨，滥开滥采煤炭和矿石数百处，加剧了水土流失，破坏了生态环境；动用全县仅有的9辆汽车、307辆胶车、57辆铁车、1076个手推车和3114副牲畜驮子，等等。在吸取教训的同时，值得充分肯定的是广大人民群众那种无限忠于党、全心全意建设社会主义、以苦为乐、无私奉献的伟大精神。

二、"四清"运动

"四清"运动是指1963—1966年，中共中央在全国城乡开展的社会主义教育运动。1963年2月，中共中央召开工作会议决定在农村开展以"四清"为主要内容的社会主义教育运动。5月，毛泽东在杭州召集有部分中央政治局委员和大区书记参加的小型会议，制定出了《关于目前农村工作中若干问题的决定（草案）》，（简称前十条）。于9月，又制定了《关于农村社会主义教育运动中一些具体政策的规定（草案）》（简称后十条）。1963年12月，青龙县委根据中共中央和省委指示，开始抽调干部，组织工作队，进驻问题较大的社、队，开展以"清工分、清账目、清财务、清仓库"，为中心的"四清"运动，称为粗线条"四清"。1964年秋，贯彻中共中央颁布的"二十三条"之前，青龙的"四清"内容改为"清政治、清经济、清组织、清思想"，称为细线条"四清"，将"四清"与"四不清"问题提到无产阶级与资产阶级两个阶级、社会主义与资本主义两条道路斗争的高度来认识与对待。

"四清"运动分六个步骤进行：

第一步，宣传教育。主要是全面深入地宣传中共中央关于农村社会主义教育运动问题的两个文件（即"双十条"）和本地区社会主义教育运动的典型材料。同时，本着"宽访、精选、定好、扎正"的精神，选择"立场好、劳动好、觉悟较高、政治纯洁"的贫下中农积极分子作为根子，通过他们，再串联其他贫下中农积极分子，扩大革命阶级队伍，为"四清"做好组织准备。

第二步，干部"洗手洗澡"。本着先上后下的精神，先以公社为单位，召开公社、大队、生产队三级干部和贫下中农代表会。公社干部在会上带头揭盖子、查上当，"洗手洗澡"，大、小队干部和贫下中农代表面对面和背靠背地提意见，帮助公社干部洗手洗澡。公社三级干部会结束后，先大队干部，后生产队干部洗手洗澡，同时发动群众提意见。

第三步，进行清理。组织专门班子查账目、清仓库和查证落实，进行三定（定事实、定时间、定性质）。

第四步，开展斗争。主要是进行阶级斗争的再教育，进行阶级复议，评审四类分子，揭露阶级斗争的各种表现，开展对敌说理斗争。

第五步，总结教育，组织建设。在生产大队建立贫下中农协会组织，建立阶级档案，编写村史，忆苦思甜，进行两个革命（即民主革命和社会主义革命）的教育，整顿党支部、民兵、治保、青年、妇女等组织。选举干部、评选"五好干部"和"五好社员"，制定干部参加集体劳动制度。

第六步，改善经营管理，制定发展生产规划。改善经营管理包括计划管理、劳动管理、民主管理。同时，围绕发展农业纲要四十条，制定"三五"年发展生产规划，提出具体措施。

"四清"运动至"文化大革命"开始后结束。青龙县的"四清"运动时间较短。在解决经济管理和干部的"四不清"、工作作风等问题上起到了一定作用。但在运动中也伤害了一部分基层干部。在清理阶级队伍和重新划定阶级成分过程中，执行了极"左"路线，混淆了敌我矛盾和阶级界限，扩大了打击面，错整了一些好人。1978 年进行"四清"复查时，对"四清"运动中出现的错误全部作了纠正。

三、农业学大寨

（一）"农业学大寨"前的农业发展

随着人民公社的建立和完善，为了尽快恢复和发展农业生产，赶上和超过 1957 年的生产水平，根据"农、轻、重"的发展方针，中共青龙县委确定的基本目标是：1962 年粮食总产量达到 1.95 亿斤（集体产量），比 1961 年增长 5.2%，1969 年达到 2.75 亿斤至 3 亿斤，增长 37.5% 至 50%，平均每年增长 4.9% 至 7.1%。而实际情况是，1962 年全县粮食总产量为 1.1 亿斤，和 1961 年持平，1964 年达到 1.55 亿斤，到 1965 年达到 1.82 亿斤，分别比 1957 年增长 0.09 亿斤、0.36 亿斤，创造了当时历史最高产量。从粮食角度看，全县农业生产的调整和恢复用了 4 年的时间。

中共青龙县委恢复农业生产的计划，虽然没有如期实现，但是，县委调整农业生产的决心、大办粮食的举措，为农业和国民经济的尽快恢复打下了坚实的思想认识基础。1961 年 12 月县三干会和四次党代会以后，全县加快了农业特别是粮食生产的调整步伐。

转移工作重心。中共青龙县委认真宣传贯彻中央国民经济调整"八字方针"，实施"以农业为基础，工业支援农业"和"以粮为纲，全面发展"的重要调整战略。各级党政工作重点、各行各业工作重心转向农业，转向为努力增加粮食生产而奋斗的轨道。县委积极落实中共河北省委关于大力加强农业的决定，全县各级党政部门全力抓农业，各行各业都坚持以农业为中心，根据农业的要求安排工作。落实恢复农业生产"六保"措施，即一保种子，二保饲料，三保口粮，四保生产资料供应，五保国家加工副产品返还，六保工农业产品等价交换。

放宽和落实农村政策。深入学习贯彻中央农业"十二条"和"农业六十条"，通过赔退，消除"一平二调"的影响，通过"四固定"、取消供给制、落实按劳分配等提高社员参加生产的积极性。鼓励和允许农村干部群众刨荒种地、种菜种粮、抗灾度荒，1962 年全县新开和恢复撂荒地 18 万多亩。允许和鼓励社员饲养家畜家禽、落实地委提出的"毛驴户养"等项政策，增加畜力，增加积肥，增产粮食。

农田基本建设再次掀起更大高潮。青龙县发展农业自然条件异常恶劣，改变农业生产条件是确保粮食增产的根本前提。每年秋收后、春播前，县委都适时组织98%以上劳动力十余万人大修梯田、平整土地、闸山沟、筑河坝、引水上山、植树造林等农田基本建设工程，建设稳产高产田。1962—1963年，动用土石方达163万立方米。中共承德地委号召学习青龙"思想发动、典型引路、点面结合、环环相扣、人与人赛、协调联动"的农田基本建设经验。

（二）"农业学大寨"中的农业发展

1964年毛泽东主席发出"农业学大寨"号召，要求全国农村"学大寨人，走大寨路，建设大寨式的县、社、队"。学大寨成为农村工作和农业生产的中心工作。为贯彻执行毛泽东主席"农业学大寨"的号召，青龙县委、县政府决定，在全县范围内立即掀起大宣传、大学习、大动员的热潮，要求各级干部深入实际到基层，抓点带面，学大寨，树标兵，一带一，一片红，争取过"黄河"，即亩产达到400斤。1964年6月23日，中共青龙县委、县政府召开了760人参加的县、社、队三级干部会，学习贯彻毛主席、党中央"农业学大寨"的指示，部署全县"学大寨"运动。7月23日，县委、县政府在肖营子公社召开了204人参加的全县"山水林田路"综合治理及山区农业建设现场会。会后，立即在全县掀起了以治山、治水、治坡、治沟、整修梯田、平整土地为内容的"学大寨"运动高潮。

1964年12月，国务院总理周恩来在第三届全国人民代表大会上作的《政府工作报告》中，对全国"农业学大寨"运动给予充分的肯定，并将大寨的基本经验概括为"政治挂帅，思想领先的原则；自力更生，艰苦奋斗的精神；爱国家，爱集体的风格"。第二年春，中共青龙县委再次组织县、社干部去大寨取经，并派人三下南滚龙沟，两赴遵化学习参观，推动全县农业学大寨运动。随后，全县各级领导分头深入基层抓点，培养典型。到年底，全县出现半壁山、高丽铺、东干河子等 115 个学大寨先进典型大队。一个外学大寨、南滚龙沟、遵化，内学半壁山、高丽铺、东干河子的学大寨群众运动在全县展开，农田水利基本建设高潮迭起。

"文化大革命"运动中，在县革命委员会领导下，"农业学大寨"运动与大批资本主义、大批修正主义，狠抓两个阶级、两条路线斗争结合进行，用大批促大干。1970 年 10 月，县革委会为了贯彻中央召开的北方地区农业学大寨会议精神，召开了县、社、大队、生产队四级干部会议，会上传达了北方地区农业会议精神，对照昔阳找差距，揭盖子搞路线分析，开展大批判，总结本县学大寨经验，表彰学大寨先进单位和个人；制定"四五"农业发展规划。会议作出了《进一步开展农业学大寨群众运动的决议》，确定"三年粮食翻一番，五年建成大寨县"的奋斗目标。

在学大寨内容上，除了大搞农田水利基本建设，改变生产条件外，还重点强调农业机械化、科学种田和发展社队企业等问题。为贯彻中央和何横城现场会精神，1973 年 3 月 24—27 日，在八道河公社召开了"农业学大寨，三年推开何横城学大寨经验"的现场会。各社、队也分别召开会议，作规划、定措施，全县掀起推广何横城经验热潮。1975 年 9 月，中央召开了全国农业学大寨会议，国务院副总理华国锋作了《全党动员、大办农业，为普及大寨县而奋斗》的报告。11 月，县委召开三级干部会议，各区、社也相继召开"千人大会""万人大会"，贯彻全国农业学大寨会议精神。县委抽调1240 名干部组成农业学大寨工作队，深入各社、队宣传、发动，全县掀起农业学大寨新高潮。1976 年年初，全国掀起"批邓、反击右倾翻案风"运动，又使青龙农业学大寨运动中"左倾"路线进一步升级。1976 年 7 月 23 日，县委召开了区、社、大队党委书记、支部书记和县直单位负责人会议，按中央"反击右倾翻案风"的精神，检查了全县前段时间农业学大寨情况，开展大批资本主义、修正主义，大抓两个阶级、两条道路斗争，并将过去允许个人经营的自留地、小片开荒收归集体，关闭集贸市场，砍掉家庭副业，使学大寨运动成为政治革命的代名词。

1978 年 12 月，中共十一届三中全会批判了"两个凡是"的错误，放弃了"以阶级斗争为纲"的口号，把工作重点转移到经济建设上来，开始在全国范围内清理"左"倾路线的影响。县委根据中央《关于加强农业发展若干问题的决定（草案）》，开始纠正农村工作和农业学大寨运动中长期存在的"左"倾错误。1980 年 11 月，中共中央批转了山西省委对昔阳县农业学大寨经验教训的检查报告。县委立即在全县基层干部会上传达，并总结了本县农业学大寨的经验教训。至此，为时 15 年之久的农业学大寨运动宣告结束。

农业学大寨运动，是青龙县农业发展史上一个重大事件，广大干部和群众在学大寨过程中，通过辛勤工作和劳动，使青龙县农业生产有了很大的发展，农田基本建设成果显著，但由于运动中推行了"左"倾路线，出现了大搞平调、不求实效的形式主义错误。

农业生产的主要成效有：

一是，坚持了山、水、林、田、路综合治理，大搞家园基本建设，改善生产条件，增强抗灾能力。据青龙县《农业学大寨十年总结》记载，全县投工 7680 万个，动土石方 11520 万方，修梯田 19 万亩，其中高产稳产田 15.7 万亩，闸沟 3368 条，相当于新中国成立后 20 年闸沟的总和，造林 64 万亩，超过学大寨前 16 年的造林数，筑河坝 815 条，长达 540 千米，修小水库 10 座，塘坝 32 座，小水电 80 座，打机井 2477 眼，建扬水站 363 处，水浇地由 1.5 万亩增至 24 万亩。

二是，培养科技队伍，扩大了农业技术。由于认真贯彻毛主席总结的"土、肥、水、种、密、保、管、工"的农业八字法。各社、队普遍重视发挥农业科技生产力作用，大力扩大两茬、两杂种植面积，大挖淹田、条田、沟田，扩大种植面积，推广套种、混种、带种，增加复种指数，提高了单位面积产量。

三是，发展了集体事业，壮大了集体经济。全县兴建小农场113 个、小林场 221 个（总面积 26 万亩）、小畜牧场 181 个、农副产品加工厂 350 多个。

四是，粮食有了大幅增长。1963 年粮食总产 65.5 万公斤，亩产114.5 公斤。1970 年，粮食总产增至 119 万公斤，亩产增至 212.5 公斤，上了"纲要"（200 公斤）。1978 年，粮食总产达到 158 万公斤，亩产达到 282.5 公斤，过了"黄河"（250 公斤）。

在农业学大寨运动中也出现了一些问题。

一是，坚持"以阶级斗争为纲"，用搞政治运动的方法搞农业生产。特别是"文化大革命"中，坚持两个阶级、两条道路斗争，大批资本主义和修正主义，割"资本主义尾巴"，成了学大寨的中心内容。在"批邓、反击右倾翻案风"之后，通过大批、大斗，将自留地、小片开荒全部收回，并收回分户管理的树木、羊只，召回外出打工的劳动力，挫伤了农民的生产积极性。

二是，制订计划没能从本地实际出发，出现了高指标、大计划，急于求成，实则欲速则不达，很难实现。如 1970 年提出的"三年粮食翻一番，五年建成大寨县"。1975 年又提出"到 1980 年实现一人一亩水浇田"，还有"农业生产机械化""亩产要超千"等，很不现实，结果是计划年年定，任务年年都落空，最后只好弄虚作假，谎报瞒报，欺骗上级。农田基本建设上，违背实际情况，盲目照抄照搬。如，参观了大寨的"海绵田"，回来后就号召全县造大寨镐；参观了山东泰安的农田建设，就强调也用方石块砌坝墙；看到大寨搞小平原，就不管条件如何，不管多大代价，削山头、填大沟，结果是收效甚微，劳民伤财。

三是，有些水利工程是成功的，有些水利工程则违反实际，劳民伤财，不能发挥作用。如水胡同水库的万亩灌渠，耗费了大量的人力、物力、财力，耗资 240 万元，但根本发挥不了作用。

四是，"文化大革命"中的农业学大寨运动，多是一哄而起，靠抓两个阶级，两条道路斗争，强迫命令，瞎指挥，一平二调严重损害了农民的利益，挫伤了农民的积极性。有的地方强调使用大寨记分法，要求社员无私作贡献。超越了群众的思想觉悟；搞平均主义，破坏了党的按劳分配政策，给全县农业生产带来严重的不良后果。

四、"文化大革命"运动

（一）"文化大革命"的掀起

1966 年 5 月 16 日，中共中央政治局扩大会议通过了《中国共产党中央委员会通知》（即"五一六"通知），号召全国开展"文化大革命"。8 月，中共中央八届十一中全会通过了《关于无产阶级文化大革命的决定》（即"十六"条）。青龙县委根据中央"五一六"通知，于 1966 年 5 月 24 日，作出了开展"文化大革命"的决定。6 月 12 日，成立了"文化大革命"领导小组。6 月 21 日，县委向青龙中学派驻了 20 余人的工作组，指导学校的"文革"运动，学校领导和各班主任全部靠边站，开始停课闹革命。8 月，学生冲向社会"破四旧，立四新"。县委工作组从青龙中学撤出。9 月 1 日，县委书记张丙寅在县职工干部大会上作了题为《开展无产阶级"文化大革命"》的动员报告。同时，县委机关成立"文革"筹委会，开始批判县委内部"走资本主义道路的当权派"，揪出了县委副书记张福廷。青龙中学校长被红卫兵揪斗，挂牌子游街，开了全县揪斗领导干部的先例。随之，县委和人委两方面群众组织在"谁是走资本主义道路当权派"和军队（县武装部）的介入"文革"问题上产生了分歧，掀起了大辩论，群众纷纷走上街头进行演讲，贴大字报，县城一片混乱。中共青龙县委的"文革"领导小组已不能控制局面。各中学学生也有组织地派代表到北京"串联"，后发展为自由地到全国各地"大串联"。1966年年末到1967年年初，全县各机关单位、学校、企事业部门纷纷成立群众造反组织，1967年1月1日，县委机关成立了"红卫兵总部"，县人委机关成立了"造反军兵团"。在上海"革命风暴"影响下，1月25日凌晨1时，以"赤卫队"为主，"红卫兵总部"参加，接收了县委公章，夺了县委的权。同日，县人委"造反军"夺了人委的权。各机关、单位、学校也纷纷夺了本单位的权。县公、检、法机关也被砸烂、被夺权。至此，全县上至县委、人委，下至各机关单位、学校等机构全部陷于瘫痪状态。

在夺权斗争中，各造反派之间由于观点不一致，产生了派性斗争，攻击对方为"保皇派"，封自己为"革命派"，形成派性对立。1967年3月后，县直造反组织形成两大派，一派以中共青龙县委"红卫兵总部"和青龙中学"井冈山兵团"为核心；另一派以县人委"造反军司令部"和青龙中学"延安兵团"为核心，派性斗争十分激烈。

1967年3月，根据中共"三支两军"指示，县武装部介入"文化大革命"，将县委"红卫兵总部"和青龙中学"井冈山兵团"视为"左"派，予以支持；将对立的一派视为"保守派"，使双方矛盾更加激烈，并出现小型武装冲突事件。

1967年8月，根据中央指示，县城中学派驻了解放军、工人宣传队，小学派驻了工人、贫下中农毛泽东思想宣传队，农村中小学派驻贫下中农毛泽东思想宣传队，协助学校"文革"小组在大辩论、大批判的基础上搞大联合。各机关单位的各派组织也开始搞大联合，动员所谓"站队站错了"的站到拥军方面来。11月，在解放军支持下，先后召开工代会、农代会、红代会，酝酿筹建县革命委员会。1967年12月24日，经河北省军区批准，成立了青龙县革命委员会，原武装部政委孙仲田任革委会主任。实行一元化领导，取消原县委和人委各下属机构，设立"二部一室"，即政治部、生产指挥部和办公室。1968年，撤销"两部一室"，设"四组八站"，1969年又改为"三部一宣""十三组""一站"。县革委成立后，各级机关、各企事业单位也相继成立了革委会。

1968年4月11日，县革委会召开常委会，研究部署群众专政问题。15日，成立群众专政指挥领导小组，下设专政指挥部和捍卫"三红"纠察队，县直各单位和区、社、大队也都相继成立了群众专政领导小组，全县自上而下很快形成群众专政高潮，将所谓"叛徒、特务、走资派""牛鬼蛇神"关进了"牛棚"，从白天到黑夜轮番召开批斗大会，并进行武斗，据不完全统计，仅5月一个月的时间，全县就揪斗了1299人，致死者15人，自杀未遂者8人。

1968年5月，县革委作出"大办毛泽东思想学习班"的决定，按系统分期分批地举办学习班，在学习班上揭矛盾、摆问题，无限上纲，继续批判"走资派"和"牛鬼蛇神"。教育系统利用暑假期间，集中全县教师在八道河公社办学习班，揪斗"走资派""反动学术权威""牛鬼蛇神"，通过斗私批修，给教师排队，分"左、中、右"。8月30日，县革委会成立了"五七干校"（后改称"红专大学"），将县直机关干部分期分批地送到干校学习、劳动，进行再教育。

（二）斗批改运动

"斗批改"是斗争、批判、改革的简称，这是在"文革"早期对"文革"理想目标的初步设计，即对"文革"应解决的问题和步骤的整体概括，也是为了强调"文革"是一个有目的、有计划、有理性的政治运动的草图式工程说明。在《中国共产党中央委员会关于无产阶级"文化大革命"的决定》（十六条）中有完整的说法："在当前，我们的目的是斗垮走资本主义道路的当权派，批判资产阶级的反动学术'权威'，批判资产阶级和一切剥削阶级的意识形态，改革教育，改革文艺，改革一切不适应社会主义经济基础的上层建筑，以利于巩固和发展社会主义制度。"

其后，"斗批改"的内容又不断变化。1967年"斗批改"曾一度被作为促进两派联合的手段。1968年9月全国各省市建立革委会后，又宣布进入了"斗批改"阶段。青龙县革委会指示，从群众专政阶段转入斗、批、改阶段。县革委会成立了斗、批、改领导小组，下设斗、批、改办公室。青龙斗、批、改的主要内容为：整党建制，开展大批判，清理阶级队伍，精简机构，下放科室工作人员，开展教育革命，派工宣队和贫下中农宣传队，进入上层领域，等等。从9月29日开始，工人、解放军毛泽东思想宣传队进驻县直单位，开始大搞斗、批、改。11月，第一批农村斗、批、改开始，全县组织3000多人斗、批、改工作队深入各社、队开展斗、批、改运动，1970年5月结束。第二批农村斗、批、改，1970年12月开始，1971年4月底结束，整个斗、批、改运动中共揪（查）出重点人4612人，其中定为敌我矛盾的858人，被揪斗干部432人。

（三）清理阶级队伍

1968年5月25日，中共中央、中央文革小组发出《转发毛主席关于〈北京新华印刷厂军管会发动群众开展对敌斗争的经验〉的批示的通知》。新华印刷厂介绍的主要经验是：新中国成立18年来，这个厂的阶级斗争一直极其尖锐、激烈，军管人员进厂后，狠抓阶级斗争不转向，放手发动群众开展对敌斗争。具体做法是：对于广大革命群众，必须坚决依靠，也要善于引导；对于犯了严重错误的人，必须从严要求，也要注意团结；对于一小撮阶级敌人，必须狠狠地打击，也要分化瓦解，指明出路。

在清理阶级队伍运动中，各地采用军管会和进驻工宣队的方式，对在"文化大革命"进程中，以各种名义，各种方式揪出来的地、富、反、坏、右、特务、叛徒、走资派、漏网右派、国民党"残渣余孽"，进行了一次大清查。青龙县在清理阶级队伍中，共 4010 人被定为有问题的人。其中特务 121 人，叛徒 421 人，走资派 111 人，地痞 1039 人，反革命分子 338 人，坏分子 228 人，极右分子 22 人，现行反革命分子 237 人，可疑分子 129 人，有历史问题的 1814 人。尽管在运动开始，中共中央已强调"要进行深入细致的调查研究工作""区别两类性质不同的矛盾"，可在执行过程中，由于执行极"左"路线，无限上纲，造成了一大批冤假错案，其中，重大错案 127 件，非正常死亡 255 人，致残 54 人。

（四）"一打三反"运动

"一打三反"运动，是"文化大革命"期间以 1970 年 1 月 30 日中共中央发出《中共中央关于打击反革命破坏活动的指示》为开端在全国掀起的一场政治运动，其内容是指：打击反革命破坏活动、反对贪污盗窃、反对投机倒把和反对铺张浪费。但运动的重心，在于"打"（所谓"打击反革命破坏活动"）。

"一打三反"运动源于 1970 年中共中央发出的三个文件，即 1 月 31 日发出的《关于打击反革命破坏活动的指示》，2 月 5 日发出的《关于反对贪污盗窃、投机倒把的指示》和《关于反对铺张浪费的通知》。它是"文革"中深入"斗、批、改"的一个重要措施，打击了一些反革命分子和各类犯罪分子，但在当时"左"倾思想的指导下，在贯彻"公安六条"和许多地区一派掌权的情况下，也制造了不少冤假错案。

1971年3月29日—4月1日，中共青龙县委召开第五次代表大会，选举孙仲田为县委书记，此后，中共青龙县委和县革委分开办公。

第四节 各项社会事业的发展

一、教育事业

（一）幼儿教育

1958年3月，青龙县始建县政府幼儿园。当年，因"大跃进"，解放妇女劳动力，5月至年底，先后建季节性托幼班性质的幼儿园2359所、2561个班，在班幼儿55722名，幼儿教师2848名。1961年国民经济出现暂时困难，农村幼儿园全部停办。1974年，按照"普通教育、业余教育、幼儿教育一起抓"的方针，县教育局先在大石岭公社山南大队试点，然后在全县推广，农村幼儿教育得以恢复和发展。

1975年后，县城幼儿教育发展较快。

（二）小学教育

新中国成立后，青龙县的小学教育稳定发展。1950年调整小学，共撤销4个中心学区，合并77所学校。10月，建民办小学11所，开始有民办小学和民办教师。1952年年初，发展小学高级班26所。12月，在大杖子、龙山、白家店、南杖子4所完小办高小速成班。1956年，小学建立二部制校点11个，巡回小学15个，完小、初小学校达到475所，学生37456名，适龄生入学率达到66.4%。1958年的"大跃进"中，学校猛增，至1960年，学校发展到699所，学生69032名，适龄儿童入学率达 88.3%，教师增至 2052 人，其中民办教师 441 人。1961 年、1962 年贯彻中共中央"调整、巩固、充实、提高"的方针，调整校点布局，合并学校 11 处，压缩班级 139 个，精简教师 529 人，转吃农村口粮的 438 人。年底，析九至十三区另置宽城县，青龙县辖区有学校 469 所，教学班 860 个，在校生 27096 名。1963 年，始办重点小学，青龙镇、木头凳、肖营子 3 所完小被定为承德地区重点小学，龙王庙、三岔口、双山子、土门子、大巫岚、八道河 6 所完小定为县重点小学。1964 年，学习阳原县普及小学教育经验，大办简易小学，后改称耕读小学，至 1966 年，耕读小学达到 461 所，学生 2200 余人。全县小学（含耕读小学）达到 961 所，在校生 64471 名，适龄生入学率达到 94%，基本实现了普及小学教育的要求。

"文化大革命"期间，教育工作陷入混乱。1966 年，教材断档，以学"毛主席语录""毛主席老三篇"和开展大批判维持教学。1968 年，实行贫下中农管理学校。年底，响应"侯王建议"（指 1968 年 11 月，山东省某个公社的姓侯和姓王两名小学教师对教育界提出的建议），556 名公办教师回本大队任教，挣工分，吃农村口粮。有 96 所小学因无回队教师而被迫停课，适龄生入学率降至 69.9%。1971 年，落实"五七指示"，县教育组制定《中小学教学计划和要求》，各学校整顿纪律，逐步恢复教学秩序。当年在校生达到 65136 名，适龄生入学率达到 86.3%。1973—1976 年上半年，连续开展"反回潮"，批"师道尊严""批林批孔""评法批儒"，学朝阳农学院"开门办学"等活动，教育秩序重陷混乱。

1977 年年底，开始调整，整顿全县中小学，重新配备中心校校长、主任，取消了 103 所小学附设的初中班，确定 80 所条件较好的小学为"小宝塔学校"（即重点小学）。抽调 400 多名中学教师充实小学，辞退一批不合格的民办教师，教学管理得到了加强。1978 年，贫宣队管校组撤离学校。

（三）中学教育

新中国成立后，1951 年 3 月，建热河省青龙初级中学，由省教育厅直接管理，招生 4 个班，学生 210 名，其中 3 个师范班，学生 162 名。1956 年，建龙王庙、土门子、木头凳、肖营子、龙山、宽城 6 所区级国办初中，招生 720 名，全县初中在校生达 1587 名。1958 年，建三岔口、双山子、峪耳崖、新甸子、板城、汤道河 6 所区级国办初中和平方子民办初中。青龙初级中学始招高中班，转为完全中学。至此，全县有初级中学 13 所，完全中学 1 所，教学班 61 个，初中招生 1557 名，高中招生 150 名，初高中在校生 3271 名。1959 年建沈杖子、凉水河初中。初中达到 15 所。1960 年，平方子民办初中停办，龙王庙、三岔口、土门子、峪耳崖、新甸子、板城初中改为半日制。全县压缩 567 名学生回乡。1962 年，凉水河、三岔口初中停办。1962 年年底，另置宽城县，峪耳崖、新甸子、宽城、板城、汤道河 5 所中学随之析出。1963 年，土门子中学改为农职中学，普通中学减至 6 所，教学班 36 个，在校学生 1443 名，教师 155 名（包含土门子农职中）。

1966 年 5 月，"文化大革命"开始，在校应届生不毕业，留校"闹革命"，同时，停止招收新生。学校一切工作瘫痪。1968 年年初，全县开始大办中学，社社办高中，队队建初中。1968 年年底，受"候王建议"影响，7 所国办中学停办，教师回原社队学校任教，学生回本社中学就学。当年共建立初中、高中学校 82 所，小学附设初中班 280 处，中学生达到 14631 名。1971 年，各国办中学陆续恢复招生均改招高中班。到 1972 年年底，全县有初中 75 所（不含小学附设的初中班），高中 18 所，学生 18042 名。1973 年，按照"高中控制发展，初中社队联办，减少队办，适当集中"的办法，调整中学布局。1977 年，队办初中（含附设班）达到 285 处，联队办初中 26 处，高中 33 处，四年制完全中学 23 所，在校学生 33778 名，为中学发展的高峰。1978 年，县城建第二中学，农村新建 3 所高中。至年底，高中共 37 所（不含四年制中学）。此间，各社队盲目办学，办学条件差，教师素质低。

（四）师范教育

新中国成立后的 1953 年 3 月，在青龙初级中学内招收 3 个师范班，学生 162 人。是年 10 月，县教育科租赁三权榆树房屋办简易师范班 1 期，招生 100 人，学期 1 年。1952 年，青龙初级中学分春、秋两季招收师范班 4 个，学生 210 名。1958 年，青龙中学招收二年制简易师范班 4 个，四年制师范班 6 个，一年制幼师班 1 个，共招生 640 人。1959 年，成立青龙师范学校，招中师班 2 个，初师班 4 个，接收青龙中学四年制师范班 4 个。至 1962 年停办时，青龙师范共培养中师毕业生 127 名，初师毕业生 223 名。1969—1972 年，在青龙中学先后办中小学教师培训班 5 期，长班 1 年，短班 3 个月或 4 个月，共培训初中教师 331 名，小学教师 650 名。1974—1975 年，县成立五七大学师范分校，在青龙中学、龙山中学举办 4 期在职教师业务培训班，培训 270 人。

二、文化事业

（一）文化机构

1. 文化部门

1950 年 5 月，县人民委员会改教育科为文教科，主管文化与教育工作。1956 年 1 月，教育、文化分设。

1958 年 10 月，教育局、文化科、卫生科合并为中共青龙县委文教卫生部。1959 年 10 月，设文教局。1962 年 8 月，文教局、卫生局合并为文教卫生局。1962 年 12 月，文教卫生分开重设文教局。1967 年 12 月，县革命委员会政治部下设文教组。1969 年 7 月，撤销文教组，文化工作由宣传组领导。

2. 县文联

1958 年，成立青龙县文学艺术界联合会，在县委宣传部领导下开展工作，1960 年撤销。

3. 文化馆

1949 年 9 月，县人民政府筹建青龙县文化馆。1950 年建有房屋 8 间，主要业务是图书借阅、组织辅导业余剧团和开展县城扫盲工作。1951 年，文化馆工作人员由 3 人增至 5 人。1956—1958 年，工作人员增至 12 名，分设文艺组、美术组、图书组。1965 年，馆舍增至 15 间，馆内建文艺宣传队。1966 年，馆址迁至县革委会院内。1968 年，馆址又迁至服务公司院内，是年成立毛泽东思想宣传队。1970 年，馆址迁至北街。1971 年，馆内设群众文艺创作组。1977 年，毛泽东思想宣传队解散，文化馆革命领导小组撤销，复设馆长。

4. 文化站

青龙县最早的文化站为双山子文化站，建于 1950 年 6 月。1951 年，建峪耳崖（现隶属于宽城满族自治县）、干沟两个文化站。1952 年建龙王庙、汤道河（现隶属于宽城满族自治县）、新甸子（现隶属于宽城满族自治县）3 个文化站。1955 年，文化站撤销。

1978 年 10 月，三拨子、蒿村、山东 3 个公社建起文化站。

（二）民间文艺

1. 民间花会

民间花会在青龙县民间历史长，流行广，主要形式为秧歌、猴打棒、龙灯、舞狮、跑驴、跑旱船等。每逢年节，乡村纷纷办起秧歌队，有高跷，有地跑。每队三五十人不等，表演形式有所不同，县城东、南部以打提纲、唱凤柳儿、喇叭腔为主；县城以西则以下出子（戏书）为主。

2. 寸子秧歌

寸子秧歌，也称踩寸子，流传于青龙县南部和西部的满族聚居区，具有浓郁满族特色。高跷矮不足尺，角色均着满族戏装，男角色戴缨帽，罩马褂；女角色戴旗头，着旗袍。男女角色上身斜背象征八旗的黄、红、白、蓝等颜色的长带。编队有二龙出水、剪子股、摆阵等；在表现手法上有表现宫廷生活的转扇、逗扇、递绢；出子有表现满族生活故事的《救罕王》《婆媳和》等；伴奏乐以《满堂红》《大姑娘美》《句句双》等曲牌为主。

3. 皮影艺术

皮影，俗称驴皮影，该艺术在青龙已有 100 多年的历史，也出现了李秀、金生武等诸多有影响的艺术家。

青龙解放后，县政府号召皮影艺人"唱影要唱新影，唱新影要破除迷信"。1945 年 11 月，佟佐臣影戏班首演新影目《王三宝戒大烟》。1950 年，又创作演出《解放杨杖子》《解放朝阳》《赵玉姬》《购粮》《节烈军属》等新剧目。

1951 年，县文化部门组织皮影会演，确定邵平、马昆山、佟宝荣、王永昌、佟佐臣、曹春阳等 6 个影班为县级班。1956 年，成立青龙县皮影社，1961 年解散。1962 年重建后，除演出传统剧目外，还演出了《杨三姐告状》《箭杆河边》《李双双》《会计姑娘》《野火春风斗古城》《白毛女》等新剧目。县皮影社艺人杜猛接受承德皮影研究所之约，设计了皮影现代人物头茬（皮影人头像）图案百余种、影人戳子（皮影人身子）百余种、道具图案几十种，被印刷成册发至全地区各影班。1968 年，皮影社再次解散。"文化大革命"期间，皮影演出中断。

4. 民间剪纸

民间剪纸在青龙县历史传统比较深远。新中国成立后，青龙县民间剪纸艺人队伍不断扩大，许多农家妇女都能操刀剪些花、鸟、虫、鱼等剪纸作品，当作窗花贴在窗格上。20 世纪 50 年代初，李鹤创作了《支前》《做军鞋》《武装斗争》等作品。杜猛既擅长刻制传统的影人、窗花，又擅长创作反映现实生活的剪纸作品，1955 年，第一幅剪纸作品《木兰习武》在《承德群众报》上发表后，其作品先后在《中国青年》《河北文学》《河北日报》《河北画刊》等 40 多家报刊发表 300 多幅，主要代表作品有《凤凰戏牡丹》《大白菜丰收》《喜报丰收》《植树》等。于长海、黄玉洲的剪纸作品也崭露头角，有较高的艺术价值。

（三）群众文化活动

青龙县文化馆由 1950 年建立以来，即组织开展群众文化活动，举办各种文化培训班。1964 年，文化馆成立"乌兰牧骑"式的文艺宣传队。1968 年，成立"三线"（0606 公路工程）毛泽东思想宣传队，常年在农村和工程工地演出。自编自演《养蚕姑娘心向党》《歌唱水轮泵》等。

20 世纪五六十年代，农村纷纷建立俱乐部业余剧团。1964 年，农村俱乐部发展到 379 个。1965 年，农民业余剧团达 242 个。张杖子公社杨杖子大队业余剧团规模较大，表演艺术水平较高。

三、医疗卫生事业

（一）卫生机构

1949 年 10 月，县政府始设卫生科，主管全县医疗、卫生、防疫、妇幼保健等卫生行政工作。1958年，卫生科同文教局合并为县委文教卫生部。1959年10月，恢复卫生科。1962年8月，卫生科同文教局合并为文教卫生局。1963年5月，恢复卫生科。1968年1月，改卫生科为卫生组，隶属县革命委员会生产指挥部。1969年1月，改称人民卫生服务站，同年7月，与民政组合并为民卫组。1971年9月，撤销民卫组，成立县革命委员会卫生局。

（二）医疗机构

1.县级卫生机构

1949年5月，在双山子建立县医药合作社。9月，迁至大杖子。1950年4月，改建为县人民卫生院。1956年，改称青龙县医院。1968年1月，卫生防疫站、妇幼保健站并入县医院，复称人民卫生院。1971年、1974年，卫生防疫、妇幼保健分别析出分设。1971年改称青龙县医院。

1950年，原热河省防疫大队在青龙组建县卫生防疫分队。1952年，并入县卫生院，设卫生防疫股。1956年5月，析出卫生防疫股建卫生防疫站。1968年，再并入县医院。1971年5月，再析出复建卫生防疫站。

1952年，县卫生院设保健股，负责妇幼保健工作。1956年5月，建妇幼保健站，1968年，并入县医院。1974年恢复重建。

2.基层卫生机构

1950年，建立双山子、宽城两个人民卫生所。1951年，建干沟人民卫生所（后迁至木头凳，改称木头凳卫生所）。1952—1953年，先后建起土门子、白台子（后迁至宽城县新甸子）（现隶属宽城县）、汤道河（现隶属宽城县）、宽城中医诊所。1956年，双山子、木头凳、宽城人民卫生所改为地断医院。土门子、新甸子、汤道河中医诊所扩建为区卫生所，宽城中医诊所并入宽城

117

卫生所，并新建龙王庙、峪耳崖（现隶属宽城县）、三岔口、大杖子、肖营子、八道河、板城（现隶属宽城县）区人民卫生所。1958 年，区卫生所改称区卫生院，全县共有区卫生院 10 所，地段医院 3 所。

随着人民公社的建立，1959 年建立人民公社卫生院 14 所。1961 年，人民公社划小，原人民公社卫生院改为 12 个区卫生院。1962 年改革经济体制，大杖子、肖营子、板城 3 所区卫生院转为集体经营。同年底，青龙、宽城分县，划出宽城、峪耳崖、板城、汤道河 4 所卫生院。

1972 年，原 8 个区卫生院和凉水河公社卫生院、当杖子战备医院改为县医院分院为全民所有制。

3. 医疗卫生队伍

1949 年，成立县医药合作社，当时只有 4 人，1950 年增至 41 人，其中卫生技术人员 38 人。1956 年，各区普遍建起中医诊所或卫生院。1958 年，乡乡建起卫生院，全县的卫生队伍总人员达到 292 人，其中技术人员 285 人。1963 年全县卫生队伍总人数达 414 人，其中技术人员 394 人。"文化大革命"期间，卫生队伍发展缓慢，1970 年、1971 年分别减至 285 人和 291 人。但此间农村赤脚医生很快发展起来。1976 年，农村赤脚医生达到 1231 人。

四、科学技术事业

（一）科技机构

1. 管理机构

1973 年 6 月，建立科学技术委员会（简称科委），隶属县革命委员会。负责宣传、普及开发科学技术，搜集、引进科技信息、情

报，开展科技服务，管理科技干部等工作。1975 年 5 月，科委内部
附设标准计量所。1976 年 6 月附设地震办公室。1978 年 12 月，析
出标准计量所，另设标准计量局，析出地震办公室，直属县革命委
员会。

2. 农业技术推广站

1951 年，建立农业技术推广站，站内配备植棉、果树、桑蚕、
畜牧技术员，开展综合性的技术开发和推广，1958 年撤销。1960 年，
建立农业科学研究所，1962 年撤销。

3. 植保植检站

1974 年，建立植保植检站。

4. 科学技术协会

1956 年 6 月，建立科学技术普及协会，属科技群团组织。1958
年，与县委宣传部合署办公，工作由宣传部代管。1960 年 12 月，
科协组织暂时自行消失。

5. 气象站

青龙气象站由 1956 年筹建，1957 年投入观测，隶属省气象局。
1959 年，体制下放，隶属县人民委员会。1963 年，复归省气象局直
辖。1971 年 6 月，实行军事管制。1973 年 7 月，军代表撤出，隶属
县革命委员会。1978 年，改为省气象局和县政府双重领导。

（二）科技普及

1. 科技宣传

青龙县科普工作始于 20 世纪 50 年代中期。当时宣传重点主要
是改革耕作制度，合理施肥，合理密植，间混套种，大粪无害化处
理等。60 年代，围绕农业推广新品种、新技术进行宣传推广，宣传
方式主要靠党政干部和技术人员下乡开会宣传，有条件的乡镇和大
村辅之以人力广播、出黑板报等。70 年代，随着科委的建立，科普

宣传工作进入有组织、有领导的发展阶段。

2. 科技培训

20 世纪五六十年代，技术培训工作由县直各有关单位按专业系统组织进行。农业局、农业技术推广站培训农业技术人员；畜牧兽医站培训兽医；林业局培训林业技术人员；农机站培训拖拉机手、柴油机手。区、公社的农、林、畜牧技术员下乡到各大队做现场指导或举办短期技术培训。

1973 年，县科委建立后，对各部门、科研工作和科技人员实行统一管理。此间，县、区、公社纷纷举办农机、农技、农电、林果、卫生（赤脚医生）等培训班，培养了一大批初级技术人才。

第五节　林业建设成果显著

一、得天独厚的林业资源

（一）山场广阔

青龙县是山区大县，地域面积达 3510 平方千米，其中山场面积 2709.72 平方千米，占总面积的 77.2%，为林业的发展提供了广阔的空间。

（二）品种丰富

青龙境内有天然林 809668 亩，多为用材林，有松、桦、栎、枫、椴、榆、杨、槐等，种类繁多，有 26 科 40 属 69 种。

（三）气候、土壤适宜

县境属北温带大陆季风气候。四季分明，日照充足，昼夜温差大，无霜期较长；春季温和、夏季温热多雨、秋季多晴朗天气，年平均气温 8.9℃。境内土壤分为褐土、棕壤、薪积土 3 个土类，6 个亚，22 个土属，73 个土种，适合林木生长。

二、植树造林

（一）采种育苗

1954 年，县林业科建立种子站，1966 年撤销。1951 年开始，有组织、有计划地进行采种，当年采集量达 28288 公斤。此后，每年林木种子的采集量约为 5 万公斤。1956 年，达到 36.4 万公斤。主要有油松、橡子、黄梓椤、花曲柳、杨树、刺槐、棉槐、国槐、榆树、山杏、山丁子、毛核桃、栗子、黑枣、花椒、桑等 20 多个品种。

1949 年，建立大杖子苗圃，1952 年撤销。1954 年，在县城再建苗圃，面积 15 亩。1973 年，在三门店南河滩垫地 35 亩，建立前庄苗圃。1950 年，育苗 450 亩。1956 年、1957 年，各农业生产合作社纷纷建苗圃，育苗 2100 亩。1958 年，扩大育苗规模。1959 年，育苗 9900 亩。自 1962 年始，提倡育苗上山、下滩，尽量少占或不占耕地。1965 年，推广山西省县、区、社、大队、小队五级育苗法，育苗 3600 亩。

（二）造林绿化

新中国成立后，中共青龙县委、县政府每年都发动群众造林。1950 年，实行公私合作方式造林，当年秋，县和双山子的大汇河村公私合作造林 1000 亩，合作方式是：县里投资，村里出地，收益按二八比例分成，村得八成，林副产品全部归村集体所有。1951—1953 年，县与嵩村、土门子、大巫岚等造林重点村营造合作林，县出种苗，村出地和劳动力，林木成材受益按三七分成，村集体得七成。1954 年，贯彻"村种村有，伙种伙有，谁种谁有"的造林政策，同时推广肖营子区吉利峪村（现改为城北村）刘保金的"自采种、自育苗、自造林、自护林"的"四自"经验，推动造林。据统计，1949—1955年，共造林111430亩。

1956—1957年，以农业生产合作社为单位，统一规划，统一部署，造林52700亩，出现大杖子、七道河、干沟、三星口等1000亩农业合作社，有的地方营造青年林、民兵林、三八林、校林。1958年，林业部命名青龙为"林业元帅县"，国务院授予"绿化第一县"。1962年，开始贯彻《林业工作条例》。1964年，造林61200亩，绿化荒山531座，绿化沟谷2546条，绿化公路沿岸350千米，营造林带31条。建林果专业队234个，专业组1930个，专业人员7174人。1965年，贯彻山水林田路综合治理方针，推广炮手堡子大队绿化阳坡挖大坑造林栽果经验，造林176700亩。"文化大革命"期间，总计造林738000亩。

三、林木管理

（一）封山育林

1950—1957年，封山育林511800亩，此后，实行轮封轮放，至1970年，封山育林累计面积1067790亩。1972年12月29日，县革命委员会发布《关于加速绿化制止破坏山林树木的布告》。按照封育、封造、封开相结合的原则，大搞封山育林。效果明显，为后续封山育林工作提供了经验。

（二）护林防火

1952年，县、区、村逐级建立护林防火组织，设专职护林员404人。1972年，青龙加入"三盟一地"护林防火联防组织（昭乌达盟、锡林郭勒盟、哲里木盟、承德地区）。都山、老岭林场分别建立护林防火组织，设森林派出所。1973 年，县革命委员会发布《关于加强护林防火，制止破坏森林树木的布告》。1976 年，被林业部授予"护林防火先进县"。

（三）病虫害防治

林木虫害主要有：松毛虫、柳毒蛾、杨树透翅蛾、杨干象天牛等；病害主要是腐烂病。危害最重，发生最多的是松毛虫害。20 世纪 50 年代前，松毛虫害有较轻微发现。1956 年，八道河公社七道河大队 40 亩松林发生松毛虫害，当时只靠人工捉虫。1960 年，开始用烟雾剂防治。1965 年 9 月 3—9 日，在肖营子公社西庄大队和肖营子大队六柱沟，用飞机喷撒 2.5% 六六六粉、敌六合剂、拒食剂 4000 公斤，防治松毛虫 3980 亩，收到较好效果。是年冬季，对全县 107 万亩松林进行普查，有 10.94 亩受到松毛虫的危害，占松林总面积的 9.8%。1971 年，发生严重松毛虫害，县革命委员会、人民武装部联合发出紧急动员令，组织发动 190 万人次，捉虫 175 万公斤。此后，全县建立 125 个除虫专业队，设繁蜂点 5 处，繁殖赤眼蜂 10 万多卡，用药 70 万公斤。1975 年 1 月，成立森林病虫害防治站，负责全县森林病虫害防治工作。1976 年，松毛虫蔓延到 27 个公社 172 个大队，面积 30 万亩，虫口密度百条以上的达 13 万亩。全年投资 5.8 万元，用药 25.5 万公斤，扑虫 2 万多公斤。

1978 年 6 月，中国林业科学院在青龙召开全国 28 个省、市参加的防治松毛虫会议，会议期间做了超低量喷雾防治实验。

1956 年，双山子公社大汇河大队近 1000 亩杨树林普遍发生柳毒蛾虫害。因及时防治，很快得到了控制。

第六节　小水电建设闻名中外

青龙是个山区县，素有"八山一水一分田"之称。境内山岭沟谷纵横，河流较多，河床坡陡落差大，水资源丰富，全县水能资源理论蕴藏量 86015 千瓦，可开发水能计 11346.3 千瓦。

1956 年，本县开始水力发电建设，首先在肖营子公社温杖子大队建成全县第一座小型水电站，1957 年完工，装机容量 20 千瓦。至 1967 年全县小水电站发展到 13 处，装机容量达 237 千瓦。1968年，县革命委员会提出："治水输电，以电促机，向水要电，向水要粮"的口号，在全县掀起大办小水电的群众运动。不论深山沟谷、河川两岸，凡能利用山泉水和河水形成落差的地方都建造小水电站，1970—1977 年，水电站建设达到高峰，1970 年开建 122 处。至 1977 年年底，建成水电站 84 座，装机容量 5632 千瓦，架设农电高压线路 181 千米，低压线路 278.5 千米，水电灌溉面积 1.73 万亩，有 22 个公社、120 个大队、699 个生产队用上了电，利用水电灌溉土地、加工粮食和家庭照明。

由于山村小水电取得了阶段性的成果，蜚声中外。1971 年 7月 23 日，新西兰的路易·艾黎来青龙参观考察山村小型水力发电建设。

1974 年 6 月 22 日，国家一机部电机传动研究所、北京科学教育电影制片厂，根据青龙大办小水电实际，拍摄了科教电影片《山村小水电》。9 月开始在全国放映，得到了当时中央领导的重视，批示向全国推广。青龙革命委员会要求此片要播放到每个大队，达到家喻户晓。

1975 年 7 月 1 日，小水电建设中最大工程——水胡同水库电站

竣工，举办落成典礼，水库正常蓄水 2750 万立方米，电站装有 800
千瓦的发电机 2 台，年发电量 425 万度。

1975 年 11 月 2 日，以蒙塔腊·苏丹马冯为团长的老挝农村电力
考察团一行 6 人来青龙考察山村小水电，先后参观考察了 6 处山村
水电站和 2 个电机生产厂家（电机厂、水轮机厂）。

1979 年 5 月，墨西哥路易斯·格麦斯·奥里维尔博士和胡安·
莫尔科斯·沙尔曼工程师来青龙考察小水电情况。

小水电虽然工程浩大，蜚声中外，但由于水电站建设面广，全
县小水电工程共动用土石方 413 万立方米，用工 403 万个，投资
1123.2 万元。又因，当时一哄而起，盲目兴建，技术人员缺乏，绝
大多数工程由群众自行开工建设，或是"三边"工程（边勘测、边
设计、边施工），不能确保工程质量。有的装机容量偏大，有的工程
质量不达标，建成后管理跟不上，管护不善，再加上连年干旱，河
水流量达不到设计要求，使一些电站不能长期运转。1977 年以后，
逐步纳入国家电网，从而忽视了水电站的作用，使很多电站设施坏
损，甚至拆除，造成水电站逐年减少。

第四章 改革开放四十年

第一节 农 林 果 业

一、农业

青龙是农业大县。20 世纪 80 年代以前，在集体经济体制下，"以粮为纲"是当时农业生产战线的主要目标，也就是首先解决人们吃饱饭的问题。改革开放后，县委、县政府积极响应和落实党中央的战略决策，在全县范围内全面进行农村经济体制改革，推行以"大包干"为主要形式的家庭联产承包责任制，生产力得到极大解放。在短短几年时间内温饱问题解决了。90 年代后，为进一步深化农村经济体制改革，因地制宜调整农业产业结构，不断加大农业投入，促进农业逐步提高综合素质和经济效益，使农、林、牧、副、渔各业得到全面发展。

1979—1981 年，为农业生产责任制试行阶段。成立以县委书记为组长的农业生产责任制领导小组，负责全县谋划、督导、检查、验收工作，先后召开 3 次县委常委扩大会议和全县三级干部会议，教育各级干部清除"左"的思想，坚决贯彻执行党的十一届三中全会精神，解放思想，统一认识。截至1981年年底，全县有90%的生产队实行了"任务到组、责任到人、定额记工、限期完成"的包工责任制。

1982年，为农业生产责任制建立阶段。1月6日，中共中央批转《全国农村工作会议纪要》即中发〔1982〕1号文件，突破三级所有、队为基础的体制框框，明确包产到户、包干到户或大包干都是社会主义生产责任制。3月初，县委召开农村工作会议和三级干部会议，组成中央1号文件宣讲队伍，县、社两级干部分别进行培训，进一步解放思想，统一认识。

1983—1989年，为农业生产责任制全面建立及巩固完善阶段。县委县政府多次召开各级干部会议，不断解放思想，巩固改革开放成果。在改革开放中善于发现新矛盾，解决新问题，在总结经验教训的基础上，把改革开放不断引向深入。

1990—2004年，为农业生产责任制深化发展阶段。1995年6月，县委、县政府印发《关于进一步稳定完善农村各业土地承包责任制的意见》，提出深化农村改革的总目标：明确所有权、稳定承包权、搞活使用权。根据中央《关于当前农村和农村经济发展若干政策措施》的规定，土地承包期实行30年不变。对荒山、荒坡、荒滩分包到户，并签订承包合同。为保证土地承包权永久不变，2016—2017年，国家又专门对个人承包土地进行重新测量，并确权发证，给农民真正吃了定心丸。

土地流转与规模化经营。20世纪90年代初，随着社会主义市场经济快速发展，家庭联产承包责任制带动劳动生产率迅速提高，农村剩余劳动力大量涌现，农村出现了土地转包、转让、出租和弃耕现象。对此，县委、县政府审时度势，及时做出土地有偿流转机制。1995 年，县委、县政府印发《关于进一步稳定完善农村各业土地承包责任制的意见》，提出对土地、果树的承包以及"三荒"的开发和土地流转问题作出详细规定，明确在集体所有权不变的前提下，按照所有权、承包权、使用权三权分离的原则，允许土地使用权有偿转让、转包、出租和继承。逐步建立起灵活的土地流转机制，实现土地、资金、劳动力优化组合，提高土地利用率和产出率，从而遏制了土地荒漠化的现象发生。

进入 21 世纪后，随着城市建设及第二、第三产业的飞速发展，农民进城务工成为一种潮流，造成农村劳动力严重缺乏，土地大量闲置。为鼓励农民种粮积极性，国家从 2005 年全面取消了农业税及各种税费，大大减轻了农民的负担，这在中国历史上是一次巨大突破，并逐年向农民发放种粮补贴，使全县粮食产量一直保持稳步增长态势，这些都得益于科技兴农战略的实施。县科技局、农业局负责引进优良品种，帮助农民实行科学种植、科学管理。为改善生产条件，全县大力开展平整土地工程，提高土地利用率和单产量，为夺取粮食大丰收奠定了坚实基础

农业产业结构不断优化，科技含量显著提高。在保证粮食生产的前提下，逐步引导农民向经济效益高的其他作物转移，不断优化农业产业结构，大力发展科技含量高、附加值高的新兴农业产业。大棚蔬菜及食用菌产业发展较快，至 2010 年，全县蔬菜播种面积达 2066.67 公顷，其中大棚蔬菜 146.67 公顷，中小拱棚 186.67 公顷，规模最大的是祖山有机农业示范园，占地面积 20 公顷，建有高标准半地下室日光温室 125 栋，栽种各类蔬菜达 20 多个品种。食用菌产业发展迅猛，全县已有 13 个乡镇，350 个食用菌专业户，年产食用菌 1200 万袋。至 2018 年，全县已有各种塑料大棚 2500 亩，种植各种蔬菜、食用菌、木耳、油桃等，实现总产值 28000 万元。为农民

增收和脱贫致富开辟了新的财源渠道。

中药材种植是青龙的一项新兴产业，为了更好地帮助农民做到产前、产中、产后服务，2002年专门成立了神农中药材专业合作社，从购买种子、田间管理、技术指导到产品销售一条龙服务。品种由过去的单一生产枸杞扩大到种植党参、黄芪、知母、板蓝根、黄芩、桔梗等30多个品种，由于地理位置和气候条件适宜，管理到位，产品质量好，深受药材加工厂商及顾客的欢迎。至2010年，全县中药材种植面积达3000公顷，其中枸杞1733.33公顷，黄芪、丹参等其他中药材1266.67公顷。中药材龙头企业秦皇岛神杞生物科技有限公司深加工项目，被列为省重点项目。年内投资1500万元，建成66.67公顷标准化基地、办公用房和生产车间。

小杂粮生产，是青龙的一项传统农业产业。早在几百年前，青龙的小米就被王公贵族享用，俗称"贡米"。20世纪90年代，县政府倡导小杂粮产业化，实行产品深加工。1996年成立秦皇岛汇河精品杂粮公司，成为小杂粮产业的龙头企业。品种主要有小米、玉米、秫米、绿豆、红小豆等。截至2018年，该公司生产加工能力达1万吨。产品有10大系列50个品种，销往国内30个大中城市。

大力推进农村社会化服务体系建设。1991年6月8日，县委、县政府印发《关于建立健全农村社会化服务体系，广泛开展"服务年"活动的意见》，指出农村社会化服务体系，包括农村集体经济组织内部的服务、其他各种服务性经济实体和国家经济技术部门为农业提供的服务。要求从巩固完善村级服务、强化县乡级服务功能入手，逐步建立起以科技服务为先导，以乡村合作服务为基础，以县直国家经济技术部门为依托，以民间服务组织为补充，分别建立各级农业科技服务体系。鼓励和支持发展各类民间中介服务和农民专业合作社，农民专业协会组织等。至2018年，全县农村各类服务实体经济组织已达 2406 个，有力地支持了农业生产的健康稳步发展。

二、林业

林业是青龙的优势产业之一，20 世纪 80 年代初，县委、县政府制定一系列林业发展的政策措施，极大调动了人民群众发展林业的积极性。90 年代后，青龙列入"三北"防护林二期工程造林县和"首都周围绿化工程"，实施"以工代赈""绿色通道""世行贷款"等多项造林工程。大力推进植树造林、绿化荒山运动。1979—1985 年，县政府制定青龙县老革命根据地建设规划，强调以林果为发展重点，把绿化山川作为首要环节，要求认真贯彻《中华人民共和国森林法》和《森林保护条例》，每年组织 2 次大型群众植树造林活动。

四旁植树造林。1980 年以前，除都山、老岭 2 个国有林场外，其他林地树木均为生产大队或生产小队集体所有，1981 年，县委、县政府印发《关于发展林业若干问题的具体规定》，指定闲散地、沟谷、荒滩和四旁植树地点 3266 公顷，发放林木所有证 80879 张。从此，农民自己在四旁植树全部归个人所有，极大调动了农民植树的积极性。至 2004 年年底，四旁植树累计达 3942 万株。

荒山、荒滩植树造林。1980 年，全县有荒滩、荒山 46611 公顷，1983 年开始推行林业生产责任制，出现一批承包荒山、荒滩造林专业户、重点户和联合体。1984 年，县政府明确规定农民对承包的山场有经营自主权、收益所有权、产品支配权、子女继承权、折价转让权。翌年，划分自留山 34880 公顷，承包荒山、荒滩 72418 户，占当年农户 66%。承包荒山、荒滩 29503 公顷，占宜林荒山、荒滩总面积 63%。1983 年，全县掀起义务植树造林运动，完成人工造林 3082.67 公顷，四旁植树 234 万株，育苗 306.67 公顷。农村涌现一批承包荒山、荒滩的造林专业户。

退耕还林。1984 年，县委、县政府作出《全县 25 度以上坡耕地退耕还林还果的决定》，将 25 度以上坡耕地以自留山的形式划归到户，签订合同，造林栽果，限期绿化。2003 年 1 月 20 日，国家颁布《退耕还林条例》，规定了"退耕还林、封山绿化、以粮代赈、个体承包"的政策措施。根据青龙本地实际，县政府提出坚持生态优先的原则，实行退耕还林与调整农业产业结构、发展农村多种经营、保护和建设基本农田等措施，是年，全县退耕还林 2200 公顷，至 2004 年，全县退耕还林 5067 公顷。退耕还林补助粮食款和苗木补助费随即发放到户。

封山育林。1979 年，全县对所有松林、杏林和有根荏的荒山，实行封山育林，不许任何人到封山区域乱砍滥伐或放牧牲畜。到 1985 年，封育面积 26667 公顷。1989 年，首都周围绿化实施封山育林工程，县政府印发了《封山育林工程的实施意见》，对封山育林作出具体详细规定，到 2004 年，累计封山育林面积 9.6 万公顷。

飞播造林。1997 年 6 月 25 日，全市首次飞播造林在青龙满族自治县草碾乡开始，试播面积 3333.33 公顷，主播树种为油松。1998—2002 年，草碾、青龙镇、官场、木头凳、三星口、七道河共 56 个乡镇实施飞机播种造林，作业面积 22067 公顷，有效面积 17533 公顷。

工程造林。1986 年，青龙被列入"三北"防护林二期造林工程县。1987 年，被列入"首都周围绿化工程"。从此，植树造林走上工程项目管理轨道。1986 年 3 月，青龙被省绿化委员会评为全省绿化先进县。1999 年，全县完成人工造林 5333.33 公顷，封山育林 6666.67 公顷。突出抓好杨树用材林基地建设，充分利用荒滩、荒山、荒坡，大规模栽植杨树 2000 公顷，3942 万株。至 2004 年年底，全县工程造林面积达 58667 公顷。

要想造好林，必须要有好的苗木，2000 年，以大巫岚、土门子、双山子镇为育苗基地，投资 187.5 万元，建成育苗基地 140 公顷。到 2018 年，累计出土各种杨树苗木 25600 万株。为青龙林业的快速发展奠定了坚实基础。

进入 21 世纪，林业生产已经成为青龙的重要产业。2001 年，国家林业局授予青龙"全国经济林建设先进县"荣誉称号。2004 年，省林业厅责成省林业勘察设计院清查青龙林业资源，清查结果为：林业用地面积 293628 公顷，占全县总面积的 83.56％。其中有林地面积 203672 公顷，疏林地 3412 公顷，灌木林地 31107 公顷，未成林地 10282 公顷，苗圃地 312 公顷，无林地 44843 公顷，森林覆盖率为 57.96％。比 1984 年提高了 22.27％。2017 年县林业局被河北省林业厅、人力资源和社会保障厅评为"河北省林业系统先进集体"。同时，被国家评为"全国绿化模范县"等荣誉称号。

2011 年，按照"科学为农、林果兴农、生态富农"的思路，以林业项目为载体，积极向上争取资金，推进三北防护林建设，进一步深化集体林权制度改革，强化森林资源林政管理，严厉查处各类违法毁林案件。加强森林防火和病虫害防治工作，确保了全县森林资源生态安全。全年共造林绿化 5810.6 公顷，森林覆盖率达到 62％。

2013 年，县林业部门依托三北、退耕、异地三大造林工程，大力推进生态环境建设。突出"沿路、沿河、环村"三大重点区域，积极实施"三个一"工程，即以承秦高速公路两侧为重点，打造一条绿色通道；以青龙河等五大河系为重点，打造一片秀美河川；以村庄周边绿化为重点，打造一批美丽乡村。加强公益林管护，发展绿色林果业，坚持依法治林，强化森林防火，取得了"国土增绿、林业增效、农民增收”的显著成效。

林业的快速发展，带动了木材加工企业的发展。1990 年，全县有木材加工企业 40 家，开始小规模加工半成品、方料、包装箱板等。到 2000 年，新办胶合板厂、细木工板厂、贴面板成品厂 5 家，胶合板半成品及包装箱加工企业 15 家，年加工能力 10 万立方米。

至 2018 年，青龙全县实有林地面积 23.5 万公顷，森林覆盖率为 69.41 ％，成为“燕山最绿的地方”之一。生态环境有了明显改善，青龙也真正成为绿水青山。

三、果业

青龙山场广阔，土壤类型齐全，25 度以上坡耕地占全部耕地的 50 ％以上，昼夜温差大，光照充足，适宜栽种各种果树。老百姓有句俗语：“青龙要想富，必须多栽树。”1979 年，全县各种干鲜果树面积 447.5 公顷，其中干果总产量 700 吨，鲜果总产量 35200 吨，干鲜果品总收入 357.8 万元，占农林牧总收入的 6％。自改革开放农村实行家庭联产承包责任制以后，农民有了经营自主权，迅速调整产业结构，改变以粮为主的单一种植方式，把分到的责任田 80％都栽上了各种果树，老百姓普遍认为果树就是脱贫致富的摇钱树。自此，青龙的果业生产得到迅猛发展。

截至 2018 年，全县实有果园面积 20465 公顷，干鲜果品总产量达 27.6 万吨，比改革开放前的 3.6 万吨增长了 6.7 倍。

板栗是青龙一大特色果品产业。1979 年，全县板栗园面积 986 公顷，年产板栗 640 吨。80 年代，全县有娄杖子、八道河、肖营子、隔河头、凉水河等 7 个乡镇为板栗生产主产区，有板栗树 111 万株，其中成树 32 万株，其他乡镇也有零星分布。90 年代，随着板栗销售价格稳中有升，特别是国外市场销量逐渐扩大，尤其是日本、韩国、新加坡等一些亚洲国家和地区对青龙板栗特别青睐，销售价格也逐年提高。面对这种大好形势。县委、县政府审时度势，抓住机遇，大力推进板栗产业化生产，板栗种植面积迅速增加，已经成为青龙经济发展的特色优势产业。1996 年，县政府确定青龙镇、马圈子、肖营子、八道河、隔河头、大石岭、木头凳等 10 个乡镇为板栗生产基地，总面积达 7000 公顷。为了保证基地建设高标准、高质量，实行统一规划设计、统一建设标准、统一栽培技术、统一调运苗木，并对栗农实行奖励政策，即栗园面积 2 ～ 66.67 公顷的，栗园建设被列入工程林项目，享受国家给予工程林建设补助；果园面积超过 66.67 公顷的，除被列入工程林项目外，政府补助苗木款的 50％～ 70％。到 2004 年，10 大板栗生产基地栗园面积达到 12000 公顷，全县板栗面积超过 12290 公顷，占干果面积的 91.24％，板栗年产量 4408 吨，占干果总产量的 75.63％。

为大力推进板栗产业化和规模化生产，县委、县政府多次召开会议，带领各级干部到外地参观学习板栗管理新技术，不断引进新品种对老树进行改头换面，通过嫁接技术使板栗产量和质量都有很大提高。果农收入增加了，积极性也大大提高了，对果树管理也更加科学、规范。县政府确定把板栗产业作为青龙主导产业来抓，并在全县建立了 22 个板栗产业基地和 3 个育苗基地。至 2018 年基地面积达 6 万亩，安排补助资金 3200 万元。计划到 2020 年，打造板栗大县，实现人均 3 亩板栗果园，人均收入达到 6000 元的奋斗目标。

青龙板栗销售市场逐步扩大，国际声誉日益提高，板栗质量一直受到外商追捧。1979—2001 年，青龙板栗由县外贸公司独家经营，年出口量在 1500 吨左右，主要出口国为日本。2002 年后，县党政联席会议批准县外贸公司、汤程农副产品有限公司、县农副产品综合开发中心共 3 家为板栗经营重点企业，允许办理板栗出口业务。至 2018 年，全县板栗总产量达 25000 吨，其中 80％销往国外。

青龙是河北省重要的优质苹果生产基地，主要有红富士、国光、元帅、红星、鸡冠等 10 多个品种，销往全国各地。1979 年，全县果园面积 3979 公顷，年产量 19405 吨；2004 年，全县果园面积 5587 公顷，年产量 32083 吨；占全部鲜果总产量的 54.3％。

为提高果品产量和质量，1998 年 10 月，县果蚕局组织 470 名乡村干部、果树技术员到土门子乡丰果村观摩学习苹果套袋技术。2000 年 5 月县政府组团到太行山区内丘县考察优质苹果生产管理技术。是年，县委、县政府作出《关于加强果品生产的决定》，把果业生产提高到农村经济优先发展的战略地位。

2001 年 2 月，县政府再次召开果品生产工作会议，确定果品生产重在提质增效、扩大规模、抢占市场。4 月，县里成立了优质苹果产销研究学会，有 120 名果农成为学会理事和会员。有 10 个乡镇、39 个行政村成立了苹果生产协会。10 月，"龙富"牌红富士苹果在中国国际农业博览会上获名牌产品、中国绿色食品 A 级产品称号，在第八届中国苹果节上获银奖。青龙被国家授予"中国苹果之乡"称号。"龙富"牌商标被评为全国知名商标。

青龙是产梨大县，有各种梨 60 多个品种。其中酸梨、甜梨、分别占梨品种的 30％和 50％。1979 年，全县梨园面积 1753 公顷，年产各种梨 15350 吨，占鲜果总产量的 44％。1990 年，全县梨园面积 2075 公顷，年产量 11328 吨，占总产量的 30％。2004 年，全县梨园面积 2343 公顷，年产量 20969 吨。

山楂是青龙一大特产。20 世纪 80 年代后，随着山楂市场价格走高，山楂种植面积迅速增加，在全县掀起栽植山楂的热潮。1990 年，全县山楂果园面积达 2244.3 公顷，年产山楂 1343 吨，占鲜果总产量的 3.1％，1995 年后，由于山楂价格大幅下降，种植面积没有增加。到 2004 年，全县山楂面积为 626 公顷，占鲜果面积的 7.2％；山楂产量 4669 吨，占鲜果总产量的 7.9％。

其他果品生产也有很大发展，如：桃、杏、核桃等，年产量比改革开放前增加了几十倍，也是农民增收的一条渠道。

第二节　畜　牧　业

青龙老区，山场广大，杂草肥沃，发展畜牧业具有得天独厚的自然条件。20 世纪 80 年代，为适应生产生活需要，畜牧业主要以发展骡、马、驴等役畜为主。90 年代后，随着农业机械化水平不断提高，畜牧业结构随之调整为牛、羊、鸡、猪、兔等肉畜为饲养重点。2004 年，全县牛饲养量 49743 头，羊饲养量 519850 只，家禽饲养量 401 万只，马、驴、骡等役畜饲养量 10178 头。畜牧业时价总产值 56242 万元，占农林牧业总产值的 48.32%。至 2018 年，全县畜牧业生产有了一个飞速发展，总产值达 295154 万元。比改革开放前翻了 305 倍。其中规模化养鸡场 128 个，年出栏肉鸡 1825 万只，规模化养猪场 37 处，年出栏商品猪 71.3 万头，规模化养羊场 120 处，年出栏活羊 102.3 万只，养牛场 39 处，养牛 2.83 万头。禽蛋产量达 11650 吨。

青龙为畜牧养殖大县，是河北省肉鸡生产示范县、河北省绒山羊生产大县、省级生猪调出大县。2017 年，全县申报畜牧养殖项目 164 个，项目总投资 4102 万元，申请财政补贴资金 2056 万元，扶持贫困户 6177 户，15934 人。预计人均增加纯收入 1500 元。

为确保畜牧业健康稳步发展，1979 年县畜牧局成立了专门办公

室和畜牧兽医站。43 个人民公社均设兽医站，有专职兽医技术人员
64 人。到 1990 年全县兽医技术人员达 214 人。1982 年以前无偿为
农牧民提供技术咨询和技术服务。

改革开放后，牛、羊成为畜牧养殖生产重点产业。1983 年，畜
牧局获得"家兔简易去势法""无角山羊选育"两项科研成果，推动
了家兔生产和山羊改良快速发展。1985 年，青龙被列为河北省家兔
生产基地县。1986 年，畜牧局在小马坪乡小马坪村和大巫岚乡窑上
村建立种兔繁殖基地，全县迅速推广加利福尼亚兔养殖。

养羊是青龙老区传统畜牧养殖业项目之一。1979 年，全县山羊
由于品种单一且没有形成规模，经济效益不佳。1982 年，农村实行
生产责任制后，养羊业迅猛发展。1990 年，饲养量在 100 只以上的
养羊大户 520 户。随着养羊区域结构调整，祖山镇、龙王庙乡、大
石岭乡、马圈子镇、隔河头乡等 8 个乡镇建为养羊基地，主要以饲
养绒山羊和绒本杂交改良为主。1987 年，畜牧局从辽宁省凤城县引
进绒山羊新品种，在马圈子镇梓椤滩村建立繁殖基地，推动山羊品
种进行改良工作。1999 年，羊生产基地乡镇饲养量达 26.41 万只，
养羊 50 只以上的农户达 1460 户、100 只以上的大户 830 户。2001 年，
成立三泰阳光牧业有限公司，在青龙镇拉马沟村建立小尾寒羊良种
羊繁育养殖基地。2004 年，全县羊饲养量 519850 只，出栏 281300
只，存栏 238550 只。

养牛在青龙虽然有所发展，但规模和数量不大。1998 年，三泰
阳光有限公司成立优种牛繁育中心，在 4 名畜牧师、兽医师的指导
下，采取选购优种、饲喂全价配合饲料、综合防病、粗饲料加工利
用等措施降低成本，当年获利 81.9 万元。

养鸡是青龙家禽养殖业的重头戏。但在改革开放前，一直沿袭
一家一户分散养殖的方法，品种以养殖蛋鸡为主且没有形成规模。

90 年代后，县畜牧局与秦皇岛正大集团达成协议，采取"集团＋合作社＋农户"模式，由正大供应鸡苗、饲料，成品鸡回收一条龙的办法，并无偿提供技术指导，在青龙全县迅速掀起养殖肉鸡的热潮。2003 年，县畜牧局组织 500 名农民养殖户，到秦皇岛正大有限公司肉鸡示范场参观，学习肉鸡规模饲养技术。2004 年在正大集团技术指导下，青龙肉鸡养殖得到快速发展，成为青龙畜牧养殖业的一大亮点。

养猪是青龙传统家畜养殖业之一。20 世纪 90 年代以前，几乎家家都有养猪的习惯。改革开放后由于受生猪价格不稳、饲料成本上涨等因素影响，家庭养猪数量急剧减少，规模化养猪产业应运而生。

第三节 工 矿 业

一、工业

青龙属山区农业县，经济发展一直以农业为主要产业，工业发展相对较慢。1979 年，全县有工业企业 93 家，全部为公有制经济组织。其中国有企业有周杖子铅锌矿、三家金矿、长城煤矿、化肥厂、水泥厂等 23 家；集体企业有电机厂、五金厂、轴线厂、服装厂、皮毛厂等 6 家；人民公社办企业 64 家。工业总产值 2363 万元，占全县地区生产总值的 17.36%，增加值 810 万元，上缴利税 301 万元。

20 世纪 80 年代后，为贯彻国民经济调整、改革、整顿、提高的方针，开始对工业企业组织结构和经济结构进行调整。1982 年，果酒罐头厂从酒厂分出单建，农机修造厂并入水轮机厂。1984 年，周杖子铅锌矿因资源枯竭而关闭。1985 年，化肥厂调整下马。1988

年，新建响水沟金矿、半壁山金矿、庙沟铁矿、建筑化工厂、友谊化工厂、瓶盖厂等9家县属工矿企业。至1990年，全县工业企业总数达1948家，其中国有企业29家，县属集体企业9家，乡镇企业78家，村办企业114家，个体和联合体工业单位1718家。自此，单一的公有制工业企业结构被打破，初步形成了公有制经济与非公有制经济相互竞争、共同发展的工业产业新格局。

1991年，工业发展一度受挫，主要原因是前几年盲目上马、投资过大，加上市场发生变化，企业产品库存积压严重，资金周转困难，部分企业陷入停产和半停产状态。面对这种情况，各级政府和企业坚持深化改革，扩大开放，通过转换企业经营机制，转变经济增长方式等措施，化解危机，扭转被动局面。1992—1995年，王厂、八道河、娄杖子、马圈子、青龙镇等乡镇通过引进县外客商资金，以联营或独资的形式兴建了8家年处理铁矿石5万吨的铁选厂。1993年，西双山乡彩印厂和娄杖子乡冷江罐头厂相继与日本客商、香港客商签订合资协议，分别注册成立秦皇岛市燕山印刷有限公司和秦皇岛华参食品有限公司，成为青龙第一批"三资"企业。

1996年后，为适应社会主义市场经济体制的需要，实施"开放带动"战略，进一步打破地区和行业界限，加快民营经济发展，构建多元化经济结构。1996年7月18日，经秦皇岛市人民政府批准，青龙高新技术工业园区在秦皇岛经济技术开发区开工建设，并于1997年注册成立秦皇岛经济技术开发区青龙发展有限公司。之后，陆续有外资企业入驻。对推动全县工业经济结构调整发挥了重要作用。1998年，县委、县政府制定多项优惠政策措施，鼓励域外资本和民间资本参与黄金、铁矿、石材资源开发。2013年，开发区实现工业总产值51.78亿元，其中规模以上经济32.1亿元，主营业务收入57.23亿元；固定资产投资15.42亿元；实际引进外资16.35亿元。

2001—2004 年，工业企业陆续完成以资产出售为主要形式的产权制度改革，国有资本从一般性竞争领域全部退出，民营经济成为工业的主体。到 2004 年，全县工业经济单位 2103 家，其中工业法人单位 232 家，工业个体经济单位 1871 家，从业人员达 22579 人，主要工业产品产量创历史最高水平。年产黄金 36300 两，铁精粉 158.49 万吨，花岗岩石板材 366 万平方米，水泥 15.48 万吨，栲胶 969 吨，玻璃纤维纱 1743 吨，服装 16.3 万件，白酒 352.8 吨，水利发电 352.8 万千瓦时。实现工业总产值 229349 万元，增加值 104244 万元，利税 9502 万元。工业经济对全县经济增长贡献率高达 78%，拉动全县经济增长 7.9 个百分点。

至 2010 年，全县规模以上工业企业 66 个，实现现价产值 60.9 亿元，增加值 20.5 亿元，比上年增长 48%。全年规模以上工业企业产品产量为：年产白酒 837 千升，铁矿石原产量 1609 万吨，铁精粉产量 424 万吨，黄金 126 公斤，水泥 11.8 万吨，玻璃纤维纱 1811 吨。规模以上工业企业实现产品销售收入 60.89 万元，比上年增长 224.92%。规模以下工业企业实现增加值 11.1 亿元，增长 9%，实现利税总额 12.17 亿元，全年完成工业增加值 31.6 亿元，比上年增长 19.8%，工业企业对全县经济增长的贡献率达到 53.4%，拉动 GDP（指国土内所有企业也包括外资企业的盈利总值）增长 8.2%。

民营经济运行态势良好。至 2010 年，全县民营企业达 15084 家，完成民营经济增加值 50.58 亿元，比上年增加 15.4%，实现营业总额 197.24 亿元，比上年增长 108.3%，上缴税金 7.66 亿元，比上年增长 81.8%，完成固定资产投资 42.98 亿元，比上年增长 39.2%，其中规模以上工业企业完成总产值 53 亿元，比上年增长 199%，实现增加值 14.6 亿元，比上年增长 94%，上缴税金 3.6 亿元，比上年增长 161%，实现利润总额 5 亿元。实施品牌建设工程，云冠栲胶公司、双宝食品公司、三泰阳光牧业公司、天源水泥公司 4 家企业被评为河北省中小企业名牌产品。安胜矿业有限公司、富贵鸟矿业公司 2 家企业进入河北省百强民营企业行列。截至 2000 年，个体私营工业企业实现总产值 7.64 亿元，占全县工业经济中比重由 1995 年的 50.82% 上升到 72.89%。

祖山酒业有限公司成立于 1998 年 6 月，是青龙最大的一家私营酿酒工业企业，拥有固定资产 3000 万元，在职员工 100 人，主要生产"祖山酒坊""祖山老酒"两大系列，20 多个品种白酒。公司始终坚持"以信誉求发展、以质量求生存"的兴企方针，注重以人为本的管理理念，率先通过 ISO 9001：2000 国际质量体系认证，以务求实效、创立品牌为目标，先后荣获"中国优质白酒""河北省著名商标""河北省中小企业名牌产品""河北省第五届、六届、七届、八届消费者信得过产品"等称号。公司被评为"中国质量万里行"理事单位，被中国酒类流通协会授予"企业信用评级 AAA 级信用企业"、被省工商局评为"重合同守信用"企业，还被青龙满族自治县政府评为"十强优势企业"等称号。2010 年，实销售收入 3600 万元，利润 500 万元，纳税 400 万元。

二、矿业

青龙老区，山多地少，面积广阔，地下矿藏资源丰富。目前已探明矿产就有 32 种，其中金属矿产 13 种，非金属矿产 19 种。其中黑色金属矿产 3 种，有色金属矿产 6 种，贵金属矿产 2 种，稀土金属矿产 1 种，放射性矿产 1 种，共有矿产地 242 处。金属矿产中尤以金矿、铁矿储量大、分布广、开采利用价值较高。非金属矿产以花岗岩大理石为主，开采价值和市场需求较高。

1995 年，国有黄金铁矿两大行业分别实现内部联合，组建了黄金集团公司和矿业集团公司，由过去粗放经营转变为集约化经营，扩大了经济实力，增强了抵御风险能力。乡镇企业积极开展内引外联，解决制约企业发展的资金、技术、人才和市场问题，扩大优势企业规模，逐渐走出困境。

青龙黄金采选业，最早起步于 20 世纪 60 年代末。1979 年，只有国有金矿（三家金矿）一家，社队金矿 21 家，群采矿点 16 家，从业人员 1940 人，生产黄金 9200 两，实现工业总产值 203 万元。1980 年，县革委会制定《青龙县群众采金试行办法》，黄金管理局开始对黄金采选实行全行业统一管理，所有企业生产的黄金全部交售给人民银行，严禁私自买卖。是年，全县共生产黄金 10024 两，成为河北省第一个、全国第二个年产黄金超万两县，荣获冶金工业部颁发的"年产黄金万两县"奖杯。1981—1988 年，国有金矿由 1 家增加到 6 家，乡镇金矿、群众采矿点发展到 134 家，从业人员 4518 人。1990 年，有黄金采选和冶炼企业 141 家，黄金总产量 20038 两，比 1980 年翻了一倍，获国家黄金管理局颁发的"两万两"奖杯。

1995 年 12 月 27 日，县黄金管理局撤销，原下属 6 家国有黄金采选、冶炼企业和 3 家经营性企业联合重组为黄金集团公司，在全县工业企业中率先实现政企分开和集约化经营。1996 年 4 月，黄金工艺美术厂取得中国人民银行总行颁布的金银加工许可证。至此，黄金工业基本形成了采选、冶炼和成品金加工产业链条，经济效益和社会效益显著提高。至 2000 年，黄金产量突破 3 万两。2001 年 12 月，青龙黄金集团公司被省经贸委评为"小巨人"企业。2003 年 12 月黄金集团公司所属企业整体出售，改制为民营企业。其中有宏文黄金有限公司、三家金矿、响水沟金矿、半壁山金矿、砂金矿、周杖子金矿、兴隆沟金矿、清河沿金矿等。2004年全县有黄金企业66个，从业人员3010人，生产黄金36300两，实现总产值1.08亿元。

青龙铁矿采选业，始于1986年庙沟铁矿，它是第一家外资投入与青龙联合开发的铁矿企业。1987年正式开工建设，1988年11月竣工投产。一期工程为年处理原矿石22万吨。同期建设的还有青龙镇湾丈子铁矿和凉水河乡落地铁矿，年采选矿石均为5万吨。1990年，上述3家铁矿共生产铁精粉5.88万吨，实现产值547万元，拥有固定资产原值2085万元，从业人数610人。

1991年，县政府将加快铁矿开放列入全县国民经济和社会发展第八个五年计划，通过制定优惠政策，鼓励国有、集体、私营铁矿采选企业竞相发展。至1995年，先后有县办小秋沟铁矿、青龙镇土坎子联营铁矿、逃军山铁矿、拉马沟迁马铁矿、八道河长城铁矿等11个铁矿建成投产。年采选铁矿石100万吨，生产铁精粉18.9万吨，实现产值3367.8万元。1996年，受铁精粉市场价格上涨因素影响，原有企业生产规模进一步扩大，新的企业成批涌现。至2004年年底，全县共有铁选厂117家，年采铁矿石713.2万吨，生产铁精粉158.49万吨，实现产值8亿元，上缴税金1.79亿元。其中规模以上企业19个，实现总产值4.08亿元，占全部铁矿采选企业总产值的51%，实现增加值1.67亿元，上缴税金3059万元。

2003—2010年，是青龙铁矿业最红火时期，纯度为66%的铁精粉价格一度达到每吨1200元以上，铁矿企业利润实现了最大化。县委、县政府充分利用和开发本地丰富的铁矿资源，变资源优势为经济优势，制定多项优惠政策措施，大力吸引外地客商到青龙投资建厂，并及时提出了"以矿富民、钢铁兴县"的发展战略。至2010年年底，全县有铁矿采选厂177家，其中规模最大的有安胜矿业有限公司、天驰矿业有限公司、小秋沟铁矿、公厂铁矿、八道河铁矿、蒲杖子铁矿、江城矿业有限公司、发达矿业有限公司、吉祥恒矿业有限公司等，年生产铁精粉 720 万吨，产值达 28.5 亿元，占全县工农业总产值的 54.8％，成为青龙经济发展中一项重要支撑和主导产业，对全县经济增长的拉动作用日益显著。

2013 年，深入推进企业标准化建设和铁矿资源整合工作，加大冶金矿产品生产经营秩序治理整顿工作力度，全力维护矿业开发秩序稳定。全县共有铁选厂企业 99 家，其中精选企业 6 家，采选配套企业 30 家，完成铁精粉产量 826 万吨，占年度目标任务的 101％，完成招商引资 4.14 亿元，占年度目标任务的 218％。

首秦龙汇是青龙最大的钢铁制造企业，由秦皇岛首秦公司、首钢板材公司与龙汇工贸集团共同出资成立的合资公司。2008 年 6 月 6 日开工建设，2009 年 6 月 6 日建成投产。项目总投资 13 亿元，位于河北青龙经济开发区，项目主体为一厂两矿，即 200 万吨 / 年球团厂、50 万吨 / 年宏达铁矿厂、50 万吨 / 年岔沟铁矿厂，有职工 1053 人。公司坚持以"节能环保型、循环经济型、清洁高效型"为建厂理念，精心设计、精心组织，整体工艺设备、技术质量水平位居国内领先地位。宏达、岔沟选厂达到国家发改委产业结构调整指导中的"环境保护与资源节约综合利用""低品味、复杂、难处理矿开发及综合利用"项目标准，已经为球团厂输送优质铁精粉。球团综合品味 62.93％，转鼓强度 95％，质量指标跨进国内先进行列，并成功打入津、冀、鲁、豫等区域市场。公司以打造"示范性""创造性""引领性"的矿业示范工厂为目标，快速通过了 ISO9000 质量体系认证，为抢占高端市场打开了绿色通道，先后获得"青龙县十佳明星企业""青龙县安全生产管理先进单位"等荣誉称号，列入县委、县政府挂牌保护的全县发展环境监测重点单位。

青龙满族自治县安胜矿业有限公司，位于大巫岚镇青山口村。

始建于 2003 年 7 月份，隶属于河北毕氏集团，集采矿、铁精粉磁选一体化的民营企业，有职工 1800 多人，固定资产 14.5 亿元，建有自备矿山 1 座，选厂 4 座，33 条生产线。2011 年，综合生产规模为年产铁精粉 300 万吨，年处理矿山 548 吨，生产铁精粉 202 万吨，上缴税金 3.6 亿元。

秦皇岛市富贵鸟矿业有限公司，成立于 2008 年 4 月份，位于凉水河乡落地村。公司有职工 310 人，公司从 2007 年以来，先后收购整合青龙满族自治县金泰铁业有限责任公司马尾沟铁矿及青龙满族自治县宏源铁矿，投入资金 7000 多万元对选厂及破碎车间进行改建、扩建。年产矿石 120 万吨，铁精粉年产量 30 万吨，上缴税金 8700 万元。2008—2010 年连续三年被县委、县政府评为"十佳明星企业""十佳村企共建先进单位"。

铁矿业的发展，为加快青龙县域经济的发展注入了新的活力，成为农村经济发展的主导产业，同时也带动了餐饮业、住宿业、服务业、金融业、旅游业、机械配件销售修理等相关产业的繁荣和发展，安排农村剩余劳动力就业 13400 人，为青龙脱贫致富奠定了坚实基础。

在铁矿业繁荣发展的同时，也带来了很多新的矛盾和问题。有相当一部分乡镇矿区和铁选厂出现了无证开采、未批先采、未批先建、私下交易、滥挖乱抢的混乱局面，生态环境遭到一定程度破坏。为依法保护矿产资源，严厉打击非法采矿行为。2004 年，县委、县政府制定了《关于进一步整顿和规范矿产资源秩序的实施方案》，在全县范围内开展了矿产资源整顿治理工作，对全县所有矿山、矿点进行拉网式大排查。在摸清底数全面掌握情况的基础上，分类进行整治。对无证开采、私挖滥采的实行"三不留、一封闭"的规定，彻底取缔其开采资格，拆除设备，填埋坑口。全县共检查不合法的矿山 25 家，选矿企业 164 家，采矿点 314 个。炸毁封填非法采矿坑口 46 处，拆除非法建设铁选厂 10 座，关闭取缔无证开采矿点 126 个。通过这次整顿，全县矿产开发管理秩序有了明显好转。

三、石材业

青龙石材工业化开采始于 20 世纪 70 年代，初期主要以加工建筑用方块石料和大理石为主。它主要分布在肖营子镇和白家店一带，1985 年有开采加工点 50 个。1987 年，肖营子区公所在肖营子镇马道沟开办县内第一家石板厂。从此，石材饰面板材产品正式开发生产。到 1995 年，全县有 5 家石材厂，全部集中在肖营子镇。其经营方式为自办矿山、自己加工、自产自销。年产磨光石板材 7.53 万平方米，实现销售收入 301.24 万元。90 年代中后期，饰面石材市场需求旺盛，县委、县政府抓住机遇，于 1998 年 8 月 11 日印发《关于大力开发石材资源建设县域经济优势产业的意见》并成立了以县主要领导为组长的石材开发领导小组，以便于加强组织领导，统一规划，实施优惠政策，加大内外联动力度，鼓励机关干部下海经商办企业。乡镇主要领导为第一责任人，签订责任状，实行目标责任管理。自此，石材开发以"小规模，大群体"方式起步，至 2000 年年底，已建起石材矿山 104 个，石材加工厂 122 个，从业人员 6000 人，年开采荒料 6.4 万立方米，生产成品板材 160 万平方米，创产值 1.4 亿元。后来，在隔河头乡董丈子、木头凳等 7 个乡镇 24 个行政村发现并开采花岗岩大理石。为保证石材产品质量安全，1999 年 10 月和 2000 年 1 月，石材管理局组织企业先后对全县开采的 20 余种花岗岩大理石产品进行统一命名，并分批将其中的长城红、燕山红、满江红、都山白、红豆花、玛瑙花、紫罗兰、青龙玉 8 种花岗岩大理石产品送国家有关部门检测，并获得了相应的合格证书。

2001 年，县委、县政府根据企业发展和市场需求情况，及时调整石材工业发展思路，改"小规模，大群体"模式为"规模化生产，集约化经营"，在两个石材工业小区建立了管理委员会和石材企业协会，统一行业管理，统一品牌标准，统一承接订单，整合资源，协作生产，联合销售。2002 年，石材管理局在秦皇岛市设立办事处，作为展示、推介、洽谈、销售青龙石材的窗口，为企业提供产供销一条龙服务。至 2004 年年底，全县共有石材矿山 88 个，石材加工企业 154 个，石材装修企业 12 个，从业人员 5020 人，开采荒料 16 万立方米，生产各种板材 366 平方米，实现产品销售收入 2.66 亿元，工业增加值 7800 万元，利润总额 6799 万元，上缴税金 96 万元。

第四节　乡　镇　企　业

青龙的乡镇企业是在原来农村副业和传统手工业的基础上发展起来的。1979 年以前，也就是人民公社化时期称"社队企业"。1984 年，农村行政体制改革撤社建乡后，正式更名为"乡镇企业"。是年 8 月，县委、县政府根据中央和国务院有关文件精神，制定了《关于发展乡镇企业和专业户、重点户的试行办法》，把乡镇企业作为发展农村经济和农民致富的突破口，提出了一系列促进乡镇企业发展的政策措施。将原来社队举办的企业、改革开放后农户联营的合作企业、个体企业全部纳入乡镇企业的范畴，给予同等的"国民"待遇。从此，形成了乡办、村办、联户办、个体办四个轮子一起转的格局。至 1987 年，全县各级各类乡镇企业已由 1979 年时的 64 个迅速发展到 5818 个，总产值在农村各业总产值的比重由 1979 年的不足 0.5%，提高到 21.5%。

20 世纪 90 年代，随着市场经济体制的建立和完善，乡镇企业进入一个新的发展阶段，全县各乡镇基本上都有自己的社办企业。生产的产品主要有小型农机具制造修理、农产品深加工、木材加工、钢球铸造、轻纺制衣，旅馆饭店、商业服务业等涉及多个行业领域。各级部门和企业主管部门在总结过去经验教训的基础上，进一步解放思想，扩大开放，坚持多轮驱动，多轨运行，分类指导的方针，乡镇企业发展不但在数量上大幅增加，而且在质量上也有了明显提高，社会效益和企业自身经济效益实现稳步增长。至 1996 年，全县乡镇企业发展到 15135 个，为历史之最，实现总产值 11.38 亿元，超过当年农业总产值的 16.6 个百分点，撑起了全县农村经济的"半壁江山"。1997 年以后，乡镇集体企业陆续实行产权制度改革，壮大民营企业经济。经营方式和组织形式不断得到优化，逐步实现由粗放型向集约型转变。至 2003 年，全县有乡镇企业 8589 个，从业人员 25734 人，实现总产值 291909 万元，占农村各业总产值的 76.32%，实现增加值 86268 万元，上缴税金 3891 万元，占地方财政收入的 28.2%，成为县域经济的主要支柱。

2004 年以后，民营经济和个体私营经济发展迅猛，异军突起，成为整个市场经济的主力军，乡镇企业规模逐渐萎缩，有的企业由于经营管理不善，产品质量不过关，库存积压严重，形成三角债，造成企业大面积亏损，全县乡镇企业百分之八十以上都处于关停倒闭状态。按照上级有关规定，县委、县政府制定了多项政策措施，通过改制、拍卖、承包或转股等形式，把集体所有制的乡镇企业全部都变成民营企业或个体私营企业。自此，兴旺一时的乡镇企业彻底退出历史舞台。

第五节 商业及服务业

一、商业

1980 年后，随着国民经济调整和改革开放的逐步深入，社会商品日益丰富，计划内分配的商品逐年减少，工业品流通由城乡分工改为商品分工，批发零售由只对国有商业和供销社改为面向全社会商业网点。1984 年，县供销社改称县供销合作社联合社，同时成立了专事工业品批发业务的综合公司，双山子综合采购站改为批发公司。是年，商业局也将"七五七"和山神庙两个工矿区内的国有综合商店改为批发部。1983 年 12 月，棉布取消布票，敞开供应以后，个体商业不得经营工业品的限制随之取消。非公有制经济迅速崛起，经营品种也由农副产品、烟酒茶糖扩大到布匹、服装、鞋帽以及家庭用品，并大量进入集贸市场，交易量大幅上升。

1987 年，工业品批发由逐级调拨供应改为自主选择进货单位，经营方式更加灵活，国有商业零售企业开始实行内部承包责任制，个体私营商业更加放开，集贸市场商品日益增多。到 20 世纪 90 年代，随着商业批发体制改革的深入和社会主义市场经济体制的建立，青龙的工业品流通形式也发生了较大变化。由于县内制造业欠发达，绝大部分工业品需要从外地购进，零售业经营者为减少环节，降低成本，直接到相邻的京、津、唐、秦等地大型批发市场或生产厂家进货。国有商业的百货、纺织品等批发业务日益萎缩。

1996 年后，国有百货批发部、纺织品批发部进行集团化管理，批零一体化经营改革，企业内部实现职工集资入股、租赁柜台、公有民营，基层供销社也同样实行上述改革。2001—2004 年，国有商业陆续完成产权制度改革，民营商业成为市场主体，全县 16 家百货零售法人企业和 2 家服装零售法人企业，共实现销售额 6350 万元，个体零售门店实现销售额 1.6 亿元。

县第一百货公司，是青龙最大的一家国有百货批发零售企业，1979 年，有一个批发部，3 个零售商场，从业人员 125 人，总营业面积 2400 平方米，90 年代中期，随着"三多一少"流通格局的形成和社会主义市场经济体制的建立，国有百货公司基本上完成了它原来承担的历史使命。1996 年，第三百货商场停止营业。1997 年 6 月，第二百货商场对外租赁，更名为"二百商厦"。2000 年 6 月，第一百货商场实行租赁经营，更名为"青龙超市"。2003 年，国有资产全部退出，百货公司宣布撤销。自此，国有商业企业全部变为私营企业。

二、服务业

住宿及餐饮业。1979 年，全县有旅馆 14 家，国营饭店 2 家。县城只有大楼旅馆和第一招待所，主要用于接待会议和招待上级来客，平时也接待散客。基层有 12 个供销社建有旅馆兼餐饮业。1980 年后，在"开放、搞活"方针推动下，个体住宿和餐饮业逐步发展，到 1985 年，全县有旅馆 105 家，饭店 286 家，从业人员 620 人，年零售总额 368 万元。1996 年后，由于采矿和旅游业快速发展，县城流动人口增加，给住宿和餐饮业带来前所未有的发展机遇。

至 2004 年，全县已正式注册的住宿及餐饮业发展到 863 家，从业人员达 2068 人，实现零售额 6312 万元。旅馆住宿条件和服务设施有了明显改善，外地菜肴和种类不断增加，各种新式餐饮陆续入驻青龙，使城乡服务业更加繁荣发展。

除此之外，娱乐业、广告业、理发美容业、沐浴业、家政维修业等服务行业日益繁荣，为城镇居民日常生活、休闲娱乐提供优质服务。

第六节 文教卫生体育科技事业

1978 年党的十一届三中全会以后，青龙的文化、教育、卫生、体育、科技事业从"文化大革命"中形成的"左"的桎梏中解放出来，与改革开放紧密结合，经济的发展促进了文化的繁荣与发展。1990 年后，县委、县政府加强对文化教育卫生事业的领导，涌现出一大批优秀的文化艺术工作者、教育精英和白衣天使，为青龙文化教育、卫生体育事业的繁荣和发展，作出了重要贡献。

一、文化事业

加快文化设施建设，不断为文化事业发展创造条件。在县委宣传部、文广新局的直接领导和大力支持下，县文化馆、图书馆、新华书店、广播电视等文化实体在改革中快速发展。1979 年，全县各乡镇设文化站、电影放映站、图书室，村村有文化图书室、阅览室，形成了县、乡、村、户四级文化网络。歌舞团、管乐队、合唱团、民间艺术表演团和文学、美术、摄影、书法等业余文化团体纷纷建立，花会、评剧、曲艺、皮影等文艺团体活跃于城乡，民族文化艺术得到继承和展示。2016 年，青龙满族地秧歌中具有独特艺术风格的"猴打棒"走向省和国家艺术舞台。民族文化宫和文化广场，供广大市民休闲、唱歌、跳舞、扭秧歌等文化娱乐活动。截至 2018 年，在县文化广场举办各类文艺演出达 100 多场次，指导"小西藏歌舞团""青山艺术团"等 30 多支演出队伍和 75 支农民业余秧歌队，走村串镇拉练演出，提升了演出队伍专业水平，极大地丰富和活跃了群众文化生活。

建立艺术演出团体。1979 年，青龙评剧团是县内唯一专业文化艺术团体，有演职人员 46 人，每年都要到乡下巡回演出上百场次，深受广大群众欢迎。1980 年以后，外地演员陆续回原籍，副业工、临时工身份一律下放，致使剧团人员严重不足，处于半瘫痪状态。1985 年，根据省政府"财政补贴县不许办剧团"的精神，评剧团解散。部分优秀演职员调入县文化馆，成立青龙文化馆文工团。1987 年改为青龙满族自治县民族艺术团；1989 年改为青龙满族自治县歌舞团，1990 年解散。1996 年，文化馆成立星海电子琴艺术学校。2000 年，成立文化馆舞蹈艺术班，2002 年，文化馆成立海韵舞校。

电影放映和发行。1979 年，青龙有电影放映单位 56 个，放映员 101 人，其中公社放映队 43 个，实现一社一队；年放映电影 25924 场次，观众 1776 万人次，放映收入 23.44 万元。80 年代是青龙电影事业鼎盛时期，1982 年，县政府投资 50 万元，在县城南街建大型影院 1 座，建筑面积 800 平方米，设观众座位 1010 个，装有通风、供暖设备，既能放映一般普通影片，又可放映宽荧屏影片和立体影片。1985 年，影院放映 722 场次，观众 36.25 万人次，放映收入 7.2 万元，为 1979—2004 年最高年份。1989 年，青龙电影发行放映公司被国家广播电影电视部授予"全国发行放映先进集体"称号。90 年代后期，电视事业发展迅猛，电影发行放映事业逐步下滑。到 2004 年，全县电影放映 1900 场次，放映收入 7.6 万元。在电影业不景气的情况下，电影发行放映公司积极探索，实施"3121"工程，被省文化厅评为 2004 年度农村电影放映先进单位。

皮影戏是青龙颇受群众欢迎的一项民间艺术，已有 100 多年历史。1979 年全县有 21 个皮影戏班，从艺人员 200 多人。为使皮影这一独特民间艺术得到健康发展，县文化馆每年都要组织一到两次皮影调演。1982—1990 年重建青龙皮影团，深入农村、厂矿演出，每年演出 200 场次以上，还多次到河北唐山、内蒙古、辽宁等地演出。由于电影、电视的发展，农村皮影演出逐渐减少，2002 年被迫解散。

为了弘扬青龙地域优秀文化，开始创办各种文学刊物。20 世纪 80 年代后，县文化馆举办文学创作班，并先后创办了《青龙文艺》《飞瀑》等文学刊物，培养一大批文学创作人才，形成了一支有创作实力的文学队伍，1987 年县文联成立后，按照"抓人才培养，创优秀作品"的原则，创办了文学刊物《满族文化》。1995 年，由县文联主办的文学刊物《青龙河》正式公开发行，它是青龙文化战线的一面旗帜，自创办以来，已发表各类文学作品 2000 多篇（首），有的还在国家或省市刊物上发表。同时，挖掘整理出版一大批具有青龙特色的文学作品，如：《奚族文化》《猴打棒》《追梦》《青龙村落》《青龙瞎话》《青龙诗词》等，县文联每年组织各协会举办书法、书画、诗歌、摄影等展览，有很多优秀的作品获得国家、省、市的奖励。2010 年 7 月 9 日，举行了"中国奚族文化之乡"颁牌仪式，宣布青龙为"中国奚族文化研究中心"。2017 年，青龙被授予"中国诗词之乡"荣誉称号。

《青龙河》刊物是县文联主办的文学杂志，集小说、散文、诗歌、书法、摄影等反映青龙地域文化、弘扬社会主义核心价值观、讴歌新时代实现民族伟大复兴中国梦等具有正能量的优秀作品，也是青龙文化战线的一面旗帜。2000—2018年，青龙河共创刊108期，发表各类作品3500多篇，使青龙文化艺术事业呈现出一派欣欣向荣的景象。

培养一大批文化新人脱颖而出，文化艺术队伍不断扩大。县文联多次组织文学爱好者进行实地调研和采风活动。广大文化艺术工作者扎根一线，深入生活，创作出一大批源于生活、贴近生活、讴歌改革开放的优秀作品。其中张守志、白景堂的摄影艺术作品，傅奇、王永新、蔡守怡等人的书法作品多次获奖；丁宝栋、王毓民的美术作品和郝玉兰的剪纸艺术享誉海内外。到2018年年底，据不完全统计，公开出版小说、散文、诗歌、故事及史志类书籍的作者有张保学、苗文贺、刘玉宗、殷雨安、王殿忠、周庆信、王连晨、纪立功、于添鑫、赵秘、纪立国、金永强、闫庆才、杜青然、吴俊琪、黄文选、王海津、任仕怀、邬瑞宽、杨贺春等。2011年，县文联进一步加强《青龙河》文艺刊物和《青龙河文学艺术网》两个主阵地建设。在秦皇岛市委宣传部与市文联联合召开的表彰秦皇岛市第二届"文艺繁荣奖暨文艺作品创作年"优秀作品和优秀组织单位的大会上，青龙县文联获该项工作的组织奖一项。青龙文艺工作者共获得奖励10项，其中一等奖1项、二等奖4项、三等奖5项。由县民俗协会协助青龙电视台拍摄的《青龙水豆腐》《青龙皮影戏》两部与民俗研究相关的电视纪录片，被秦皇岛市有关部门列为市级非物质文化遗产。发挥县文联的协调作用，引领县摄影家协会协助县政协成功举办"第一届凯德杯青龙城镇面貌三年大变样摄影赛"活动中，共收到摄影作品400多件，评出一、二、三等奖及优秀奖110幅。1月24日在民族文化宫展出，3月印刷出版《青龙新韵——青龙满族自治县城镇面貌三年大变样摄影赛作品集》。与县委宣传部联合举办了"党旗飘飘，奋战二十五年"有奖征文活动，征集上报宣传部稿件 67 篇，该项活动共评出一等奖 1 名、二等奖 3 名、三等奖 7 名。引领县书法家协会与美术家协会协助县委宣传部成功举办了"纪念中国共产党建党 90 周年书画摄影大赛"活动，共展出书法、绘画、摄影优秀作品 70 多篇幅，并结集出版《七月放歌——纪念建党 90 周年征文作品选》一书。全年共收到由下属各协会或作者个人上报的通过投稿、参加文艺作品展览、比赛等多种渠道而获得的各类奖励 55 项，其中小说 1 项、散文 13 项、故事 3 项、书法 2 项、美术 25 项、歌曲 8 项、舞蹈 1 项、对联 1 项、辞书 1 项。其中市级奖励 13 项、省级奖励 32 项、国家级奖励 7 项。

广播电视事业快速发展。20 世纪 80 年代初，全县共有差转机 22 台，无线电视实现彩色传播，在原有广播站的基础上建立了青龙人民有线广播电台。1990 年实现无线调频广播，2000 年开通有线电视，2002 年实现有线电视"村村通"。广播电视业在服务于改革开放、服务于经济建设、服务于人民群众生产生活等方面发挥了重要作用。1984—1987 年，青龙广播电视局连续 4 年被评为河北省农村有线广播工作先进单位；1989 年，青龙电影公司被国家电影电视部授予"全国电影发行放映先进集体"称号；1998—2002 年，青龙广播电视管理局连续 5 年被评为河北省县级广播电视工作先进单位；2004 年，省委、省政府授予青龙广播电视管理局"省级文明单位"称号。

二、教育事业

改革开放后，青龙教育事业突飞猛进。1979—1989 年，是青龙教育事业全面恢复阶段。这期间，民办教师和代课老师在全县教师队伍中占很大比例，教师整体水平偏低。1983 年起，开始调整中等教师结构，先后建立农职高中和农村技校；对直属中小学和乡镇初中、小学硬件设施重点投入。1986年7月1日《中华人民共和国义务教育法》实施。普及九年义务教育成为教育工作重点。20世纪80年代初，青龙由于经济贫困，学校设施差、危房多，硬件建设达标成为普及九年义务教育的关键。1986年6月，县委、县政府印发《关于立即抓紧解决中小学危房校舍改造的紧急通知》，全县改造危房和新建校舍面积5986平方米。1995年起，县委、县政府抓住世行贷款，义务教育专款两项目资金注入的时机，进一步加快校舍的更新和改造工程。国家对青龙开始实施贫困地区义务教育工程项目，加大学校的硬件设施投入，使全县中小学校教学条件得到改善。至1996年年底，安排预算投资1800万元的142所项目校，完成建校投资1821万元。95％以上的校舍得到彻底改善，实现了"最好的房子是学校，最大的院子是学校"的目标。

1998年，县委、县政府调整"普九"工作指挥部，下设督导与协调组、宣传组、执法组和质检组，乡政府成立"普九"工作领导小组，形成自上而下的"普九"组织网络。为确保资金到位，采取挤、征、集、捐、借的方式筹措资金，解决了331.7万元的"普九"资金缺口。1999年4月，县教育局召开了教育工作会议，要求以"普九"总揽全局，真抓实干，确保"普九"达标；同年10月，县委、县政府召开全县教育工作会议，明确要求各校加强教育管理，深化教育改革，全面实施素质教育；11月，省政府检查团对青龙15个乡镇62所中小学进行"普九"验收，认定青龙"普九"工作基本达到省定标准，验收合格。

加强教师队伍建设。1990—2000年为迅速发展阶段。在全面加强教师队伍建设方面，努力提高教师业务素质和教学质量，鼓励和支持个人参加高等学院进修学习，教师学历达标率明显提高。教学方式也由封闭型转向开放型，引入先进的教学方法，积极推进教学改革。

2000—2004 年为全面提升阶段。全县投入 3500 万元，改、扩建校舍 5.14 万平方米，配置计算机 1696 台，信息技术教育在全县铺开。教师队伍实行定编、定岗、定责，加大了应试教育向素质教育转变力度。面对农村孩子减少、教学分散、师资力量不足的实际情况，2004 年 4 月，县教育局出台《关于实施农村小学区域一体化管理的实施方案》，撤、并一批居住分散、规模较小的校点，学校布局趋于合理，教育事业呈现出崭新的发展局面。

幼儿教育正在加紧扩建。2009 年 10 月按河北省级一类幼儿园标准设计筹建的青龙满族自治县第一幼儿园简称"一幼"，2011 年 9 月投入使用，是青龙满族自治县唯一一所公立幼儿园。2013 年，全园有小班、中班、大班 7 个班，在园幼儿 256 名，教职员工 34 名，其中专科 27 人、本科 7 人，学历达标率 100％。该园曾先后获得"秦皇岛示范园""秦皇岛市语言文字工作示范校""秦皇岛市食品安全示范单位""秦皇岛市儿童健康管理先进单位"等 6 项市级先进称号。2013 年，投资 1043 万元，改扩建幼儿园 46 所，总建筑面积 1.3 万平方米，向上争取资金 105 万元，补助民办幼儿园 15 所，学前三年入园率 78.6％。

小学教育规模不断扩大。1979 年，全县有幼儿园 19 所、小学 649 所、在校生 65223 人，各小学实行五年一贯制，1990 年，有小学 415 所，分校点 162 个，教学班 1872 个，在校生 54889 人，小学普及率达到国家标准。1996 年，县政府命名第一小学为"青龙满族自治县第一实验小学"。 2013 年，第一小学共有 55 个教学班，在校学生 4059 名，教师 224 人。年内投资 900 多万元对危旧教学楼拆除重建，投资 200 多万元新建 200 米塑胶运动场，投资 500 万元实现

"班班通"教学。坚持"以德立校，科研兴校"的特色办学之路。学校设有录播教室、校园电视台、探究实验室等专用教室 25 个、300平方米的报告厅 1 个，藏书 8 万余册的省级图书馆 1 个。学校先后被评为"全国综合实践活动课程实施先进单位""全国基层示范家长学校""全国教育信息化试点校""河北省中小学图书馆工作先进集体""农村留守儿童示范家长学校""中小学信息技术创新与活动先进学校""语言文字规范化示范学校""秦皇岛市综合实践活动课程实施先进学校""常规管理先进学校""电化教育先进集体""电子档案管理先进学校""德育示范学校"等。学校网站被评为"河北省优秀教育网站"。学校入选《河北省当代名校》一书。

全县小学适龄儿童创历史最高峰 66993 人，在校生增至 75416人。1997 年后逐年递减，2000 年有小学 391 所，分校点 71 个，在校生 48406 人。到 2004 年，全县有小学 352 所，在校生 33908 人，教师 2105 人，入学率、巩固率均为 100%。

初中教育再上新台阶。1979 年，全县有初级中学 42 所，教学班 516 个，在校生 21696 人，专任教师 1216 人。1980 年，全县增加 10 所农村生产大队办的初级中学，586 个班，在校生 28853 人。1983 年，队办初中全部取消，合办为社办初中，全县有中学 56 所，教学班 312 个，在校生 13577 人，专任教师 893 人。1995 年，第一中学初中部、满族中学改为四年制。1999 年，先后撤销 6 所初级中学。至此，全县有初级中学 49 所。到 2004 年，全县有初级中学 50所，在校生 34418 人，专任教师 1876 人，初中入学率达到 100%，在校巩固率 96.6%。

青龙满族自治县满族中学，始建于 1978 年 2 月，前身是青龙县第二中学，1985 年 8 月更名为青龙满族自治县满族中学。2013 年年底，学校有 27 个教学班，在校学生 1500 人，教师员工 127 人，其中高职教师 31 人，省市级骨干教师 12 人，学历合格率 100%。学校开发的"陀螺踢球"课程，在河北省重大课题研究成果评选中被评为特色课程。学校被评为"河北省素质教育示范校"，并获得秦皇岛市"一星级廉政文化示范点"称号。学校配备有理化生双套实验室、数字化实验室，300 平方米的计算机教室，有国家一级图书馆，藏书 6 万余册。学校立足于"用爱与责任成就孩子一生"的教学理念，秉承"现代化学习型学校，育全面发展型人才"的办学方向，坚持"以德立校，依法治校，民主管校，科研兴校，质量强校"的基本方略，凝聚"团结拼搏，超越自我，自强不息，勇争第一"满族教育精神。

高中教育改革不断深入。1979 年，全县有高中 52 所，其中国办 10 所，公社办 42 所，共有 145 个班，在校生 7293 人，学制 2 年。1980 年，贯彻"先小学，后初中，根据力量办高中"的指导思想，压缩高中、调整初中，撤销 14 所社办高中。1981 年，28 所社办高中全部撤销，共设 10 所国办高中。是年，青龙一中被省政府定为"河北省重点中学"。2004 年，全县共有国办高中 6 所，教学班 129 个，在校生 6779 人，专任教师 456 人。是年，共有高中毕业生 1714 人，其中考入大学和大专院校 807 人。

青龙满族自治县第一中学，始建于 1951 年，是河北省示范性普通高级中学。2010 年，建实验楼 1 座，有标准教室 60 个，建筑面积 6800 平方米；理化生实验室、微机室、语音室各 4 套，书画艺术馆 1 座，建筑面积 2200 平方米，藏书 8.2 万册，师生阅览室 4 个，订阅报刊 500 余种；学生宿舍楼 2 座，建筑面积 9000 平方米；学生进餐楼 2 座，建筑面积 5840 平方米。56 个班实现了多媒体教学。现有教学班 59 个，在校生 3112 人，教职员工 298 人，其中特级教师 2 人，高级教师 71 人，一级教师 92 人，省市级骨干教师 23 人，专任教师学历达标率为 100%。学校不断创新教学模式，实施"三大步励志教育"，编制《德育工作手册》，明确各种规范，学校开设心理健康教育课程，设立心理咨询室，成立心理教育教研组。加强体育、艺术教育，培育学生特长。在市中学生运动会上，荣获篮球、排球比赛亚军。在全县第一届全民运动会上，取得 15 项冠军、6 项亚军的好成绩。深化课改，向教科研要质量。"学案导学四课型"模式日渐成熟，课堂做到把学习的主动权还给学生，实现让学生快乐学习，坚持精细化管理，向管理要质量。出台《教学管理细则》，将管理责任具体化、明确化。实施"高效课堂"工程，向课堂要质量。启动"青蓝工程"，青年教师必须上汇报课、过关课、展示课。开展"青年教师基本功大赛、青年教师素能大赛"等活动。

2013 年，青龙一中高考成绩又有新突破，三本以上上线 581 人，先后获得"教育部规划课题先进实验学校""河北省高中课程教育教学先进单位""河北省优化学生心理生活研究项目实验学校""秦皇岛市课堂教学改革先进单位""青龙满族自治县第一届全民运动会特殊贡献奖""先进基层党组织""市级文明单位"等称号。

职业教育硕果累累。在抓好普通中学教育的同时，加快职业教育建设步伐。青龙县委、县政府始终把中等职业教育纳入全县教育的重要组成部分。1979 年，成立了县办赤脚医生进修学校；1987 年改为卫生学校。至 1990 年，共举办 9 期就业性质的医士班、赤脚医生班、卫生基础理论班，培训初级医疗卫生人员 563 人。1986—1990 年，创办就业培训中心中等技工班、护理班、会计统计班、纺织班、服装剪裁班等 5 期技工班，共招生 242 人。1986 年创办高级职业技术中等专业学校。1988 年，省政府批准改为"职业技术中等专业学校"。至 1990 年，共招收正式班 22 个，举办各种短期技术培训班 28 期，培训 1211 人，推广农村实用技术 20 多项；1990 年被评为"河北省示范性职业技术学校"。

1996 年，县职教中心与河北大学建立长期合作关系，设立干部职工函授站；与天津开发区联办电子班；与日本一家公司联办服装专业班，学生赴日进修。同时举办果树技术与管理、服装裁剪与缝纫、计算机理论与操作、家电维修、汽车修理等各种短期培训班 50 期，共培训技术人员 2500 名。为民营企业提供了很多优秀技术人才。1997 年 11 月，被省政府授予"农村教育综合改革先进单位"称号。2000 年 5 月，成为首批"国家重点中等专业学校"。2002 年，接收日本无偿援助价值 2 亿日元（折合人民币 1300 万元）的教学仪器设备。是年，被评为"河北省职业教育先进单位"。2004 年，被教育部、劳动部等 6 部委批准为"国家汽车运用与维护技能紧缺人才培养培训基地"，成为"河北省贫困地区农村劳动力转移培训示范基地""秦皇岛市外派劳务专业培训基地"。2002—2004 年，与来自北京、天津、青岛等地近 20 家企业开展"订单式"教学，共转移就业学生 1500 名；与日本、韩国企业合作，输送服装、机械专业研究生 105 人。

三、卫生事业

1979 年后，随着改革开放的逐步深入，卫生事业管理体制发生重大变化。传统的医疗形式被打破，以公有制为主体、不断拓宽卫生事业的投资来源。卫生机构实行领导负责制，医疗单位实行综合目标管理责任制。以县级医疗机构为技术指导中心、以乡镇卫生院为中枢、以乡村卫生室（所）为基础的县、乡、村三级医疗卫生网，构建比较完善的卫生服务体系。同时，随着我国经济的快速发展，对卫生事业的投资不断加大，民营卫生医疗机构发展加快，卫生基础设施逐步完善，医疗队伍迅速扩大，医疗技术得到提高，基本上满足了全县人民对医疗保障的需求。

县人民医院。1979年有床位150张，在职职工126人，其中卫生技术人员109人，是一所以西医为主、中西医结合为辅，集医疗、保健、预防、科研于一体的综合性医疗卫生单位。1990年，开始微机管理，以科学化的管理模式促进医院发展。1994年步入国家二级甲等医院行列，1996年，被卫生部评为"爱婴医院"。2001年，县人民医院被省卫生厅评为"百佳医院"。2003年，县人民医院被中华医药管理学会授予"全国百姓放心示范医院"称号，成为诊疗设备精良、医疗技术先进、各种功能完善的综合医院。

县中医院。1982年，县中医院成立，是一所中医、中西医结合的多功能综合医院。1998年12月，晋升为国家二级甲等中医院。2001年，被评为河北省"二星级医院"。2004年有职工194人，其中卫生技术人员142人、护理人员50人，分设15医疗科室，设有床位120张，医疗设施齐全，医疗技术先进。

乡卫生院。1979年，有公社卫生院33所，1984年改为乡卫生院。1990年有乡卫生院24所，承担着全县农村医疗卫生保健和护理工作。每个村都建有合作卫生站，1979年，有大队医疗卫生站395个，80年代初，合作医疗站转为乡村医生联营或个人承包经营，1990年改为村卫生所。实行一村一所，到2004年有村卫生所396个。至2004年年底，全县共有公共卫生机构27所，各种医疗点753个，卫生技术人员1010人，床位966张。

2010年，全县参加农村合作医疗农民468497人，参合率达96.38%，共筹集基金总额6570万元。中央财政预拨"新农合"基金1685万元，省、市"新农合"补助资金844.7万元，县财政"新农合"补助资金469.3万元,农民个人缴纳总额938.6万元,基金到位率为59.93%。全年共发放"新农合"补偿款4833.6万元,基金使用率为73%。

卫生防疫力度不断加强。在传染病防治、公共场所卫生检查、学校卫生检查、饮用水卫生检查与治理等方面,作出了积极贡献。2004年县卫生防疫站被省卫生厅评为"职业卫生先进单位"。妇幼保健院承担着妇女病普查防治、孕产妇女保健、幼儿保健等工作,增强了青龙妇女健康意识。在县政府的健康教育倡导下,创建卫生城市,农村改水、改厕,消除"四害"等工作中,取得明显成效。

四、体育事业

青龙人民十分热爱体育事业,学生、工人、农民以及退休老人都能在体育赛场展示自己的风采,县政府为了支持体育事业,投入资金购买体育健身器材,每年县城各单位都要组织职工开展各种体育赛事,并积极承办省、市级体育比赛,也取得过很好的成绩,1987—2004年,分别获得金牌26枚、银牌17枚、铜牌21枚。其中三拨子乡残疾青年龚秀峰参加2004年雅典残疾人奥运会,获得男子铅球F46级第7名,破此项目残奥会纪录。

五、科技事业

1979年改革开放后,在邓小平"科技就是第一生产力"的重要思想指引下,青龙的科学技术事业快速发展。县委、县政府认真贯彻执行中共中央、国务院关于发展科学技术事业的一系列方针政策,鼓舞科学技术人员为青龙的发展作出应有贡献。

20世纪80年代，青龙全面落实知识分子政策，建立健全科学技术人员的激励机制。1981年，解决了知识分子历史遗留问题。1982年，授予420名科学技术干部职称。1983年1月，县委、县政府召开科技战线先进集体、先进个人代表大会，并发布《关于发挥知识分子作用，改善知识分子工作和生活条件的十条意见》。1991年，召开优秀知识分子工作单位和先进工作者表彰大会。2004年，全县有高级知识分子221人，其中科学技术人员59人。

科学技术管理机构和服务组织逐步健全。1979年，县科学技术委员会机构得到加强。1980年，成立科学技术学会。1986年，成立科学技术开发中心。乡村分别设立科学技术指导站，工业交通企业设有科学技术研究小组。20世纪90年代，苹果、板栗、生猪、肉牛、肉羊、中药材、石材等生产技术协会应运而生。各级科技机构和服务组织通过各种形式的人才培训和科技宣传，有效提高了广大农民的科技素质。2004年，中国科学技术协会4名专家来到青龙进行科普调研，对青龙的科普工作给予高度评价。县科技局与国内许多县、市建立了科技合作关系，还加强了与国际科技交流。1989年，青龙科学技术委员会加入联合国技术促进系统，成为系统的网员户。1991年8月开始，先后5次邀请日本花果协会科技工作者到青龙指导果树生产技术。1999年1月，与韩国科技发展联合社达成果树、农作物、蔬菜优良品种的引进试验、示范合作。

实施"科技兴国"战略。1985年，县委、县政府召开贯彻中央科技体制改革决定的科技工作会议，推动全县科技体制改革，科技工作战线出现前所未有的活跃局面。1986年后，先后实施"星火计划"和"燎原计划"。1988年，实施科技承包，科技工作者踊跃奔赴生产第一线。1991年，县委、县政府制定《科技兴县"八五"计划》。至 2004 年，全县承担省级科研项目 77 项，地（市）级科研项目 91 项，县级科研项目 135 项。其中通过对苹果、板栗高接换头更新品种技术和牛羊改良技术，建立了全县苹果、板栗、肉牛、肉羊四大农业支柱产业。科技示范工作推动了第一产业、第二产业快速发展。1997 年，响水沟村成为县、市珍稀良种示范中心，省科普示范基地。2004 年，在肖营子镇建立投资近亿元的大恒科技工业园区。专业技术服务不断加强，1995—1998年，县气象局建立了气象监测和预报服务系统，开始实施人工影响天气和防雷工作。1998 年，县科学技术局建立联合国全球计划项目"青龙地应力观测站"。2001 年，完成省地震局"青龙地震观测站"工程建设。

科研成果累累。1979—2004 年，全县承担农业科研项目 233 项。其中省级科研项目 71 项、地（市）科研项目 72 项、县级自定项目 90 项。在这些项目中有 43 项获奖，其中获省级以上奖励 7 项，受到地（市）级奖励 7 项，受到县政府奖励 4 项。

第七节 旅 游 业

青龙境内独特的地质、地貌，茂密的森林植被，适宜的山地气候，流淌不息的泉水河流，种类繁多的野生动植物，构成了优美的自然环境，造就了丰富的立体多元性的旅游资源。1985 年，县政府将祖山划为自然保护区，开始谋划发展旅游业。1994 年成立了旅游开发办公室（翌年更名为县旅游局），旅游景区开发建设全面展开。至 2004 年，祖山旅游景区、青松岭旅游狩猎度假村、桃林口旅游景区等景点相继对外开放外，都山积雪、凉水河黄金溶洞、干沟阳山洞等也被列入全县旅游开发总体规划，并开始修筑通往景区的道路，进行景区景点包装工作。有的乡镇还利用当地资源，自办了水上漂流、农家乐、革命老区红色旅游等项目。由此带动了运输、餐饮、住宿，零售等行业的发展和繁荣，为当地经济的发展注入了新的活力。

祖山（原名老岭），位于青龙东南部，踞县城 70 千米，离秦皇岛市区只有 20 千米，旅游景区总面积 98 平方千米，海拔 1424 米，是秦皇岛市著名旅游景区之一。区内山势陡峭，怪石嶙峋，以奇石、奇花、奇水、奇洞四奇著称，闻名于世。春季繁花似锦，百鸟争鸣；夏季风凉气爽，云蒸霞蔚；秋季红叶满山，野果飘香；冬季银装素裹，玉树琼花。被誉为"塞外小黄山"。

祖山旅游开发起步于 20 世纪 80 年代中期，1985 年，县政府将祖山划为自然保护区，开始谋划发展旅游业。1994 年成立旅游开发办公室（翌年更名为县旅游局），旅游景区开发建设全面展开。1996 年进入实质性建设阶段，1998 年 10 月，经建设部批准命名为国家级风景名胜区，并正式对外开放接待游客。1985 年，县政府发出《关于保护老岭自然资源的布告》，批准将老岭划为县级自然保护区。自此老岭林场停止采伐，逐步开发旅游业。1996 年年初，县政府批准老岭林场更名为祖山林场，划归县旅游局管理，并成立青龙满族自治县祖山旅游开发有限公司。1996—2001 年，县政府先后共筹资1.1 亿元，修建混凝土北面上山路面 11 千米，东进山路 15.5 千米，景区间支线路 10 千米，实现了路路相通，景景相连。架设高低压输电线路 7 千米，通信光缆 18 千米，移动通信基站 2 座，解决了景区供电和无线通信问题。公司自筹资金 500 多万元，修建了茶叶沟塘坝，解决了祖山中心景区暑期缺水问题。引进北京华信怡和有限公司投资 3000 多万元，架设 2000 米长的画廊谷索道。与此同时，县政府筹集资金在景区中心管理区建造了5500平方米的祖山宾馆，由天津客商投资建造了3300平方米的天津房信宾馆，迁安个体客商投资建造了3000平方米的迁安假日酒店，通过招商引资建造了由15座木屋组成的祖山木寨商品小吃一条街，为游客提供了较好的食宿条件。2010年，实现旅游接待49.05万人次，旅游综合创收2.76亿元，分别比上年增长32.49%和34%。

花厂峪，是青龙革命老区的典型代表，早在民国三十一年（1942年），中共晋察冀地委决定建立临（榆）抚（宁）凌（源）青（龙）绥（中）联合县。1942冬至1943年12月，日本侵略者在青龙全境实行"集家并村"，修"人圈"，这里被划为"无人区"。花厂峪人民为保卫革命根据地，誓死不进"人圈"，坚持与敌人进行斗争，配合八路军多次粉碎敌人的扫荡和进攻，也付出了巨大的代价，创造了可歌可泣的动人故事，涌现出很多英雄人物。1949年，新中国成立时，战斗英雄赵成金代表花厂峪人民参加开国大典，受到毛主席的亲切接见。改革开放后，花厂峪被确定为"秦皇岛市青少年爱国教育基地"，是红色旅游风景区。2010年7月27日，花厂峪抗日纪念馆暨革命烈士陵园奠基仪式在祖山镇花厂峪村举行，由河北毕氏集团董事长毕经安先生捐资兴建，总占地3000余平方米。2009年7月3日动工，10月底完成主体工程，2010年4月开始馆内布馆。至12月底，累计接待省、市、县党政干部和社会游客2000人次。

党的十八大以后，随着全国经济的快速发展，给旅游业带来了前所未有的机遇，青龙县政府在重点打造祖山著名旅游景区的同时，2016年在茨榆山乡成立了"七彩青龙"农业生态观光园，集自然景观与少数民族历史遗产为主体，附加水果蔬菜采摘项目，深受广大游客欢迎。每年一届的官场乡梨花节已经举办了12届，年接待游客上万人次。大石岭水上漂流项目、大冰沟旅游项目正在启动。1996—2004 年，全县累计接待国内旅客 875.6 万人次，实现旅游综合收入 2.22 亿元，景区门票收入 433.3 万元。

花果山旅游景区，是著名祖山旅游风景区内一个重要景点，2013 年新建停车场 1 处，特色山门 1 个，修建步行路 15.3 千米，是秦皇岛市"十大乡村旅游目的地"。

阳山洞旅游开发项目，投资 1260 万元，修建山门一座，步行路 1230 米，对相关电力设施进行了改造完善。

青龙湖，原名"桃林口水库"，坐落在青龙县南部原三岔口辖区，与卢龙县交界。1998 年建成蓄水，库区总面积 15174 公顷，水域面积 4000 多公顷，两岸山峰峻峭，风光秀美，是青龙重点旅游风景区。每年接待游客在 5 万人以上。

2013 年，贯彻"旅游兴县"战略，以"满韵清风、生态青龙"为主题形象，以科学发展观为指导，坚持旅游开发与保护环境并重，充分发挥青龙独特的青山绿水和人文等资源优势，培育壮大市场主体，延伸旅游产业链条，形成旅游景观集群、全力打造集旅游观光、休闲度假、健身养生和文化体验于一体的旅游胜地。新增马圈子镇石杖子、隔河头镇大森店、青龙镇蛇盘兔、干沟烧锅店子 4 个生态乡村旅游项目，全年接待游客近百万人次。实现综合收入 8.64 亿元，成为青龙经济新的增长亮点。

冷口温泉开发项目正在紧张建设当中。规划用地 40 公顷，建设用地 26.67 公顷，打造"万里长城第一泉"品牌，挖掘长城文化和温泉文化精髓，开发大众旅游精品及高端度假项目，申报省级重点建设项目，创建四星级酒店和 4A 级景区。第一期工程预计投资 4.5 亿元，开发建设温泉旅游度假区。

第八节 基础设施建设

一、城镇建设

20 世纪 70 年代前，青龙城乡建设长期处于低水平缓慢发展状态。改革开放后，县委、县政府立足于"打基础，求发展"的总体思路，按照"科学设计，合理规划，建管并重，因地制宜"的原则，把城市建设与道路、通信、水利、电力等基础设施建设摆在重要位置，不断加大资金投入。经过 40 年的开发建设，青龙县城的基础设施建设、公共设施建设、居民住宅建设发生了翻天覆地的变化，城市规模不断扩大，设施布局日趋合理，城市功能逐步完善和提高，城市管理秩序有条不紊，人居环境优美舒适，城市人口逐年增加，城区面积不断扩大，高楼大厦遍地起，至 2018 年，城市居民人均住房面积为 34 平方米。

市政建设，日新月异。1979 年前，县城只有 1 条东西走向沥青路面的城区路，4 条南北走向的砂石路面巷道，路面坑洼不平、破烂不堪。改革开放后，县委、县政府把城市建设摆在重要位置，并根据青龙城区实际状况，进行科学规划，合理安排。1985 年，县财政在资金紧张的情况下，修建了第二条东西走向主街道 3.4 千米。2001 年又修建了第三条主街道滨河路，有效地缓解了县城交通拥挤的状况。到 2004 年，城区有主干道 9 条，形成三横六纵格局，总长 17.8 千米。2008—2010 年，先后投资 1200 万元，完善城市规划设计方案，委托北京大学城市规划研究中心、河北省城乡规划设计院对《县城总体规划（2002—2020 年）》进行修编，力争到 2020 年，县城区面积拓展到 40 平方千米，人口增加到 30 万人以上。2010 年，青龙获"省级园林县城""城镇面貌三年大变样工作先进县""省级文明县城"等称号。

青龙县城建设的定位是"区域中心之城、山水园林之城、民族特色山城"。一是突出满族文化塑造城市之魂。注重把满族符号融入城市肌理当中。投资 4800 万元建设民族文化广场，荟萃青龙厚重的人文历史；投资 7300 万元，建设民族文化宫和民族博物馆，是青龙最具民族特色的标志性建筑；投资 4 亿元，打造三条"特色鲜明、风格迥异"的精品样板街；总投资 2.5 亿元满族风情园和星级宾馆正在建设之中。二是突出山水生态涵养之脉，新建标准化污水处理厂和垃圾填埋场，污水处理率和生活垃圾处理率分别达到 100％。新增城市绿地 125 万平方米，人均城市绿地面积达到 28.5 平方米；投资 5622 万元，对南河实施综合治理，建设蓄水橡胶坝，汉白玉河堤护栏等景观；投资 4200 万元建设南山生态观光园，共同构建一条山上相依、水城相连的"十里景观长廊"。

2016 年，青龙被国家评为"可以深呼吸城市"。更引人瞩目的是，在县城东边御龙湾广场，矗立着一尊代表着青龙腾飞形象的高大建筑物，在阳光照射下熠熠生辉。在县城西边还有一只美丽的凤凰跃跃欲试，展翅翱翔。寓意：龙凤呈祥。到 2018 年，城区道路已扩建改造，街道四通八达，车水马龙，川流不息。道路两旁松树翠绿，垂柳依依，汉白玉栏杆镶嵌在河岸两旁，红花绿草呈现出一派生机盎然的景象。到 2018 年，城区道路已扩建改造，街道四通八达，车水马龙，川流不息。道路两旁松树翠绿，垂柳依依，汉白玉栏杆镶嵌在河岸两旁，红花绿草呈现出一派生机盎然的景象。

县城南山是青龙的一大景观。从很远的地方就能看到非常醒目的"青龙腾飞"四个大字，挂在山边。一条蜿蜒曲折的山间小路直达山顶，总长约 3 千米，1600 多个台阶，全部用大理石铺设。山上建有 3 座汉白玉装饰的凉亭和 1 座历史博物馆，常年对外开放，供市民观赏风景、休闲游玩。

街道两旁，商贾林立，贸易兴隆。各种超市、饭店、旅馆、五金商店林立，青龙特色水豆腐及各种小吃琳琅满目，个体工商业、第三产业、服务业蓬勃发展，呈现出欣欣向荣的景象，城镇面貌发生了翻天覆地的变化。这些成绩的取得完全归功于改革开放党的富民政策，让青龙老区人民过上了幸福生活。

住房保障工程进展顺利，一期北沟廉租房开始出售，二期经济适用房、廉租房采取配建和回购的方式解决，已确定房源；稳步推进城中村改造工作。2010 年，青龙县城商业街北、迎宾路北、御龙街、金源街北 4 大片区拆迁改造，共拆除建筑面积 11.13 万平方米，腾让土地 21.56 万平方米。启动青龙镇前庄村开发改造工程。

小城镇建设也有了较快发展。1985 年，小城镇建设纳入规划管理轨道，按照"科学设计、规划先行、拆迁并举、建管并重、因地制宜、适度发展"的原则，加快农村新民居建设，全县第一批小城镇改造提升工程有祖山、双山子、木头凳、马圈子、肖营子 5 个建制镇，优先实行城镇化改造，总投资超过 7000 万元。

积极推进农村新民居工程。至 2013 年，安子岭新民居 7 栋 50 套安置房顺利完工，分房到户，同时完成河道清淤、2 座桥梁和 1450 米防洪坝工程建设；草碾乡高庄村新民居完成 4 户拆迁户安置建设和西边护坡工程；隔河头镇大森店村新民居，调整为省扶贫迁建工程，并列入省级中心村，4 栋 130 户主体工程基本完工。茨榆山乡土桥岭村新民居已基本完成。

生态文明村建设正在全县有条不紊，快速推进。2010 年，全县

13 个省级新民居示范村建设规划已全部编制完成,八道河 5 村联建、安子岭 10 村联建项目规划分获省级新民居二、三等奖。与中冶集团合作的八道河 5 村联建项目、安子岭 10 村联建项目、草碾乡高庄村新民居项目建设规划,经县规委会审定通过批准实施,并开工建设。根据青龙山区的特点,积极探索打造"六型新模式":一是以七道河乡新桥村为示范,突出山区特色,打造就地整治型;二是以八道河乡 5 村联建为示范,突出乡镇辐射,打造区域集聚型;三是以大杖子村、土坎子村、三权榆树村为重点,突出城市带动,打造区片开发型;四是以草碾乡高庄村为示范,突出条件改善,打造扶贫迁建型;五是以山神庙新村和二道沟新村为样板,突出项目拉动,打造集中安置型;六是以花厂峪村和花果山村为重点,突出满乡风情,打造宜居宜游型。

二、公路交通建设

青龙是个深山区,历史以来就有缺煤少电、交通不便的实际状况。20 世纪 70 年代,青龙境内共有省、县、乡道路共 13 条,总长 463.5 千米,均为土路。"要想富,先修路。"这是青龙县委、县政府和青龙人民的共识。90 年代,随着青龙经济的快速发展,再加上国家、省、市各级政府的大力支持和帮助下,青龙的交通事业有了较快发展,逢山开路,遇水架桥,境内基本形成了四通八达、纵横交错的公路网络,彻底改变了青龙交通不便的状况。

1979 年,境内有省道 3 条,即京沈、平青大、秦青公路县辖段,总长 177.3 千米;有县级道路 4 条,总长 128.8 千米;乡道 22 条,总长 421 千米;1996 年行政区划调整后,乡道减少。1979 年,全县有 404 个生产大队,除省、县、乡道沿线 163 个生产大队外,其余

241 个大队均为等外路，多数不通汽车。

1982 年，投资 315.2 万元，进行秦青线改建工程，修建稳江河至歹毒岭 5.5 千米、歹毒岭至龙王庙 7.5 千米、三间房至三岔口 9 千米公路。是年，投资 0.8 万元，进行公路绿化。1985 年 10 月，成立青龙县地方道路指挥部。1990 年，全县通车里程增加到 840.73 千米。

1991 年后，县政府进一步加大道路建设力度，动员有关部门对口争取资金；县财政加大对道路建设的投入；继续采用传统的做法，由乡村自筹资金或用"以工代赈"方式加大投入。从而增加了道路的数量，提高了道路等级和质量。1994 年 10 月 1 日，双界线改铺油路通车。1999 年年底，秦承公路双牛线建成通车。至 2002 年，先后改造了秦青线、京建线等干线公路；八马线、三大线、孤龟线等县级公路建成通车。全县 25 个乡镇有 21 个乡镇通了油路，6 条长城旅游公路支线建设工程全部开工。2003 年，京沈高速冷口连接工程竣工。解决了官场等 4 个乡最后通油路问题，自此，全县实现了乡乡通油路。2004 年，投资 2270 万元，启动 65 个村的"村村通油路"工程。至 2004 年年底，省、县、乡、村四级公路总里程长 1002.58 千米，境内形成了四通八达、纵横交错的公路交通网。

1985 年 11 月，秦山铁路（秦皇岛—山神庙）开工建设，1988 年 12 月竣工通车，全长 3.46 千米。工程总投资 180 万元，在祖山镇山神庙村建有车站，为终点站，结束了青龙有史以来没有铁路的历史。

1994 年，秦青线梯子岭隧道开工建设，它是青龙境内第一条隧道，总长 1142.72 米，也是秦皇岛境内最长的隧道。它的开通不仅使路程缩短了 3.6 千米，而且改变了梯子岭盘山公路的危险状况。汽车行驶安全系数大幅提升。

2004 年年初，开始实施河北省公路"村村通"工程，是年年底，有 65 个村路达到省公路"村村通"标准。由砂石路面改为水泥或沥青路面。山岭重丘达到三至四级标准，总路程为 235.7 千米。到 2009 年，全县 396 个行政村全部通车，并且达到省三级或四级标准。至 2004 年，省、县、乡、村级公路总里程达 1002.58 千米。其中有省道 5 条，总长 269.46 千米；县道 8 条，总长 317.7 千米，均为沥青路面，国家三、四级公路标准；乡道 14 条，总长 180.35 千米，均为砂石路面，国家四级千米标准；村道 65 条，总长共 235.7 千米，山岭重丘三、四级标准。实现了村村通公路，并且全部是水泥路面或沥青路面。全县共有桥梁 216 座，其中大型桥梁 22 座，中型桥梁 38 座，桥梁总长 93909.56 延长米。隧道 10 条，总长 5434.32 延长米。

2004 年，全县有客运班线 119 条，比 1979 年增加了 7.5 倍；班线总路程 12120 千米，比 1979 年增加了 15.51 倍；客运汽车 172 辆，比 1979 年增加了 11.29 倍；旅客周转量 16836 万人千米，比 1979 年增加了 18.85 倍。货运汽车 3066 辆，比 1979 年增加了 91.91 倍，货运量增加了 16.5 倍。

县级公路建设与养护。1979 年，有青抚、青绥、青凌、青卢、三沙 5 条县级公路，均为砂石路面，总通车里程 125.7 千米。1980—2004 年，原有 5 条县级公路进行大规模改造工程，新增 3 条县级公路，全部为水泥或沥青浇灌，路况路面有了明显改善。

2009 年，承秦高速公路开工建设，2013 年正式通车，青龙段长 69.85 千米，横跨 5 个乡镇、37 个村。高速公路的开通给青龙经济发展插上了腾飞的翅膀，原来由青龙到秦皇岛需要 2 个多小时的路程，现在只需 1 个小时就可到达市区，减少了一半时间。

2011 年，农村公路改造工程总投资 6070 万元，建设总里程 139.34 千米，其中投资 1408 万元建设村级公路 100 千米，已全部完工；杨三线改建工程累计投资 3300 万元，建设里程 9.59 千米；总投资 150 万元的土罗线续建工程已全部完工；总投资 740 万元的上兰线改造工程，已完成路面铺设 10 千米，总投资 42 万元的朱杖子至前白枣山公路改造工程已全部完工。

至 2018 年年底，全县通车总里程达 2691.8 千米。其中承秦高速公路青龙段 69.85 千米，省干线公路 5 条 296 千米，县级公路 8 条 294 千米，乡级公路 31 条 379 千米，专用公路 2 条 8 千米，村级公路 624 条 1653 千米。

三、公共设施建设

公共设施建设日趋完善。20 世纪 80 年代，城区居民取暖用火盆、火炕取暖；机关、学校、企事业单位用铁炉烧煤取暖。90 年代后，随着青龙经济的快速发展，楼房也越来越多，取暖方式改为用热水锅炉供暖。到了 2010 年，为减少空气污染，取消了各单位单独取暖方式，拆除 130 多个黑烟筒，改为由热力公司统一供暖。随着县城面积的扩大和小区楼房的增多，原有一家热力公司已经满足不了县城居民取暖的需要。于是，县政府决定于 2013 年，在县城东边河南村建立了第二家热力公司，从而保证了城镇居民冬季取暖的需求。

供水设施建设。1978 年 8 月，在大杖子村南部打出 1 眼深 9 米、直径 6 米、日产水 1000 吨的水源井。1985 年，建设吸、配水房，铺设供水管道 2.4 千米，是年 12 月正式供水。1995 年，在原水源井西南侧打出深 7 米、直径 6 米、日产水 1000 吨的水源井 1 眼。铺设 2100 米输水管道，并入管网。1998 年，在河南村打出 1 眼深 8 米、直径 5 米、日产水 2055 吨的水源井，铺设 3200 米输水管道；

在前庄村建日供水能力为 2300 吨的加压泵站 1 座；是年，在广茶山村半金沟打出 1 眼深 150 米、直径 5 米、日产水 1500 吨的备用水源井。2002 年，在大杖子村北山打出 2 眼深度分别为 230 米、210 米的深水水源井。到 2004 年，共有供水源井 8 眼，容积 400 立方米高位水池 1 个，铺设直径 100 毫米以上管道 35 千米，保证枯水季节日产水总量 3500 吨，完全满足城市居民生产生活用水的需求。

供气设施建设。1988 年，县物资局在孟杖子河西建液化气站 1 处；1995 年，工业品公司与三杈榆树村吸纳个人投资，在城中建第二个液化气站；1996 年，个体业主张桂芝在前庄建立民营液化气站。在县城南河边建大型液化气站 1 处，自此，县城居民全部使用地下输气管道，对原来老旧小区没有输气管道的也进行了改装，实现了全自动供气。总之，自改革开放以后，青龙县城各项公共基础设施日趋完善，城乡居民生活质量有了很大提高。

四、水利设施建设

青龙地处山区，水资源匮乏。特别是近年来，北方干旱日趋严重，给青龙人民生产生活带来极大挑战。为此，县委、县政府下大气力加强水务工作的管理，整治非法开矿，杜绝污染水源，重点加强五大河系特别是对青龙河的治理力度，确保青龙人民和秦皇岛市民的饮水安全。

由于受燕山山脉和太平洋亚热带高压的影响，夏季炎热，雨水集中，每年的 6—8 月是青龙易出现洪水暴发季节，需要防汛抗洪救灾，兴建大批水利工程。1979 年，全县有中型水库 1 座、小（一）型水库 2 座、小（二）型水库 10 座。为确实做好抗洪救灾工作，县、乡镇分别成立防汛指挥部，村成立防汛领导小组。1979—1984 年，县防汛指挥部总指挥由 1 名副县长兼任，1985 年起，由县长兼任总指挥，县委书记兼任政委。指挥部下设办公室，下设水情组、通信组、执法组，主任由水务局局长兼任，明确责任，分工到人。各单位也都安排专人值班守护，发现险情，及时报告，迅速组织民兵干部进行抢险救灾。多年来，由于领导重视，组织得力，青龙县没有发生重大水灾事故和人员伤亡事故。

加大资金投入，构筑防洪蓄水工程。建于 20 世纪 50 年代的水胡同水库，由于年久失修，大坝有多处裂缝需要加固。1997 年 4 月，开始实施省水利厅批准的《水胡同水库上坝路和溢洪道橡胶坝工程》，是年 8 月竣工。2003 年 10 月，经水利部批准，水胡同水库除险加固工程开工建设。2004 年 7 月，封堵导流洞，重新蓄水，除险加固工程竣工。

大力开展农田水利工程建设。1979 年，全县有塘坝 72 座、截浅流 73 处、灌溉机井 8883 眼、扬水站 667 处、灌溉工程 50 处。这些工程建设曾经对青龙抗旱保丰收、提高粮食亩产和果品产量都发挥了重要作用。20 世纪 80 年代后，农村体制发生了变革，实行了以家庭为单位的生产责任制。但是，青龙县委、县政府始终把农田水利工程建设作为一项重大任务来抓。县水务局（水利局）按照县政府的要求，制定了"三查三定"制度，即查安全，定标准；查效益，定措施；查综合经营，定发展规划。并根据全县机井普查情况，实现机井、人员、土地三配套，以村民小组为单位，建水池、打机井、建扬水站、修灌渠。

加强饮水工程建设，青龙境内地质结构复杂，地上水与地下水分布极不平衡。干旱年份全县有八分之一乡、村人畜饮水严重缺乏。20 世纪 80 年代，县委、县政府在贫水地区大兴饮水工程。至 1997

年，全县共修建水窖 2300 个、引泉 343 处、水池 24 个、浅水井 453 眼、扬水站 95 处、无塔压力罐 68 个。1998 年，青龙被国家和省列为饮水困难县并进行扶持，世界银行贷款农村供水与环境卫生项目在青龙正式启动实施，加快了饮水工程建设步伐。至 2004 年，共投入资金 4691.69 万元，其中国家投资 2895.42 万元，共建水窖 6756 个、蓄水能力 29.56 万立方米；打深井 87 眼，浅井 715 眼，扬水站 225 处，无塔压力罐 70 处，铺设各类引水管道 252.1 万米。共解决 1163 个自然村、16.9 万口人、2.68 万头大牲畜饮水问题。其中 942 个自然村、14.43 万人生活用水全部使用自来水。2003 年，县水务局被省水利厅评为"全省农村饮水解困先进集体"。

五、电力设施建设

1979 年以前，青龙电力供应严重不足。于是，在全县掀起建设小水电高潮。当时全县有小水电站 33 座，总装机容量 43 台 /3590 千瓦，发电量 309.4 万千瓦时。1980 年，水胡同、南马圈子、东蒿村、抄道沟、影壁山 5 座水电站并入国家电网，结束了青龙无网电的历史。1980—1982 年，由于干旱少雨，水位急剧下降，先后有 26 座水电站因此报废。1983—1990 年，只有水胡同、南马圈子、东蒿村、影壁山等 7 座水电站正常运行，总装机容量 11 台 /2635 千瓦，发电量 115.4 万千瓦时。1991 年后，除水胡同电站正常运转外，其他所有小型水电站全部失去电力生产能力。1990 年实现乡乡通电，1992 年实现村村通电。

1998 年，省级重大工程桃林口水库发电站建成投产，装机容量为 2×1 万千瓦，设计年发电量 6275 万千瓦时。1999 年并网，至 2004 年年底，累计发电量 7824.2 万千瓦时。

加强乡村电网建设与改造。1998 年 10 月，经华北电力集团公司批准，青龙供电区域开始乡村电网建设与改造工程。工程总投资 1.1 亿元，全县 396 个村低压电网全部得以改造。其中更换高损主变 6 台 /30300 千伏安，更换高损配变 415 台 /19140 千伏安。新建、改造 10 千伏配电线路 646.3 千米，新建配电站 2 座，新建 35 千伏输电线路 2 条。25 个乡镇 10 千伏配电线路延伸 162.12 千米，有官场、隔河头等 6 个乡镇线路改造 209.9 千米。新建木头凳、凉水河 35 千伏变电站两个，新架木头凳—双山子、八道河—凉水河 35 千伏输电线路 43.69 千米。2001 年 12 月全面竣工，并通过华北电力集团公司验收。

县城电网建设与改造。2004 年 5 月，经华北电力集团公司及省计划委员会批准，青龙满族自治县开始对县城电网进行建设与改造工程，总投资 3570 万元，计划 2005 年 12 月完工。改造主要项目：庙沟—双山子 110 千伏线路、建设滨河路 10 千伏线路、改造燕山路 10 千伏线路，使青龙县城 10 千伏线路成为三横两纵供电网络。

电力供应基本得到满足。20 世纪 80 年代，青龙工业企业少，用电量也相对较少。1983 年用电量仅为 39.9 万千瓦时。90 年代后，随着金、铁、石等重金属开采企业增多，用电量迅速增加。1994 年工业用电量达 6479.3 万千瓦时。2004 年用电量为 7113.4 万千瓦时。工业用电量比改革开放前增长了 177.8 倍。

20 世纪 90 年代后，随着农业基础设施建设的扩大，农副产品加工企业的增加，农业用电量也迅速增长。2004 年，农业用电量 241.95 万千瓦时。

生活用电量也迅速增加。1982 年，全县城乡居民生活用电为 282.3 万千瓦时，90 年代后，家用电器大量增加，生活用电需求迅速猛增。1994 年，城乡居民生活用电量增加到 2037.9 万千瓦时。

2004 年，达到 4129.9 万千瓦时。

六、通信设施建设

青龙是个山区县，交通不便，邮政设施非常落后。1979 年，全县有自办汽车邮路 2 条，其中青龙至滦县单程邮路 100 千米、青龙至龙王庙单程邮路 90 千米；有农村投递段 40 个，其中摩托车 22 个、自行车段 14 个、步班段 4 个，投递路程 1179 千米。1981 年为节省开支，除青龙至当杖子、青龙至八道河继续使用摩托车外，其余邮递段均改为自行车。1986 年，青龙至滦县自办邮路改为青龙至秦皇岛邮路，并将原来 3 辆邮运汽车调给秦皇岛市邮局。是年，全县共有 6 条自办邮路，除青龙至八道河、青龙至肖营子是三轮挎斗摩托车运输外，其余 4 条自办邮路均改为自行车运输，邮路单路程总长 209 千米。

到 1990 年年底，全县有邮路 10 条，单程总长 1856 千米；农村投递段 46 个，其中摩托车段 1 个、自行车段 43 个、步行段 2 个。至 2004 年，全县共有城乡运邮、投递段 37 条，其中 33 条为乡邮和市投，4 条为委托班车邮运，实现了全县 396 个村全部通邮，投递里程 1950 千米。

电信设施发展迅猛。1979 年，全县电话交换机总容量为 2880 门，电话用户 444 户，全部为机关单位使用。2004 年，全县固定电话交换机总容量为 32970 门，比 1979 年增长了 10.45 倍，固定电话用户达到 37773 户，比 1979 年增长了 84.07 倍。是年 1 月，市内无线电话开始运行。

1979 年，开设的长途电话有：代号电话、特种电话、首长电话、紧急电话等 8 种长途电话，通话量为 41341 张。1988 年，开通长途电话特快业务，通话量为117831张，比1979年增加了1.85倍。1994年，程控电话开通后，停止人工插接方式的长途电话业务，与秦皇岛本地电话网共同使用长途区号，实现了全国及全世界直拨。

2000年，市内电话用户达到7079户。2004年，全县住宅电话户数达36028户，其中城镇居民电话用户达10496户。

农村电话，1979年，有龙王庙、三岔口、双山子等7个邮电支局装有交换机，总容量为2580门，电话户数167户。1985年，省营电话交换机容量570门，全县50个乡镇有45个乡镇安装了磁石交换机，342村通电话。1988年，增加100对出局电缆，对部分支局交换机进行改造，实现了双山子、土门子、木头凳、肖营子、八道河5个邮电支局对县内电话直拨；是年，开办农村电话特快业务。1995年12月底，邮电支局的程控电话全部开通，全县通信实现交换程控化，是年年底，农村电话户数达898户。1997年5月5日，凉水河乡135个自然村开通程控电话自动直拨，成为河北省山区第一个村村通程控电话的乡。2000年6月12日，官场乡开通程控电话，标志着秦皇岛市实现程控电话实现"乡乡通"。是年年底，全县农村电话户数达到8345户，通话1060.32万张。

1994年，传真机在青龙出现，县直机构单位可以在电话线上直接连接，成为先进的信息传输手段之一。1997年3月18日，全县各个乡镇政府都实现传真通信。

移动通信快速发展。1996年，县邮电局开办模拟移动通信业务。是年年底，有模拟手机（时称"大哥大"）48部。1998年，开办上网用户"169"业务。1999年7月，固定电信与移动电信分营；电信局不再经营移动通信业务。2000年后，"169"业务改为ADSL宽带业务。2001年，中国联通公司河北移动通信有限责任公司青龙分公司在青龙成立，并正式运营，到2004年年底，共有移动电话用户88238户，宽带上网用户达1035户。移动通信信号已覆盖全县主干道路和90%的行政村，移动通信用户达7万户。家庭固定电话逐步退出历史舞台，灵活方便的手机成为人们日常生活中不可或缺的通信工具。

1999年7月，中国电信（集团）有限公司青龙分公司划出10名员工和部分资产，成立移动通信青龙营业部，单独经营移动通信业务，隶属河北移动通信有限公司秦皇岛分公司。2000年，移动通信青龙营业部升格为河北移动通信有限公司青龙分公司。2002年获"秦皇岛市文明单位"和"河北省消费者满意服务单位"荣誉称号。

2010年，积极推进专业化经营，公司将固定电话、宽带、手机的业务进行组合，推行以698为核心的组合业务及共享套餐业务，满足不同客户群享受到便捷的通信服务。公司全年业务收入4700万元，完成预算的117%。2G业务净增2万户，到达5.5万户，宽带到达1.6万户，3G发展0.3万户，固定电话5.1万户。

至2018年，全县实现户户有电视，信号全覆盖，在青龙境内的任何一个角落都没有盲区。

第九节 园区建设

2010年，举办"天津·秦皇岛周"青龙招商推介会、祖山投资环境说明会、赴北京开展小团组织商活动、首钢铁合金、新兴铸管、安溪商会资源整合、龙岛文化产业园等11个亿元以上项目达成合作意向。天津泛太平洋物流等3家企业总部入住青龙。全年累计吸引外资16.3亿元，比上年增长41.7%，实际利用外资1860万美元，出口创汇1116万美元。全年开工千万元以上项目50个，完成投资

42.9 亿元，其中亿元以上项目 21 个，列入省重点项目 8 个。总投资 6.5 亿元的唐钢青龙炉料 200 万吨氧化球团项目达产达效。乳化炸药混装车、云冠栲胶扩建、羽佳蚕丝等重点项目竣工投产。大巫岚德龙铸业、龙汇工程机械制造、扬明梓土地开发整理、太阳能电池加工等项目正在加紧建设。

青龙满族自治县产业园区规划面积 24.55 平方千米，开发面积 5 平方千米。2010 年，聘请河北工程咨询院、河北科技大学和秦皇岛市规划设计院，科学谋划、精心编制工业园区总体规划、产业园区规划和控制性详细规划。全年完成固定资产投资 21.85 亿元，基础实施 2 亿元，开发面积 3.8 平方千米。引进千万元以上入园项目 14 个，完成投资 1919 万元，德龙铸业 60 万吨工程机械制造、中红三融肉鸡屠宰及深加工、羽佳蚕丝茧加工、高清数字印刷板、5 万吨二次结晶超细纳米二氧化硅等项目加快推进。云冠栲胶、稀土永磁电机、金轮水轮机等传统加工制造业实现改造升级，富鹏天雅制衣、金福木业和玻璃网格布及池窑拉丝等项目顺利投产。总投资 3.6 亿元的汽配城和总投资 2.9 亿元的家居建材城正式营业，全年企业收入完成 53.68 亿元，比上年增长 406%。

青龙满族自治县工业园区规划用地 20 公顷，现已开发用地 11.33 公顷。累计注册企业 136 家，注册资金达 2.6 亿元，项目涉及新能源、精密制造、电子、贸易等多个领域，吸引外资 17615 万元，全年实现生产总值 3.1 亿元，实现销售收入 7.6 亿元。成功申报首批省级中小企业公共服务平台。

2013 年，青龙经济开发区实现工业总产值 51.78 亿元，其中规模以上经济 32.1 万亿元，财政收入 3.02 亿元；主营业务收入 57.23 亿元；固定资产投资 15.42 亿元；重点产业项目 10 个，重大民生和基础实施项目 10 个，总投资 32.31 亿元，德龙铸业日产钢材 2200 吨，已投产运营。

第十节　金融保险业

1979 年前，青龙只有中国人民银行一家金融分支机构和农村信用社网点，主要经营人民币存款和贷款业务。从 1979 年起，中国农业银行、中国建设银行、中国工商银行、中国银行四大金融机构先后相继恢复和建立。1996 年成立中国农业发展银行，农村信用社与农业银行脱钩，成立了农村信用合作联合社，初步形成了以人民银行为领导、以国有商业银行为主体，政策性银行、合作制金融机构、邮政储蓄机构为辅的多种金融机构并存的金融体系。2000 年 7 月，县建设银行撤销。银行业务范围不断扩大，主要经营个人储蓄存款、财政性存款、企业存款和其他存款，存款余额为 1888 万元。到 2004 年年末，全县有县级支行（信用联社）5 家、营业部 6 个、储蓄所（分理处）13 个、乡镇信用社 25 个、信用分社 6 个，从业人员 523 人。人民币存款余额 21.99 亿元，是 1979 年改革开放前的116.5 倍。外币存款余额 36 万美元，人民币贷款余额 9.27 亿元。

城乡居民储蓄存款。1979 年，全县各金融机构居民储蓄存款183.5 万元。80 年代后，在改革开放政策推动下，城乡经济迅速发展，居民收入日益增加，银行存款也随之增加。银行机构为了扩大业务范围，积极吸收存款，不断增设机构网点、改善经营管理、适当延长营业时间、改善服务态度、提高工作效率、建立考核机制和奖励制度等措施。1980—1990 年，国家连续 8 次调高存款利率，极大地调动了居民存款的积极性，1989 年，全县储蓄存款余额首次突破亿元大关。到 1990 年年底，全县共有金融机构 501 个

（包括农村信用站），储蓄存款余额达 1.75 亿元，是 1979 年的 95.3 倍。到 2004 年达 18.73 亿元，是 1979 年的 1023 倍。剔除物价上涨因素，纯增长 689 倍。至 2018 年全县各金融机构存款余额达 167.34 亿元，其中城乡居民个人储蓄存款达 143.15 亿元，人均储蓄存款为 25264 元。

随着青龙经济的快速发展，银行业也随之扩大和发展，自动化服务手段更加先进，经济效益和社会效益大幅提高。一个地区经济的发展离不开金融的支持，银行是企业发展的资金后盾，企业发展好了，银行也自然会发展好，两者是互相支持、互相依存的互惠互利的关系。

改革开放初期，青龙开办贷款业务的机构有县人行、县农业银行和农村信用社。县建设银行主要承担基本建设拨款业务。1980 年年末，全县人民币贷款余额 2853 万元，其中短期贷款余额 2727 万元，中长期贷款余额 126 万元。1986—1989 年，中国工商银行和中国银行青龙支行相继成立，金融机构之间在业务上相互交叉、互相竞争的局面已经形成。随着金融体制改革不断深入，信贷政策不断完善，各银行资金实力日益增强，贷款规模不断扩大。到 2004 年年末，全县各金融机构人民币贷款余额达到 9.27 亿元，其中中短期贷款余额 6.21 亿元，长期贷款余额 2.37 亿元，其他贷款余额 6.99 亿元。

农业贷款业务，主要由农业银行和信用社承担，贷款投向主要用于国有农业企业和农村社队集体及农户个人，支持其购买农业生产所用化肥、农药、生产资料等，使其增加粮食产量，发展多种经营。1980 年年末，发放各项贷款余额 268.9 万元，1985 年年末，全县各类专业户 674 户，经济联合体 130 个，乡镇企业 4616 个，农行当年发放农业贷款 91.6 万元，农户贷款 2996.1 万元，乡镇企业贷款 641.5 万元，年末贷款余额 2604 万元，比 1979 年增长 89.7%。1986 年，青龙被确定为国家级贫困县，县农行开始承担扶贫贷款业务

（包括一般扶贫贷款和专项贴息贷款）。当年发放扶贫贷款479.3万元，至1990年年末，扶贫贷款余额达1692万元，为贫困地区脱贫致富发挥了重要作用。农业贷款余额3840万元，有力支持了农业生产产前、产中、产后资金需要，为保障全县粮食、果品双丰收，提供了坚强保障，作出了应有的贡献。

保险业有了较快发展。1981年9月，中国人民保险公司在青龙设立分公司，恢复办理保险业务。1994年12月，中国太平洋保险公司青龙满族自治县支公司挂牌成立。1997年12月—2001年10月，中国人民保险公司和中国太平洋保险公司先后实行财产保险和人寿保险分业经营。驻县分支机构分支为4家，险种增多，覆盖面扩大，服务质量提高，保险市场进一步发育成熟。到2004年，4家保险机构年收入保费4497.6万元，支付保险赔偿款581.15万元。

第十一节　社会保障事业

1979年2月，劳动工资从计划委员会分出，建立劳动局。1983年11月劳动局与人事局合并为劳动人事局。2002年，劳动人事局更名为人事劳动和社会保障局。具体负责劳动就业管理、职业技术培训、劳动服务企业管理、劳动保障监察、劳动争议仲裁、再就业工作管理、农村社会养老保险、城镇职工养老保险等。

1984年，成立劳动服务公司，1994年更名为青龙满族自治县培训就业管理处。负责开展职业培训、职业介绍、失业保险、再就业等工作。1995更名为劳动力市场，为城乡劳动力输出转移提供服务。2003年，劳动力市场更名为就业服务局。

改革开放以后，青龙所有集体和国有企业纷纷面临倒闭、兼并、破产、重组等产业结构调整，涌现大量企业职工下岗待业，进一步加剧了职工就业的矛盾。为此，县委、县政府认真贯彻落实省、市有关文件精神，把解决"两停一亏"企业困难下岗职工和失业职工的生活保障列入工作日程。多方筹措帮困资金，用于困难职工生活救济，保障基本生活费，扶助困难职工开展生产自救活动。鼓励职工自谋职业，在办理各种私营服务业方面给予政策、场地、税收、资金优惠照顾。1997—1999年，共减免各种税费74万元，其中减免工商行政管理费54.2万元，减免各种税费13.21万元，城市占地及卫生费3.5万元，体检费、食品卫生检测费及卫生许可证费3.1万元。1996—1999年，使用解困资金212.2万元，帮助下岗困难职工解决生产生活方面困难。同时，在职业技术培训方面做了大量工作。先后组建锅炉安装队、电线厂、冰棍厂、培训商场等劳动服务企业。1995年4月，为解决下岗职工再就业建起县缝纫厂。1998年6月30日，县委、县政府印发《关于实施城镇解困和再就业工程的意见》，发动61个双文明单位和399名股级以上干部与困难下岗职工结成对子，开展"一帮一"救助活动，共帮扶资金4.5万元，帮扶生产项目10项，技术5项。1999年8月30日，县政府印发《关于促进下岗失业职工实现再就业工作的实施意见》，要求以发展经济为中心，以帮扶下岗再就业为重点，建立健全下岗职工再就业目标责任制，千方百计帮助下岗职工再就业。截至1999年12月，全县建立再就业服务中心20个，915名下岗职工进入再就业服务中心实行托管，期限为3年，托管期间，使用再就业资金606.2万元。其中发放基本生活费379.5万元，代缴养老、失业保险226.7万元。为做好特困职工的救助工作，在元旦、春季期间开展对特困职工献爱心、送温暖活动，共发放慰问金24万元。

坚持以人为本，推进民生工程。自深入开展"争先创优"活动以来，青龙更加注重改善民生，建设"实力、魅力、生态、和谐"新青龙的目标。2009年开工建设的县城3.08万平方米的经济适用房、245套廉租房已交付使用。3个保障性安居工程项目年底前竣工入住。2013年，计划建设保障性住房3900套，其中廉租房200套、公共租赁住房500套、农村危房改造3200户。年内已有200套廉租房主体完工、137套公共租赁房完工，并交付使用。

大力推进棚户区改造工程。2013年，实施对育龙湾、满韵街、迎宾路北侧东段和翠屏湾4个棚户区改造项目，涉及拆迁居民430户，向上争取中央及省级专项改造资金1049万元，中央预算内投资216万元，至2013年年底，3个项目居民全部返迁入住。

建立城镇居民最低生活保障制度。1979—1990年，针对城镇居民中无依无靠、无生活来源、无固定职业和收入造成生活困难的家庭，由民政部门给予临时救济。从1998年起，建立城镇居民最低生活保障制度，保障对象是家庭人均收入低于当地最低生活标准的非农业户口的城镇居民，包括失业和下岗人员生活确实困难的人群。经民政部门调查核实后，按月领取最低生活保障金和失业保险金。农村也同时实施最低生活保障制度，根据当地最低生活标准，对确实因特殊原因造成的困难户、五保户、残疾人等给予最低生活保障补助，体现社会主义的优越性，共同分享改革开放成果。

农村社会养老保险事业发展迅猛。1992年，民政部印发《县级农村社会养老保险基本方案（试行）》。1996年12月30日，县民政局成立农村社会养老保险管理处。1997年，开始农村社会养老保险工作，共有11乡镇、25村、495人参加保险，收缴保险费9.73万元。1998年4月，农村社会养老保险管理职能被划入县人事劳动和社会保障局。至2004年年底，参加农村社会养老保险的人数为500人，积累资金12.21万元，其中上缴管理6万元，县级管理6.21万元。

城镇职工养老保险和企业养老保险稳步发展。至 2004 年年底，参加机关事业养老保险的单位共计 190 个，参加养老保险人数 9096 人，其中干部、固定工 7619 人，合同制工人 1477 人，收缴养老保险费历年滚存 1585.6 万元。企业养老保险，1987 年 5 月，全县实现国有企业养老保险基金的县级社会统筹。参加统筹的企业 48 家，职工 2808 人。至 2004 年年底，全县国有企业参加保险的 82 家，参加保险人数为 5007 人。集体企业从 1988 年 6 月起，被纳入县级统筹，参加的企业 14 家，职工 525 人。至 2004 年年底，已有 38 家集体企业纳入省级社会统筹，职工 1931 人，其中离退休人员 239 人。2001—2002 年，14 家集体企业离退休人员养老金在此期间陆续实行社会化发放。至 2004 年，社会化发放率达 100%。

城镇居民生活水平不断提高。至 2018 年，城镇居民人均可支配收入达 33903 元。农民生活水平进一步改善。至 2018 年，农民人均可支配收入达 10683 元，广大人民群众生活的幸福感、获得感、安全感日益增强。

第十二节 精神文明建设

1979 年以来，青龙县委、县政府在精神文明建设方面，坚持以经济建设为中心，以提高人民群众思想道德和科学文化素质，培育有理想、有道德、有文化、有纪律的一代新人为重点，加强职业道德建设、社会公德建设和家庭美德建设。

1982 年，县委宣传部下发《关于在全社会深入开展五讲四美三热爱活动》的通知，通过各种媒体大力宣传具有正能量的模范人物和先进事迹，树立先进典型，在全县干部群众中开展理想信念教育和全心全意为人民服务的思想教育，消除"文化大革命"中产生的后遗症，解放思想，统一认识，改善社会风气，营造安定团结的政治局面。

1986年10月，县委贯彻中共十二届六中全会作出的《中共中央关于社会主义精神文明建设的决议》精神，县委成立了社会主义精神文明建设委员会，办公室设在县委宣传部，开展"文明县城、文明村镇、文明行业、文明家庭"的四个文明创建活动。

1990年3月，县委、县政府作出《关于深入开展学雷锋、比贡献、办实事、创一流活动的决议》，2001年，印发《关于贯彻落实公民道德建设实施纲要的意见》等一系列文件，在推进社会主义精神文明建设中，发挥了重要指导作用。在全党和干部群众中开展"坚持党的基本路线、坚持社会主义方向、坚持共产党的领导、坚持改革开放"四项基本原则教育。学习邓小平建设具有中国特色社会主义理论，学习"三个代表"的重要思想和科学发展观，开展实践是检验真理的唯一标准和解放思想大讨论，重点对青少年开展爱国主义和革命传统教育，激励青少年一代为振兴中华、实现中华民族伟大复兴而努力学习，为把青龙建设成富裕、文明、和谐的美好家园而努力奋斗。

1994年，涌现出刘占民学雷锋、讲奉献、扶危济困、见义勇为的先进典型。从1990—1994年，刘占民担任朱杖子乡武装部部长兼副乡长，先后调解民事纠纷38起，带领民兵维护社会治安、制止违法犯罪活动40多起，抓获持枪犯罪分子55人，协助公安机关破获各类刑事案件34起，积极投身家乡脱贫致富事业，带领民兵修路35千米，架桥6座，筑堤坝2500米，栽板栗树3万余株。积极探讨民兵预备役遇到的新课题，刻苦钻研本职工作，苦练军事技术。1993年参加全市"四会"（会写、会讲、会做、会教）教练员考核获第一名，被评为全国优秀民兵"四会"教练员，受到总参谋部的表彰。他一身正气，热心助人，积极抢救翻车事故的伤员，参与解救被拐卖的妇女，资助遭遇不幸的同胞。他曾四次荣立三等功，连续5年被评为先进专职武装干部、优秀共产党员、学雷锋先进个人。1994年6月当选秦皇岛市见义勇为十大杰出人物。为表彰他的事迹，省政府、省军区决定给予记一等功一次。是年9月10日，市委、市政府、秦皇岛军分区召开刘占民荣立一等功表彰大会，并联合作出决定，号召全市开展向刘占民学习的活动。

在职业道德建设中，主要以爱岗敬业、诚实守信、办事公道、服务群众为主题，结合五讲四美三热爱活动，围绕各行业，各单位实际情况，开展"树新风、比贡献、学先进、做榜样"的爱岗敬业活动，改进工作作风，提高服务质量，创建人民满意窗口和文明服务单位。在社会公德建设中，首先在农村开展"五好家庭"和"五星级文明家庭"创建活动，大力提倡"尊老爱幼，扶危济困，乐于助人"的美德风尚，涌现了一大批好人好事和先进模范人物。1992年，全县评出"五好家庭"20140户，占全县总户数的14.6%，是年，三间房乡农民郝玉兰家被评为省级"五好家庭"。1997年，青龙被评为秦皇岛市"创建星级文明家庭先进集体"，青龙经验在全市推广。

1999年11月17日，连续8年默默资助湖南孤女毛四灵的三星口乡陶杖子村退伍军人周保军，被市精神文明建设委员会授予"文明秦皇岛人标兵"荣誉称号。之后，《秦皇岛日报》、《河北日报》、《人民日报》和2000年8月16日中央电视台一套节目分别报道了周保军的事迹。2000年5月，县精神文明建设委员办公室、共青团青龙满族自治县委员会联合发出《关于开展向周保军学习活动的通知》，全县迅速掀起学习周保军先进事迹的热潮。

2003—2004年，以"争做文明青龙人，创建文明青龙县城"为主题，开展"万名公民进课堂"活动，宣传文明思想，教育和引导市民争做文明青龙人，营造青龙优美环境，以文明对话、诚实守信、公平交易为内容，引导市民逐步养成良好的行为习惯。县文明办在主要街道绘画文明用语、道德规范、道德行为，树立文明规范牌，发挥了很好的教育示范作用。2004 年，青龙县城被秦皇岛市评为"容貌环境星级达标竞赛五星级单位"。涌现出县级文明单位 103个，市级文明单位 43 个，省级文明单位 3 个，文明户 1 个，国家级文明单位 1 个，全国和省级先进个人 340 人次。除此之外，在农村主要街道粉刷墙壁、张贴文明公德标语和绘画上墙，使过去一些偷盗、赌博等违法乱纪的案件明显减少，村风、民风和社会风气都有了明显好转，全县人民精神面貌和城乡环境面貌都发生了深刻变化。

十八大以来，在以习近平同志为核心的党中央坚强领导下，在搞活经济建设的同时，大力加强精神文明建设，不断推进社会主义核心价值观教育，坚定信念，不忘初心，牢记使命，坚持党要管党，从严治党，把反对腐败斗争提到关系亡党亡国的高度，反腐败斗争永远在路上。县委、县政府多次召开各级党员干部会议，坚决贯彻执行党中央关于反腐倡廉和党员的八项规定，严厉打击贪污受贿、腐化堕落的腐败分子，反对官僚主义、形式主义、享乐主义、欺上瞒下、不作为乱作为的工作作风。杜绝公款大吃大喝、铺张浪费、假公济私、公费旅游等违反中央八项规定的行为。实行政务公开、民主监督，把各级政府办成服务型政府，通过开展一系列的党风廉政建设和机关作风整顿，严肃党的纪律，增强法制观念，由县纪检委公开处理和曝光一批党员干部违法违纪案件，问题严重的移交司法机关处理，使腐败分子受到了应有的惩罚。党风、民风、社会风气都有了明显好转。

稳步推进文明生态村建设。2010 年，青龙确定建设第七批文明生态村 24 个，全年硬化道路 90 千米，栽植绿化树木 2 万余株，改扩建村部 260 余间，安装路灯 1860 个。2011 年，市文明办分 8 个验收小组对青龙生态文明村进行验收，全部验收合格。

第五章 扶 贫 攻 坚

　　青龙是少数民族县、革命老区，素有"八山一水一分田"之称，自然条件恶劣，交通信息闭塞，经济发展缓慢，人民生活水平较低。1979 年，青龙农村人均收入 134 元，有贫困户 77676 户，占农村总户数的 60.23％，贫困人口 316000 人，占农村总人口的 64％，扶贫任务异常艰巨。

第一节 突出重点，逐步推进

　　1986 年，青龙被确定为国家级贫困县。从此，青龙县委、县政府把扶贫工作作为重中之重来抓，确立"以经济建设为中心，以扶贫开发为突破口"的发展战略方针，把"三不户"（食不果腹、衣不遮体、房不避风雨）列为扶贫重点，以发展商品生产、兴办乡村经济实体为途径，以解决温饱问题为目标，使扶贫工作成为解决全县农民温饱问题进而实现脱贫致富的历史性任务。依据青龙本地的自然资源，明确了"挖地下的、栽山上的、养吃草的、加工自产的"

具有青龙特色的经济发展思路。

1986—1990 年，国家拨给青龙专项扶贫资金 1920 万元、经济不发达地区发展资金 200 万元、救灾扶贫周转金 107.7 万元，老少边穷地区发展资金 69 万元、贫困地区农业银行扶贫贷款 160.4 万元、自筹资金 257.4 万元，共计 2714.5 万元，用以扶持贫困户发展生产。至 1990 年，有 50625 贫困户、204100 贫困人口通过扶持基本实现温饱，分别占 1979 年贫困户和贫困人口的 62.21％和 64％。农村人均收入达到 408 元，比 1979 年增加了 274 元，增加了 204％。

1990 年 3 月，市八届三次会议通过《关于改变特困村面貌的议案》；市委、市政府制定了《关于特别贫困村脱贫创造条件的三年规划》，简称 "90330" 工程，即自 1990 年开始，用 3 年时间，帮助 30 个特别贫困村改善生产生活条件，为脱贫致富奠定基础。至 1993 年，秦皇岛市有关部门和大中企业为青龙实施 "90330" 工程，计划内扶持资金 234.1 万元，计划外扶持款物价值 109 万元，向特困村投入扶贫资金 34.2 万元，群众自筹资金 107.43 万元，累计投入资金 744.73 万元，超额完成了特困村的交通、农电、人畜饮水、广播、教育、卫生 6 个方面的基础设施建设工程项目。

1994 年，青龙被列为 "八七扶贫攻坚计划" 国家重点扶持贫困县。为此，县委、县政府制定了《青龙满族自治县 1994—2000 年扶贫攻坚计划》。全县扶贫工作坚持 "粮果牧富民，金铁石强县" 的经济发展路子，以 1993 年人均 300 元以下的 99 个贫困村为主战场，以解决贫困人口温饱为目标，以改善基础设施为前提，大力开展一对一帮扶活动。从 1994 年开始，市、县级领导每人联系一个贫困乡，帮助一个贫困村脱贫；市 23 家大中型企业与 23 个贫困乡开展对口扶贫；66 个市直单位、44 个县直单位各包一个贫困村；驻秦团以上部队与贫困村结成帮扶对子，制订切实可行的帮扶计划和落实措施，真正达到全部脱贫的目的。

在"八七"攻坚期间，青龙共争取国家扶贫贷款7350万元，财政扶贫资金1348万元，以工代赈资金3625万元，合计扶贫资金总额12323万元。扶持贫困村修路417千米，架设用电线路110千米，建村级卫生所25个，建村级小学73所，解决了4820户、1.74万人的饮水困难问题。所有贫困村基本达到村村通车、通电、通水，实现了最好的房子是学校。有58个村开通了程控电话。新栽各种干鲜果树68万株，完成节水灌溉工程281处，埋设地下管道15万米，扩大水浇地1000公顷。飞播造林5333公顷，修建山地水窖491个。人均占有粮食200公斤，比攻坚前增加了0.81倍。对生活在特别偏僻，缺乏生存条件的冰沟村、苗杖子村武家子村民小组、花果山村东裕村民小组计37户，140人实施了异地搬迁。2000年，全县农民人均纯收入达到846元，比攻坚前的1993年增长42.82%，有99个贫困村基本实现脱贫出列。全县贫困人口由攻坚前的24.72万人减少到2.91万人。

进入21世纪以后，特别是党的十八大以来，在以习近平同志为核心的党中央正确领导下，青龙县委、县政府始终把脱贫工作作为一项政治任务和第一民生工程来抓，以脱贫攻坚统领全县经济社会发展全局，全面贯彻落实中央、省、市扶贫开发决策部署，围绕"一年达到标准，两年确保脱贫，后三年巩固提升"的战略目标，突出"产业发展、基础设施、异地搬迁、教育脱贫、社会保障"五大主线，举全县之力，实施"十大脱贫工程"，经过18年的不懈努力，青龙脱贫攻坚工作取得明显成效，基本解决农村贫困人口温饱问题。

2002年3月，青龙被省委、省政府列入新时期国家扶贫开发重点县。经过认真筛选评估，全县共有124个贫困村被列为河北省扶贫开发重点村，其中有相对贫困人口12.7万人，占全县总人口的

23.8％。本着"普遍扶持、同时启动、按序排列、分批安排"的原则，对全县124个贫困村根据不同的贫困状况，分三批进行扶持：第一批安排50个村（2002—2004年）；第二批安排39个村（2005—2007年）；第三批安排35个村（2008—2010年）。扶贫开发主要项目有：大力扶持种养业、大棚科技农业、道路交通、水利设施、光伏发电、旅游开发等10大扶贫开发项目。计划投资16782.27万元，到2004年年底，第一批扶贫开发重点村水、电、路、通信等基础设施明显改善，农民收入大幅提高，人均纯收入达1018元，92％的贫困户年人均纯收入在882元以上，90％的贫困户有稳定增收项目，完成了21世纪扶贫开发规划的第一批计划任务。县扶贫办依托中红三融公司，采取"公司＋养殖小区＋农户"的产业化扶贫模式，以500万元财政扶贫专项资金为黏合剂，整合群众自筹资金、行业部门资金、银行贷款近3000万元，

为了确保扶贫目标的实现，省市领导加大扶贫攻坚力度，市委书记、市长亲自到青龙现场办公，帮助谋划指导青龙脱贫攻坚工作，落实中央提出的实施"精准扶贫"战略。从2016年起，市县两级选派726名后备干部进驻贫困村开展一对一帮扶，由一名小组长任村第一书记，建立联村包户制度，责任到人，措施到位，目标明确。所有县级领导每人分包1个村，联系2个贫困户，推进"百企帮百村"扶贫行动，引导82家民营企业、21家驻秦疗养单位、137位科技特派员投身脱贫事业，与贫困村结对帮扶。抽调13名有领导能力的干部充实到县扶贫办，并为乡镇新选配扶贫专干54人。县专门成立了精准扶贫办公室，出台制定了《精准扶贫考核评价办法》，把评选结果作为评先评优以及干部提拔的重要考核依据。

第二节　落实"三大体系"

一、构建"三个机制"

一是组织领导机制。成立县委书记、县长任双组长的扶贫开发和脱贫工作领导小组，明确县委副书记分管扶贫开发和脱贫，县委常委、常务副县长直接抓脱贫，县、乡、村逐级签订军令状、责任书，构建了县乡村三级书记一起抓、党政一把手负总责、部门分工负责的大扶贫格局。二是目标推进机制。脱贫伊始就锁定攻坚目标，制定《"十三五"脱贫攻坚规划》，确定"2016年夯实基础、2017年脱贫出列、2018—2020年巩固提升"的总体思路，制定"1+10+87"的攻坚进军图，确保战有方向、施策精准。2018年又适时确定了"12385"防贫战略部署，全面巩固提升脱贫成果。三是精准督考机制。将脱贫攻坚列为县重点工作大督查内容，全过程跟踪督查督办，县督查部门开展专项督办。成立精准脱贫督查办公室，5个督查组分区划片，对乡镇和县直部门开展常态化督查；承担脱贫指标任务的部门，组成联合业务指导组，经常性深入一线督促指导，有力地保证了责任、政策、工作"三落实"。

二、夯实"三个保障"

一是政策保障。出台打赢脱贫攻坚战三年行动实施方案、年度巩固提升方案等政策性文件56个，保障年度目标任务落地落实。积极应对疫情影响，出台支持性政策文件3个，将疫情对脱贫攻坚影响降到了最低。二是资金保障。秦皇岛市连续5年每年预算列支

4700 万元用于脱贫，支持扶贫政策性贷款 1 亿元，本息由市财政偿还。2016 年以来，投入扶贫领域资金近 49 亿元，超过 2001—2015 年这 15 年总投入的 10 倍。其中财政专项扶贫资金、财政涉农整合资金 18.4 亿元，教育、民政、财政等部门投入财政资金、专项债券 20.6 亿元，政策性贷款 9.48 亿元，扶贫贷款 0.48 亿元。三是激励保障。每月举办脱贫攻坚"擂台赛"，邀请省市大督查开展联合督导，查问题、督整改、促落实。坚持把脱贫攻坚作为培养、考察、发现干部的重要平台，市委将 29 名驻村书记提拔到副县级岗位、66 名工作队队员提拔或调整到重要岗位，县委提拔重用优秀扶贫干部 46 名，有效激发了扶贫干部的积极性和主动性。

三、做到"三个强化"

一是强化主体责任落实。坚持以县委常委会议、县政府常务会议、扶贫脱贫领导小组会议等形式，高位推进脱贫攻坚工作。县委书记、县长全面落实"第一责任人"责任，带头联系乡镇、分包最穷村、结对帮扶贫困户，遍访 142 个贫困村，所有县级领导全部下沉一线，教方法、担责任，盯进度、解难题。二是强化扶贫队伍建设。抽调 13 名精干力量充实到县扶贫办，25 个乡镇全部设置扶贫工作站，142 个驻村工作队、427 名驻村干部进驻贫困村帮扶，65 个联村工作队、745 名联村干部进驻非贫困村帮扶，1.2 万名帮扶干部与贫困户结成帮扶对子，实现驻村帮扶、结对帮扶全覆盖。三是强化帮扶成效。各帮扶单位主动作为，投入帮扶资金 9581 万元，平均每村达 67.47 万元，帮扶发展扶贫项目 1789 个。深入推进"百企帮百村"活动，1074 家民营企业结对帮扶 142 个贫困村，通过资金帮扶、发展项目、安排就业等方式助力脱贫攻坚。

第三节　稳定"五条路径"

一、提升特色产业扶贫

2016 年以来，投入产业扶贫资金 5.2 亿元，发展产业扶贫项目 145 个；安排财政涉农整合资金 1.35 亿元，与 8 家扶贫龙头企业合作实施资产收益扶贫，实现贫困户产业项目全覆盖、多重覆盖。因地制宜确定林果、中药材等"八大富民产业"，着重在产业规模和产业链延伸上下功夫。农业产业扩规提质并进，林果产业规模达 130 万亩，其中板栗近百万亩。实现农村人口"人均 3 亩果、收入 6000 元"，中药材产业 10.5 万亩，畜禽养殖业 4600 万头（只），食用菌 5000 万棒，杂粮 10 万亩，培育省级现代农业园区 3 个、市级 2 个，建成扶贫产业基地和园区 49 个。依托百峰贸易、同盛中医药产业园、中红三融、双合盛等龙头企业，打造板栗、中药材、畜禽、杂粮等"全链条"产业，初步形成农产品深加工产业集群，结束了农产品只卖初级品、没有深加工的历史。手工业发展箱包、服装等项目 55 个，建成全县首家纺织扶贫产业园，有效激发了创业活力，活跃了市场思维。光伏产业总规模达 40.26 兆瓦，建成 23 个村级扶贫电站 7.2 兆瓦、分布式光伏 3.06 兆瓦、集中式光伏 30 兆瓦，光伏收益由村集体进行二次分配，24 个贫困村每年增加集体收入 2 万元，持续 20 年。旅游产业打造国家旅游扶贫重点村 26 个，借势 2019 年承办秦皇岛市第二届旅发大会，建成冷口温泉、阿布卡小镇等一批高端高质引领性旅游项目，全域全季全业态旅游格局初步形成，带动贫困群众增收效果明显，仅旅发大会的重点建设项目，就提供就业岗位 3300 个，年人均增收 4 万元。

二、做实"五个一批"

服务帮助一批，举办大型劳务洽谈会 87 场次，实现就业 3014 人。培训推荐一批，累计培训贫困劳动力 3 万余人次，每个贫困户至少有 1 人掌握一门致富技能。输出转移一批，与京津地区 69 家单位建立稳定劳务合作关系，转移就业 4187 人。公益岗安置一批，开发护林员、保洁员等公益岗，托底安置年龄偏大、无法外出就业贫困人口 7767 人就地就业。政策支持吸纳一批，给予扶贫车间吸纳贫困人口就业补贴，21 家扶贫车间吸纳贫困人口 333 人。疫情期间发放稳岗补贴 20.46 万元，稳定就业贫困人口 349 人。目前有劳动能力和就业愿望贫困劳动力实现转移就业 2.1 万人，稳定就业率 73%，年均增收 2 万元以上，实现"户均就业一人"目标。

三、助力"五销模式"

线上网销，电商服务站覆盖所有行政村，建成苏宁易购扶贫实训店，设立淘宝青龙特色馆、京东秦皇岛青龙扶贫馆，进驻人民优选平台、全国气象扶贫馆、扶贫 832 平台，线上销售额达 2660 万元。政府帮销，借助教育部定点扶贫机遇，"在旗"黏豆包、桃林山泉、中红三融肉鸡等产品成功进入国家部委和在京高校食堂，销售额达 1950 万元。企业订销，由企业、农民合作社对一家一户产品进行收集、分级、包装、检测，合理确定利润分成比例，完善利益联结机制，累计销售 1100 万元。超市直销，支持引导家惠等超市与镇村、合作社、农户长期合作，销售农副产品近 1000 万元。社会助销，动员机关单位和社会爱心人士购买农特产品 1200 余万元。

四、推进"三个全覆盖"

扶贫产业技术服务全覆盖，北京化工大学、河北科技师范学院分别在青龙建设"院企人才合作基地"和产学研基地、园区 20 余个，科技专家库人才达到 95 名。每个产业都联系一个专家指导团队。发展市级以上农业科技园区 7 家、农业领域省级科技型中小企业 106 家、省级星创天地 2 家。科技特派员入驻全覆盖，220 名科技特派员与所有贫困村结成帮扶对子，在技术指导、政策咨询、市场营销等方面，开展全方位服务。致富带头人培训全覆盖，培训贫困村致富带头人 438 名，实现每个村每个产业都有 2～3 名技术明白人。

五、创新生态扶贫

用好国家生态补偿政策，为 133 个贫困村安排生态补偿资金 1900 万元、110 个贫困村安排天保资金 690 万元，用于生态建设。将造林绿化向贫困村倾斜，扶持 105 个贫困村栽植经济林 4.86 万亩，覆盖贫困人口 9516 户、28488 人。将 2200 名贫困群众就地转化为护林员，每人每年收入 3000 元，这一做法得到国家林业和草原局充分肯定。

第四节　实施"八大工程"

针对基础设施建设历史欠账较多的实际，以贫困村为重点，筹资 19 亿元实施"四通两覆盖一搬迁一整治"工程，取得了基础设施建设规模最大、投资最多、受益最广的历史性突破，农村生产生活条件实现根本性改善。道路硬化村村通工程，2016 年以来投资 3.5 亿元，改造提升农村道路 1235.9 千米，超过以往 10 年总和，贫困村主街道全部实现硬化亮化，乡镇和建制村客运班车通车率 100%。电力通达工程，投资 1.4 亿元用于农村电网改造提升，有效保障生产生活用电。脱贫产业基地通水工程，投资 3.2 亿元，建成扬水站 2093 处、山地集雨水窖 1.42 万个，新增有效灌溉面积 23 万亩，成规模果园全部配套了水利设施。通信畅通工程，投资 5.4 亿元用于通信基础设施建设，396 个行政村实现 4G 网络和宽带（光纤）全覆盖，网络通信无盲区。"两覆盖"工程，投资 0.9 亿元用于 396 个村综合性文化广场建设，每年投资 0.3 亿元用于所有行政村垃圾治理市场化运作，群众生活环境焕然一新。易地扶贫搬迁工程，筹资 3.8 亿元建设安置小区 34 个，搬迁户 1657 户，6184 人全部入住。坚持"两区同建"，推进搬迁人口产业全覆盖，每个有劳动力的搬迁户至少有 1 人实现稳定就业。农村人居环境整治工程，集中开展厕所改造、村庄清洁、污水治理行动，累计改厕 7.8 万座，清运垃圾 40 万立方米，建成污水处理设施 28 个，完成 368 个村污水管控任务，农村人居环境显著改善。

第五节　落实"五大保障"

一、教育扶贫

紧紧抓住教育部定点帮扶机遇，大力实施"以教兴县、以智脱贫"战略，全面提升人口素质，彻底阻断贫困代际传递。全面加强控辍保学力度，"依法、行政、资助、质量、情感"五法控辍被中国学生资助网推广，义务教育阶段除身体原因外无辍学学生。精准落实"两免一补""三免一助"资助政策，2016年以来共资助贫困学生96166人次5985万元，资助覆盖率100%。"雨露计划"资助8965人1388.6万元，"泛海助学计划"资助730人307.7万元，为1902名家庭贫困大学生申办助学贷款1505.3万元。提升职业教育水平，在落实各项资助政策基础上，县本级财政再给予每生每年2000元生活费补助，让不能上大学的全部免费接受职业教育。加大教育基础设施建设力度，投资1.7亿元改造薄弱学校，投资11.7亿元建设示范性高中1所、中小学9所、幼儿园7所，改扩建中小学30所，高中阶段教育全部在县城办学。投资7000万元在全市率先建成"三通两平台"，数字教育实现全域覆盖，农村学生同样能享受京津等优质教育资源。

二、健康扶贫

全面精准落实基本医疗、大病保险、医疗救助三重保障机制，县财政全额资助贫困人口城乡居民医保个人缴费部分，2016年以来参保率始终保持100%。在全省率先实现市域内就医"一站式"报销结算，22种慢性病认证随来随受理，7168名慢性病贫困患者全部纳入门诊慢性病救助范围，1211名贫困大病患者全部得到集中救治，提高农村建档立卡贫困人口医疗保障救助待遇19.02万人次1.43亿元，政策范围内住院医疗费用报销90%以上。建立贫困人口健康档案，家庭医生签约服务实现贫困人口全覆盖。加强乡镇卫生院和村卫生室建设管理，所有行政村都建成标准化卫生室，配齐配全村医及诊疗设备，实现"买药不出村、小病不出乡、大病不出县"。

三、危房改造

全力实施"安居工程"，2016—2019年，投资1.7亿元改造危房11058户、建设"安全房"586个、租用"闲置房"63个、整治提升老旧房屋4295个。为进一步改善提升居住条件，按照个人自愿申请、动态排查改造原则，县财政筹资实施农村住房安全改造提升工程，对原来由租住、借住等方式解决安全住房，现在同意对原有房屋进行修缮新建的，或原有住房不属于危房但因漏雨、火灾等原因需修缮新建的，经县级审核确认予以改造提升。2019年以来改造提升农村住房115户，已全部竣工入住。

四、饮水安全

全面实施农村饮水安全巩固提升工程，投资4978万元建设巩固提升工程193处，实施工程维修养护项目60处。投资237万元实施特殊群众饮水安全巩固提升工程，解决338户690名老、弱、病、残特殊群体取水不便问题，居民饮水更加安全、更有保障。

五、政策兜底

农村低保全面提标，保障标准达到5000元/年，月人均补差标准提高到271.4元，远远高于扶贫线，现有农村低保对象16573户24328人，保障率达到5.4%。针对群众因灾、意外、罹患重特大疾病等原因存在致贫返贫风险，实施临时救助，累计发放临时救助资金1854万元。落实残疾补贴救助政策，累计发放残疾人生活补贴1805万元、重度残疾人护理补贴1559万元。特困供养标准提高到每年 6600 元，累计为 17679 名特困人口发放供养金 7648 万元。

第六节　聚力"四位一体"

一、紧盯"两户一线"精准监测

设立县防贫中心、乡镇防贫工作站、村防贫工作室，对脱贫监测户、边缘监测户"两户"和家庭人均可支配收入低于 5000 元且有致贫返贫风险"防贫监测线"的农户，动态监测、台账管理，每季度识别一次。目前已监测 354 户 908 人，其中脱贫监测户 243 户 656 人，边缘户 111 户 252 人。

二、瞄准"四项条件"精准预警

构建农户个人"报警"、乡村干部走访排查"预警"、部门信息筛查的防贫监测预警体系，防贫监测对象符合"四项条件"的，立即启动预警机制。一是因病，防贫监测对象所患病种符合省定救治标准，连续住院且政策报销后自付医疗费用达到相应额度的。二是因学，防贫监测对象子女在公办学校就读，且年自付费用超过 0.8 万元的。三是因意外事故，家庭在意外事故中自付费用超过 1 万元的。四是因产业风险，家庭自主经营特色种养业项目，因自然灾害一次性造成经营损失超过 0.5 万元的。

三、落实"四项举措"精准救助

一是政策保障，分类落实低保、特困供养等兜底保障政策和医疗、住房、教育、饮水等专项救助政策。二是防贫保险，县财政出资 260 万元作为防贫保险金，与人保财险合作，实施防贫保险救助。三是专项救助，吸纳社会捐赠资金和其他合规资金，设立专项救助基金，对落实保障兜底政策、防贫保险救助政策后，家庭人均可支配收入仍低于当年国家贫困标准的，再次给予帮扶救助。目前已救助 272 户 715 人，发放各类帮扶资金 256.88 万元。四是社会帮扶，开展"与爱同行，守望相助"专项行动，建成"爱心捐助驿站"27 个，实行"按需募捐、标配助困"机制，对返贫致贫风险户等困难家庭的需求清查摸底，精准对接募捐物资 160 余万元。

青龙在脱贫攻坚工作中的一些探索和做法，不仅得到上级领导的充分肯定，也得到社会各界和新闻媒体广泛认可。教育部部长陈宝生对青龙脱贫巩固提升和精准防贫工作先后 2 次给予肯定性批示，省领导赵一德、梁田庚对基层党建、富民强村等做法作出肯定性批示。被评为全国农村职业教育和成人教育示范县、国家电子商务进农村综合示范县、全国三北防护林体系建设工程先进集体、全省推进乡村振兴战略实绩考核结果先进单位。易地扶贫搬迁产业扶贫模式、五指山板栗合作社"订单生产"扶贫模式在全省推广。

2018 年，先后接受了省扶贫成效考核和第三方评估，青龙贫困县退出验收考核；7 月，经国家贫困县退出第三方专项评估检查，给予青龙"真扶贫、真帮扶、真脱贫、零错退、零漏评"的高度评价。到 2018 年年底，国家有关部门严格验收后宣布，青龙正式脱贫，彻底摘掉了贫困县的帽子。这些成绩的取得，离不开党中央的英明决策，省、市各级领导的大力支持和帮助，更离不开驻村干部的牺牲和无私奉献以及全县干部群众的努力奋斗。从而，得到了社会各界、新闻媒体的广泛认可和高度评价，央视《新闻联播》、《人民日报》等省级以上媒体累计报道青龙脱贫工作亮点 262 次。青龙县委、县政府表示：今后还要进一步巩固脱贫成果，提高脱贫质量，防止贫困户脱贫后又返贫的情况发生，确保 2020 年与全国人民一道步入小康社会。

第六章　大　事　记

1931 年（民国二十年）

2月13日　南京政府批准，设立都山设治局，驻地在双山子镇。将迁安市长城外七、八、九、十、十一区和抚宁区长城外第八区划归都山设治局，成为青龙历史上的第一个县级建制。

12月　国民党独立十九旅进驻双山子和干沟镇，驻军4000人。

1933 年（民国二十二年）

3月5日　日军飞机轰炸都山设治局驻地双山子，设治局局长王朝凤受伤出逃，都山设治局机关撤往长城口内。

3月9日　日军占领双山子。

3月10日　日军占领大杖子。

3月上旬至4月中旬　长城抗战期间，青龙境内或长城一线的战场主要有冷口（肖营子一带）、界岭口、义院口三个长城重要关口。

4月11日　日军占领冷口。

4月12日　日军占领界岭口。

4月13日　日军占领喜峰口，都山设治局全境沦陷，青龙地域被划入伪"满洲国"热河省。

6月　废都山设治局，伪满洲国建立青龙县，县公署驻地大杖子。

1934年（民国二十三年）

3月　青龙、建昌两县农民成立一支抗日救国义勇军。

是年　日军派人到青龙搞经济调查，猎取情报。

1936年（民国二十五年）

日本关东军司令部派遣守备队1支，队员30多人，进驻青龙喜峰口（今属宽城县）。

1937年（民国二十六年）

7月　青龙县刘青山组织义勇军开进冀东，编入冀东抗日联军（第二司令部）第九总队（滦迁），刘青山任副总队长。

1938年（民国二十七年）

1月7日　华北抗日联军冀东游击队司令王平陆率游击队对清河沿伪警察分驻所发动武装袭击，战斗中王平陆牺牲。此次战斗被称为"冀东人民向日寇汉奸开火的第一枪"。

9月　八路军第四纵队三十一大队和部分地方游击队，袭击凉水河日伪警察署，并在公路伏击日伪运输车队，大获全胜。

1939年（民国二十八年）

12月　受中共迁安市委派遣，张阁云、金福臣、胡玉生等共产党员深入青龙西部的八道河、娄杖子、凉水河、三拨子一带开展抗日工作。

1940年（民国二十九年）

6月　中共冀东区委组建以周治国为主任的青（龙）平（泉）工作团，进入都山南部、西部地区开展抗日工作，组建百余人的抗日游击队，转战于长城内外。

1941年（民国三十年）

3月12日　凉水河乡东马道村的张海云加入中国共产党，成为抗战时期青龙县农村第一个中共党员。

3月16日　经中共党员张阁云和金福臣介绍，接收于合等5人为中共党员，在青龙二道沟组建青龙县农村第一个中共党支部，于合任党支部书记。这也是秦皇岛境内第一个农村中共党支部。

8月　中共冀东区党分委决定大规模开辟热南山区。中共迁滦卢工委书记高敬之负责组织抗日武装工作队，并由高敬之、姚铁民负责组成长城工作团，在冀东军区十二团、十三团的配合下，开辟兴隆雾灵山以东、青龙都山以西的抗日根据地。由周治国带队，在都山西南、西北一带开展抗日活动。

8月　中共冀东区党分委派信修为队长的武装工作队出冷口，派张百策为队长的5人武装工作队出桃林口，两队汇合后，在龙潭沟（今双山子）一带开辟青龙境内第一个抗日根据地——冷口区。

12月　中共冀东区委组建迁（安）青（龙）平（泉）联合县，所属青龙县境西部的八道河、娄杖子、凉水河、三拨子一带。

1942年（民国三十一年）

2月　日伪开始在青龙境内强行"集家并村"，实行"三光"政策，制造"无人区"。

4月　信修、张百策等率队由冷口区到马圈子、土门子、大巫岚、铁炉沟一带开辟新的抗日根据地。

4月11日　冀东军分区命令十二团一营副营长马骥率两个连向都山进发，开辟滦东及长城外热辽边境地区。

7月　冀东军分区十二团一营副营长马骥率两个连在隔河头南全歼武修忠警察大队。

7月　中共晋察冀第十三地委（也称冀东地委）和军分区派宋国祥为队长、张仲三为指导员的远征队（后改为武工队）50余人，分别出桃林口、冷口进入青龙，开辟长城沿线抗日根据地。

8月　冀东军分区十二团扩军组组长龚发到青龙二道沟扩军，20多人参加八路军。

8月12日　冀东军分区十二团一营副营长马骥带100多名战士进入老岭东部花厂峪村，20日进入花果山一带深山密林驻扎。

11月8日　冀东军分区十二团团长杨树元率部队300多人袭击

三岔口警察署，俘敌 18 人，缴获武器一批。

11 月 10 日　冀东军分区十二团一营副营长马骥率 200 多人袭击西双山警防所，缴获一批枪支弹药。

11 月 16 日　杨思禄部队在西双山观天岭与日本侵略军交战，消灭日军 20 多人，其中日军官 3 人。

12 月　冀东抗日工作委员会（简称"东工委"）进入青龙，组建临（榆）抚（宁）凌（源）青（龙）绥（中）抗日联合县，成立中共联合县工委和联合县政府办事处，具体领导青龙东部、抚宁东部、山海关、秦皇岛、北戴河、凌源、建昌、绥中地区抗日斗争。驻地花厂峪靴脚沟。

1943 年（民国三十二年）

2 月 19 日　原干沟伪自卫团团长周子丰，在马骥、海瑞祥动员帮助下，组织 70 多名青壮年参加抗日游击队，史称"周子丰暴动"。

3 月 7 日　300 多名民兵割断从三岔口至界岭上 15 千米电话线，锯倒全部电线杆。

4 月　中共抗日地下工作者刘宝友带领陈杖子民兵和群众拆毁二道河、红石岭、沟口子"人圈"，并割毁平方子至双山子日伪政权电话线。

4 月 26 日　驻冷口日本侵略军宪兵队长何野率 30 多名宪兵，"扫荡"道石沟和石板沟（今七道河乡），烧毁房屋 140 多间。

5 月 4—20 日　日伪军疯狂扫荡"无人区"，先后到洞子沟老胡家、石胡沟老崔家、大营子、八道岭、吉利峪等 11 个自然村，烧毁房屋 220 间，杀害群众 18 人，抢走牲畜近千头（只）。

5 月 29 日　冀东军分区第十二团团长曾克林率部在二道坳子

（今大巫岚镇）设伏，截击日军汽车队，大获全胜。

6月中旬　日伪军"扫荡"二道沟，杀害群众十几人，抓走30多人。

6月20日　第二总区成立游击队。

7月　冀东区党委决定改组临（榆）抚（宁）凌（源）青（龙）绥（中）抗日联合县，分别组建凌（源）青（龙）绥（中）和临（榆）抚（宁）昌（黎）两个联合县。

8月13日　日伪军警宪特统一行动，进行大检举，从全县抓捕"嫌疑犯"1000多人，其中8人被杀，其余大部被判刑服劳役。

9月18日　5000多名日伪军，合击驻花厂峪凌（源）青（龙）绥（中）联合县办事处，有80多名群众被杀害，办事处教育科长马飞文在战斗中牺牲。

9月19日　晋察冀军区第十三军分区第十二团第七地区队，在地方工作队的配合下，袭击日伪周杖子水银矿，击毙日本侵略军少将经理屿岛，缴获武器一批，炸药2000箱。

9月　花厂峪村成立以赵成金为队长的民兵爆破队，在老岭（祖山）脚下、长城内外，以地雷为武器打击日伪军。

10月15日　晋察冀军区第十三军分区第十二团第七地区队副队长马骧率部在青龙县龙头（今属三星口乡）公路两侧伏击伪满军第四十团给养运输队，取得"龙头大捷"。

11月　晋察冀军区第十三军分区第十二团第七地区队在锥子山南沟（今属龙王庙乡）伏击日伪军，缴获机枪3挺、迫击炮3门、步枪多支。

12月30日　日伪军200多人"扫荡"杨杖子，用刺刀挑死群众2人，打死3人，烧毁房屋400多间。

1944 年（民国三十三年）

1 月 7 日　义院口日伪军 500 多人包围甸子沟（今属祖山镇），杀害群众 9 人，抓走 2 人（后被杀害），造成甸子沟惨案。

4 月　日伪军在丁杖子（今属平方子乡）进行 3 次大检举，抓走村民 25 人，其中 5 人惨遭杀害。

4 月　龙王庙谢杖子"人圈"失火，150 户房屋被烧毁，烧死 7 人，烧伤 11 人。夏，该"人圈"发生瘟疫，死百余人。

5 月 2 日　抗日游击队在民兵的配合下，袭击青河沿（今属凉水河乡）警察分驻所，俘敌 60 多人，缴获部分武器弹药。

5 月初　晋察冀军区第十三军分区第十二团第七地区队长（后任）马骥率部队与民兵一起在马粪沟（今属祖山镇）同 300 多日伪军交战，俘敌 31 人，缴获枪支 60 多支。

6—7 月　干沟庞杖子、大巫岚、刘杖子、双山子乡杨杖子和鹰窝沟等"人圈"瘟疫流行，共死亡 271 人。

1945 年（民国三十四年）

春　滦东地区已建立东至辽宁朝阳，西到滦河，南至昌黎渤海边，北到青龙、建昌，南北长达 300 千米，东西宽 120 千米的抗日根据地。

4 月　撤销凌（源）青（龙）绥（中）抗日联合县，建立抚（宁）青（龙）抗日联合县。

5 月　建立青龙妇女抗日救国会。

6 月　热（河）南战役打响。22 日，冀热辽十六军分区司令员曾克林率部攻克白家店、下抱榆槐据点。24 日，强袭蛮子地、青河沿、九拨子、大马坪等据点。28 日，攻克榆树沟、张杖子、刘杖子、马杖子等据点。

6 月 中共冀东军区组成 3 个"挺北"支队，向热北、热中、辽西敌占区挺进。十六军分区司令员曾克林和十六地委组织部部长、临抚昌联合县委书记张化东率部从义院口、界岭口、九门口三路出发，向辽西进发。

8 月 15 日 日本宣布无条件投降，联合县委派员接收冷口讨伐队。

8 月 20 日 中共冀东十六地委派迁（安）卢（龙）青（龙）联合县县委书记陈光、分区敌工部副部长张凯带领接收组 47 人到青龙做接收日伪政权工作。

8 月 25 日 接收组召开接收大会，将驻青龙境内的 7 支伪警察讨伐队和 1 个骑兵队共 2000 余人改编为八路军冀热辽军区第三纵队（旅级建制），张金祥任纵队司令员。

9 月 25 日 青龙县临时行政委员会负责人陈光、张凯接收县城。张仲三、何济民、张百策等负责人同时接收双山子等地。青龙全境解放。

11 月 新四军第三师 35000 余人出冷口，山东八路军第一师 7000 余人出界岭口，经过青龙，挺进东北。

12 月 7 日由原任日伪讨伐队队长改编后继任冀热辽军分区八路军第三纵队第二团团长的赵辅臣，在杨树窝铺村发动反革命武装叛乱，杀害八路军干部、战士 12 人，12 月 10 日，叛匪赵辅臣占据县城。十六军分区派五十七团、六十一团会同青龙县支队剿匪平叛，13 日收复县城。

1946 年（民国三十五年）

1 月 10 日　撤销青龙县临时行政委员会，成立中共青龙县委员会。青龙县政府（党政军）驻地大杖子。

2 月　建立青龙县武装工作委员会和青龙县支队。

春　张金祥勾结国民党策划叛变，被冀东军区政治部处决。

8 月　国民党军两个师从青龙经过，一些反动分子趁机结帮为匪。青龙境内先后泛起 20 多股土匪，青龙县政府机构被迫由大杖子搬迁到双山子。

8 月 28 日　王营子村宋绍久组织民兵叛变，杀害区、村干部和群众 8 人。9 月 4 日被八路军独立四团和县支队击溃。

1947 年（民国三十六年）

6 月　县政府组织民兵"破交队"（破坏敌人交通线民兵队简称），600 人开赴东北前线。

7 月 9 日　中共青龙县委发出"剿匪、扩军"指示，建立武装区小队，配合分区主力参加剿匪。

7 月　以区为单位组建翻身团，全县有 1936 名翻身农民参加翻身团。

8 月　全县组织 1500 名民兵成立担架团，支援东北人民解放战争。

1948 年（民国三十七年）

1—3 月　全县开展土地改革运动，147005 名贫雇农分得土地。

全县民兵维护社会治安，保卫土改斗争胜利果实。

5月28日　高占海、张其昌等5股还乡团（武装土匪）窜到青龙，烧毁县粮库、杀害区干部，后逃至义院口，被驻青龙县剿匪警备团和县支队歼灭，俘匪1080人，匪首张其昌受伤后自杀。

5月　独立四团在王营子村包围宋绍久匪队，俘匪70人，缴获步枪70支。匪首宋绍久、王荣秋潜逃。

9月3日　青龙成立剿匪指挥部，并在土门子、青河沿、花果山设3个指挥所。

11月11日　青龙剿匪武装力量在小森店、花厂峪歼灭王庆会匪队。

11月　中共中央命令东北野战军迅速入关，将国民党军队包围在华北，解决华北。自11月底至12月中旬，东北野战军20余万大军按照三纵、十纵、九纵、八纵的顺序，陆续经建昌取道青龙，后出冷口、桃林口、刘家口，向南挺进华北。

是年　全县有3378名青年参军。

1949 年

3月8日　青龙县划归热河省管辖。

5月1日　青龙县政府改称青龙县人民政府。

5月　青龙县抽调50名干部组成工作团南下，支援全国的解放战争。

9月下旬　花厂峪村民兵队长赵成金出席全国战斗英雄代表会，会上当选为主席团成员，并被人民政府授予"英勇机智的民兵剿匪英雄"称号。10月1日，赵成金参加中华人民共和国开国大典。

1950 年

3 月　县直职工业余文化学校（机关中学）成立。

4 月　建立青龙县人民卫生院，1956 年改为青龙县医院。

5 月 1 日　开始实施《中华人民共和国婚姻法》，男 20 周岁，女 18 周岁准予结婚。1981 年 1 月 1 日，实施新《婚姻法》，男 22 周岁，女 20 周岁准予结婚。

6 月　始建双山子区文化站。

12 月 5 日　为抗美援朝、保家卫国，全县动员了 400 名翻身农民、爱国青年和知识分子参军赴朝。

1951 年

1 月 5 日　县人民武装科改为人民武装部。

1 月 21 日　组建抗美援朝担架队，建一个连 227 人。

3 月　全县开展抗美援朝宣传活动，同时开展支援抗美援朝战争捐款购买飞机、大炮。第一次捐款东北人民币 10.2 亿元（折合现行人民币 10.2 万元），第二次捐款东北人民币 16.9 亿元（折合人民币 16.9 万元）。

4 月初　镇压反革命运动开始。5 月 3 日至 1952 年 11 月，全县共逮捕伪满反动官吏、反革命分子 392 人，其中判死刑的 75 人，死缓的 15 人，无期徒刑的 9 人，有期徒刑的 119 人，回村管制的 16 人。

6—11 月　开展县、区党内整风，主要整顿思想上不纯、政治上落后、作风上脱离群众问题。

12 月　贯彻中央"组织起来，发展生产"的方针，全县成立了 3199 个互助组，其中长期互相组 547 个。

1952 年

1月27日　全县开展反贪污、反浪费、反对官僚主义的"三反"运动，7月底结束。在"三反"运动后期开展了"五反"（反对行贿、反对偷税漏税、反对盗窃国家财产、反对偷工减料、反对盗窃经济情报）运动。

6月11日　召开青龙县第三届各界人民代表会，会议通过了各界人民代表反对美帝国主义侵略者进行细菌战的抗议书。

11月　全县农村开始整党，至1953年3月结束。整党中，清除不合格党员325名，自由退党394名，劝退和取消候补资格的65名，留党察看以下处分的97名。

12月　全县试办陈凤林、黄作舟（红石岭）两个生产合作社。互助组发展到7344个，参加户数占全县总户数的53.8%。

12月　颁发《中华人民共和国民兵组织条例》，全县普遍开始实行民兵制，年底，共组织起民兵57500人，其中基干民兵10400人，全部实行排、连、营编制。

1953 年

1月　青龙至平泉公路始通班车。

2月20日　召开青龙县第四届各界人民代表会。

7月1日　进行第一次人口普查，以本日零时为标准时间。普查结果全县共371378口人（含宽城县）。

12月　全县初级农业生产合作社发展到100个，互助组发展到5666个。

1954 年

1 月 5 日　全县城乡宣传过渡时期总路线。

3 月 21 日　青龙县第一届人民代表大会召开，历时 6 天，出席会议代表 259 名。

9 月 14 日　对棉花、棉布开始定量，凭票供应。

12 月　全县初级农业生产合作社发展到 165 个。

1955 年

1 月　自本月起，国家机关干部实行货币工资制。

2 月 2 日　县委抽调 264 人整顿互助合作组织，已巩固的农业生产合作社 986 个。

3 月 1 日　召开中共青龙县委员会第一次党员代表大会。

3 月　青龙县人民政府改称青龙县人民委员会。

6 月　区政府改为区公所。

7 月 18 日　撤销热河省建置，青龙县划归河北省承德专署管辖。

10 月　全县各区全部通电话。

12 月 11 日　青龙至滦县始通班车。

12 月 24 日　对手工业、资本主义工商业改造进行试点工作。

12 月底　全县初级农业生产合作社发展到 998 个。

1956 年

1 月 6 日　中共青龙县委举办建立农业生产合作社骨干训练班，县、区、村干部 642 名参加，会后，选择 15 个初级社试办高级社。

到年底，经过扩建、合并，共建起高级社89个。

1月19日　开始对资本主义工商业进行社会主义改造。全县365户私商，到年底改造完成。

4月25日　召开中共青龙县委员会第二次党员代表大会。

8月　肃清暗藏反革命分子运动（简称"肃反"）开始，历时2年多。运动中，揭出有问题的人1215名，定为反革命坏分子的133名，普通历史反革命25名，其他反动分子3名。

8月　建立龙王庙、木头凳、土门子、龙山、肖营子、宽城（现宽城县辖区）6所国办初级中学。

11月30日　经中共河北省委批准，大杖子镇改为大杖子满族镇。

1957 年

1月10日　召开青龙县第二届人民代表大会。

3月5日　整社工作开始，3月末结束。

5月　整风和反右派运动开始，1958年7月结束。运动中出现了"反右"扩大化。全县119人被错划为右派分子（其中80名为教师），分别受到捕判、开除党籍、开除公职、劳动教养、监督劳动、开除留用、降级、记过等处分。1959年9月至1963年，给45名"右派分子"摘掉"帽子"。1978年11月，中共青龙县委根据中共中央文件精神，作出"改正右派问题"的决定，对1957年反右运动中被错定为右派分子、反社会主义分子和中右分子全部给予平反改正，并妥善安排工作。

1958 年

1月27日 全县开始打击地主分子、富农分子、反革命分子、坏分子（简称"四类分子"）的破坏活动。至6月17日，集审、集训2587人，破获政治案件71起，刑事案件117起。共拘捕各类案犯237名，有192人戴上"四类分子"帽子。

5月24—28日 召开青龙县第三届人民代表大会。

8月 全县贯彻"鼓足干劲，力争上游，多快好省地建设社会主义"总路线。"大跃进"运动开始。

9月3日 成立青龙县钢铁野战军指挥部，开展全民性的大炼钢铁运动 农村主要劳动力、机关干部、企事业单位职工、学校师生全部投入到运动之中。

9月 撤销区、乡、镇建制，全县建起14个政社合一的人民公社。

10月 人民公社推行伙食集体化，生产队办食堂，各户口粮集中，实行供给制。一时刮起吃饭不要钱的"共产风"，到1961年5月停止。

是年 青龙县获国务院"绿化第一县"锦旗一面；被林业部命名为"林业元帅县"。

是年 全县大办民兵师，生产队建民兵排，生产大队建民兵连或营，人民公社建民兵团，县建民兵师。机关、厂矿、学校等单位，根据人数多少，建立相应的民兵组织。

1959 年

1月24日 召开中共青龙县委员会第三次党员代表大会，传达贯彻中共中央八届六次全会精神。

4 月 28 日　县机械厂制造第一台 24 千瓦发电机。

10 月初　开展"反右倾"运动，至 1960 年 2 月结束。重点是揭批各级领导核心中的右倾问题，全县党员参加人数 2562 名。最后定为右倾机会主义分子 4 人，其他错误 38 人，分别给予留党察看以下处分。

1960 年

4 月 10—20 日　县委召开四级干部会议，着重解决"一平二调"（平均主义、无偿调用生产队和社员个人劳动力、物资）问题。1958—1960 年，县、公社、大队三级平调款达 206.4 万元，会后逐级进行了经济退赔。

6 月 2—6 日　中共青龙县召开"三反"工作会议，纠正各级干部中的贪污、浪费和官僚主义问题。

11 月 23 日　青龙县委召开万人大会，贯彻中央"低指标、瓜菜代"方针和省委"生产度荒，节约度荒"的指示。1961 年降低干部、群众口粮标准，大搞代食品。

1961 年

1 月 24 日　学习贯彻中共中央发出的《关于农村人民公社当前政策问题的紧急指示信》（即"十二条"）和《农村人民公社工作条例（草案）》，开展整风整社运动。

12 月　开展以纠正"五风"（共产风、浮夸风、命令风、干部特殊风、生产瞎指挥风）错误为重点的整风运动，翌年 5 月结束。

12月6—9日　召开青龙县第四届人民代表大会。

12月19—22日　召开中共青龙县第四次党员代表大会。

1962 年

2月10日　召开山区建设会议，会议提出了农林牧副全面发展意见。

10月27日　青龙县和宽城县分设，原青龙县的峪耳崖、新甸子、宽城、板城、汤道河5个区析出，建宽城县，1963年1月1日两县分属办公。

是年　建都山、老岭林场。

1963 年

4月20日　青龙至秦皇岛始通班车。

4月25日　中共青龙县委召开第五次会议，学习贯彻中共中央《关于目前农村工作中若干问题的决定》（简称"前十条"）和《关于农村社会主义教育运动中一些具体政策的规定》（简称"后十条"）。会后，抽调干部深入农村宣读"双十条"。后又在重点社、队开展粗线条"四清"（清工、清账、清库、清财）运动。1964年3月，转为细线条"四清"（清政治、清经济、清组织、清思想）运动。

4月26日　县人委发出《制止拆毁长城及对有关拆毁长城砖石人员处理的通知》。

9月26日　召开青龙县第五届人民代表大会，贯彻中共中央八届十中全会精神和中央制定的"以农业为基础，以工业为主导"的发展国民经济总方针。

11月22日 全县开展"五反"（反对贪污盗窃、反对投机倒把、反对铺张浪费、反对分散主义、反对官僚主义）运动。1964年10月结束。

1964 年

4月 全县掀起"农业学大寨"运动。

6月 中共中央华北局第一书记李雪峰来青龙视察。

7月1日 第二次人口普查，以当日零时为准，全县共有68004户，350308口人。

10月22日 成立青龙县贫下中农协会筹委会。27日，召开第一次贫下中农代表会。

1965 年

4月12日 《人民日报》以《紧握手中枪，苦练过硬功》为题，报道了英武山村老游击队员尤臣一家14口人参加民兵，苦练杀敌本领的事迹。同年9月，尤臣参加了河北省军区和北京军区分别举行的军事大比武。

是月 根据中共河北省委指示精神，县成立精简领导小组，至年底全县精简职工476人。

1966 年

3月5日 中共青龙县委、县人委召开"抓革命、促生产"誓师大会。

5月下旬　传达贯彻中共中央《中国共产党中央委员会通知》（即"五一六"通知），在文艺界开始批判"三家村""四家店"，拉开了"文化大革命"运动的序幕。

6月13日　青龙中学学生在校内贴出全县第一张大字报。

6月21日　中共青龙县委派工作组进驻青龙中学，学校开始"停课闹革命"。

8月12日　成立"文化大革命"领导小组，中共青龙县委机关建立"文革委员会"，开始发展机关"红卫兵"。年末，"文革"领导小组被群众定为反动路线的"官办文革"，给予批判、否定。

8月18日　全县中学造反派学生代表600多人，分三批去北京串联。

8月末　学生红卫兵冲向社会破"四旧"（旧思想、旧文化、旧风俗、旧习惯）。焚烧了大批文物古迹、古书字画、古戏装等。

9月初　各级各类学校全部停课，中学师生组队开始徒步大串联。

11月　全县干部、群众掀起学习"老三篇"（毛泽东著作《为人民服务》《纪念白求恩》《愚公移山》）的热潮。随之大搞"红海洋"（在大街上到处竖起红字语录牌、墙壁上用红油漆书写语录或标语）。

1967 年

1月1日　各机关、企事业单位纷纷成立群众造反组织。

1月24日　凌晨1时，造反组织收缴中共青龙县委公章，宣布夺权。随之各级各单位造反组织迅速掀起夺权风暴。致使党政机关瘫痪。中国人民解放军青龙县人民武装部奉命进行"三支两军"（支左、支工、支农、军管、军训），介入地方"文化大革命"。

12 月 21—24 日　召开第六届人民代表大会。选举青龙县革命委员会，革命委员会取代了中共青龙县委和人委，实行"一元化"领导。

是年　全县组织 4 个民兵团去平泉、承德、滦平等地修筑国防公路。至 1969 年完成。

1968 年

1 月 10 日　公安局、检察院、法院实行军管。6 月 23 日，中国人民解放军 4603 部队 11 名军人进驻"公检法"机关支左。

4 月 11 日　成立群众专政指挥部，开展"群众专政"运动。

7 月　半壁山大桥竣工，这是青龙河上第一座桥梁。

8 月　工人、解放军毛泽东思想宣传队进驻青龙中学。11 月 4 日，贫下中农毛泽东思想宣传队进驻农村中小学。1971 年 3 月开始实行贫下中农管理学校。

是年　实行社队办中学，取消招生考试制度，国办中学停止招生。

1969 年

4 月　部分大队开始建合作医疗站，医生称为"赤脚医生"。

5 月 31 日　成立水胡同水电站施工领导小组，6 月 5 日水电站开始筹备开工。

10 月　成立青龙县革命委员会党的核心领导小组。

1970 年

2 月　开展打击现行反革命破坏活动，反对贪污、反对投机倒把、反对铺张浪费运动（简称"一打三反"）。在极"左"路线支配下，先后两次（4 月、6 月）错杀了 8 名无辜群众。此次冤案自 1980 年 3 月陆续予以平反，并发给冤狱费。

7 月 30 日　各公社组建中国共产党委员会，11 月开始组建农村党支部。

10 月 22 日　县革委第十一次全会作出"进一步开展农业学大寨群众运动"的决议，制定《"四五"农业发展规划（草案)》。

1971 年

3 月 29 日—4 月 1 日　召开中国共产党青龙县第五次代表大会，恢复青龙县委员会，并陆续恢复县委常设机构。

7 月 23 日　新西兰路易·艾黎来青龙参观考察山区小型水力发电站建设。

10 月 5 日　中共青龙县委召开农业学大寨加速实现农业机械化会议，讨论《青龙县基本实现农业机械化的初步规划（草案)》。

1972 年

9 月 4 日　中共河北省第一书记刘子厚来青龙视察。

10 月　全县掀起大规模平整土地的群众运动，到 11 月 23 日共平整土地 10.8 万亩。

是年　青龙县加入"三盟一地"（昭乌达盟、锡林郭勒盟、哲里木盟和承德地区）护林防火联防组织。

是年　全县抽调 1000 名民工参加沙通铁路建设。翌年 5 月又抽调 1250 名民工参加此建设。

1973 年

3 月 5 日　全县组成 16 个卫生工作队，分赴各区开展计划生育工作。

10 月　第一条柏油路在县城建成。

1974 年

2 月 15 日　全县开展批判林彪、孔子（简称"批林批孔"）运动。

6 月 20 日　接收天津市下乡知识青年 207 名。

6 月 22 日　一机部电机传动研究所、北京科学教育电影制片厂，根据青龙办山村小水电情况，拍摄科教影片《山村小水电》。9 月开始在全国放映。

1975 年

7 月 1 日　举行水胡同水库电站落成典礼，水库正常蓄水量 2750 万立方米，电站装有 800 千瓦的发电机 2 台，年发电量 425 万度。

秋季　土门子公社景杖子大队东山嘴，出土金代"烧酒锅" 1 个。

11月2日　以蒙塔腊·苏丹马冯为团长的老挝农村电力考察团一行6人来青龙考察，先后参观考察了6处农村水电站和2个电机生产厂。

1976 年

2月　贯彻中共中央指示，开展"反击右倾翻案风"运动。

7月28日　唐山发生7.8级地震。波及青龙，震级为7.5级，下午再次发生余震。全县震倒房屋2773间，大部分未倒房屋墙壁、院墙等土石建筑震裂，局部坍倒，砸伤175人，死亡1人。

1977 年

8月8日　中共河北省委第一书记刘子厚来青龙视察。

是年　第一座35千伏变电站在青龙落成，青龙开始使用网电。

1978 年

8月　县城建立第二中学。

9月28日　县革委会成立落实政策领导小组，下设办公室。开始对"文化大革命"期间和新中国成立以来历次政治运动中造成的冤假错案进行复查。到1982年12月17日结束。

1979 年

2月　县委贯彻执行《中共中央关于地主、富农分子摘帽问题和地、富子女成分问题的决定》，开展对"四类分子"评审摘帽工作。全县共有"四类分子"2079 名。第一批摘帽 1621 名。至 1981 年年底，"四类分子"帽子全部摘掉。

7 月　马钢任县革命委员会（以下简称"县革委"）主任。

10 月　"文化大革命"案件的复查平反工作开始，已立案审查案件 205 件，对其中冤假错案进行了纠正，给 51 人补发工资 68395 元，为 37 人补偿查抄物资损失费 9317 元，全县复查改正被错杀、错关、错管案件 352 件，为 294 人发（国家）赔偿费 37340 元。

1980 年

5 月 27 日　《河北日报》以《青龙县皮革厂改革工艺制作高档商品》为题，报道了青龙县皮革厂改革工艺的情况，使裘皮制品远销亚洲、欧洲、美洲的 8 个国家和地区。

8 月　全县遭受严重干旱灾害（1—8 月总降雨量 328 毫米），1.87 万公顷农作物干枯，人畜饮水困难。全县抽调 500 多名干部组织群众抗旱保丰收。

全县黄金产量为 10024 两，成为全国第二个、全省第一个生产黄金万两县。是年 3 月，青龙参加全国黄金会议，冶金工业部为青龙颁发"年产黄金万两县"奖杯。

1981 年

1 月 1 日　全县贯彻落实 1980 年 9 月全国人大五届三次会议通过的《中华人民共和国婚姻法》。

3月6日　青龙县第七届人民代表大会第一次会议在县政府礼堂举行，撤销青龙县革命委员会，设青龙县人民代表大会常务委员会，成立青龙县人民政府。选举赵精纯为县人大常委会主任，王友武为县人民政府县长。陈华为县人民法院院长，穆蕴华为县人民监察院监察长。

6月10日　县政府成立地名普查小组，地名普查工作开始（1983年4月完成），普查结果为全县有2198个聚落地名、3338个自然地名。

9月　全县完成林业确权发证工作，共发放"林业所有权证"80879份，发放"林地使用执照"84141份。

10月23日　政协青龙县第一届委员会第一次全体会议举行，选举于深同志为县政协主席。

是年　青龙一中被省政府评定为"河北省重点中学"。

1982 年

1月6日　县委召开平反大会，为在1968年县革委举办的"五大学习班"中，遭受错误批判的174人平反、恢复名誉。

2月　承德行政公署批复，碾子沟公社更名为凤凰山公社，三岔口公社更名为南杖子公社。

6月12日　承德行政公署为青龙县颁发"无文盲证书"。

7月1日　第三次人口普查开始，是年9月，全县普查登记结束。以1982年7月1日零时为准，全县有102236户，455797人。

是年　全县404个生产大队，4340个生产小队全部实行"大包干"式的家庭联产承包责任制。

1983 年

5 月　青龙县由承德地区划归秦皇岛市管辖。

9 月 16 日　森林资源二类清查开始，1984 年 7 月 15 日结束。全县林业用地为 209836 公顷，其中有林地 125272 公顷，森林覆盖率 35.69％。

12 月 1 日　全县废止自 1954 年开始实行的布匹凭票供应制度。

12 月 20 日　刘向东任县政府代理县长。

1984 年

1 月 15 日　张士尊任县委书记。

5 月 5 日　改变政社合一的人民公社体制，建立乡（镇）人民政府，改生产大队为村。

1985 年

4 月 1 日　县政府印发《关于核实民族成分的实施方案》。是年 7 月底，核实民族成分工作结束。以 1985 年 3 月 31 日零时为准，全县总人口 472545 人中，有满族 240673 人，占全县总人口的 50.93％。

6 月 16 日　以并木朝秋为团长的日本友好访华团一行 26 人到青龙进行友好访问。

10 月 5 日　青龙县地方铁路工程指挥部成立。

11 月 1 日　秦皇岛地方铁路延伸第一期工程石岭——山神庙段开工建设（1988 年 12 月 20 日竣工通车）。

1986 年

1 月 18 日　陈力生任县委书记。

3 月 6 日　青龙被省绿化委员会评为 1985 年绿化先进县。

7 月 21 日　中共中央总书记胡耀邦从承德赴北戴河途中视察青龙，在县政府招待所题词"青龙腾飞"。

12 月 2 日　国务院批准撤销青龙县，设立青龙满族自治县，以原青龙县的行政区域为青龙满族自治县行政区域。是年，青龙被国务院确定为全国重点扶持的贫困县。

1987 年

1 月　董先任青龙满族自治县第一任县长。

4 月　刘向东任县委书记。

6 月 1 日　青龙与唐山钢铁公司在牛心山乡柏树村联建的庙沟铁矿工程开工，工程总投资 1.2 亿元，1988 年 11 月土建工程竣工，完成年产 40 万吨高炉炼铁项目。1990 年开始生产铁精粉。

6 月 12 日　国务委员宋健视察青龙，对青龙脱贫致富和实施"星火计划"工作提出指导性意见。

6 月 25 日　县文学艺术界联合会成立大会召开。

是年　青龙被列入"首都周围绿化工程"造林县。

1988 年

1 月 27 日　日本株式会社一行 3 人到青龙考察柞蚕生产。

4 月 8 日　全县行政区划调整为 9 个区、6 个镇、36 个乡、419 个村。

4月15日 全县第一个回乡探亲的台胞司权平抵达青龙。

7月24日 对外贸易部副部长李岚清视察青龙。

11月20日 省委书记邢崇智视察青龙。

1989 年

1月10日 双山子110千伏变电站投入运行。

2月18日 全县城乡居民储蓄存款首次突破1亿元。

7月28日 青龙革命烈士纪念碑在青龙镇大杖子村米沟落成，县委、县政府举行揭牌仪式。

10月25日 马圈子35千伏变电站投入运行。

是年 全县年产黄金16983两，至此，青龙连续10年年产黄金超万两。

是年 青龙被列为联合国妇幼合作项目县。

1990 年

3月 青龙开始实施秦皇岛市"90330"扶贫工程，此工程涉及青龙21个贫困村。

7月1日 第四次人口普查开始，1991年8月普查结束。以1990年7月1日零时为准，全县130393户，516789人。

9月16日 王文义任县委书记。

是年 全县黄金产量首次突破2万两，达到20038两。翌年1月26日，青龙参加全国第三次黄金工作会议，国家黄金管理局为青龙颁发"两万两杯"。

1991 年

3 月　美国科技教育协会向青龙第一中学、龙山中学、娄子店中学、双山子中学、县职业技术中学专业学校捐款 10852 美元。

6 月　县文化馆馆员金永强获 "中国民间文学集成编纂先进工作者" 称号。

8 月　日本花果协会果树专家管井功到青龙考察果树管理。至 1995 年 3 月 15 日，管井功先后 5 次到青龙指导果树技术。

11 月　县公安局派代表出席国务院召开的第二次全国黄金工作会议上发言，受到国务院总理李鹏等中央领导的接见。

1992 年

1 月　县税务局被国家税务总局评为 "税法宣传先进单位"。

6 月 5 日　中央电视台《文化生活》栏目播出三间房乡三间房村郝玉兰的剪纸艺术。

6 月 20 日　省人大常委会第 28 次会议批准《河北省青龙满族自治县自治条例》，是年 8 月 1 日施行。

9 月 1 日　全县废止自 1955 年开始实行的城镇居民粮食凭票定量供应制定，停止粮票流通。

12 月　草碾乡西蚂蚁滩村通电。至此，全县 421 个行政村全部通电。

1993 年

4 月 5 日　日本果树专家管井胜英到青龙进行果树技术指导。

7月1日 青龙电视台自办节目开播。

9月9日 日本林万昌堂株式会社板栗观光考察团到青龙考察板栗生产情况。

10月5日 县冶金矿山机械厂生产的水雾化法45号硅铁粉获中国科技之星国际博览会金奖。

11月5日 "八五"时期国家重点工程建设项目——桃林口水库工程举行开工典礼仪式。1998年12月工程竣工。

1994 年

1月 龙王庙乡龙王庙村阚玉莲获全国"三八绿色奖章"。

是年 青龙被列入国家"八七"扶贫工程重点扶贫贫困县,县委、县政府制定《青龙满族自治县1994—2000年扶贫攻坚计划》。

1995 年

1月16日 县委、县政府在县医院举行国家二等甲级医院达标庆功会,给县医院记集体三等功。

5月15日 美籍华人李树堃捐资1.91万美元,为家乡土门子乡景杖子村修建引水工程,此工程于1996年6月17日竣工。6月18日市政府举行仪式授予李树堃为秦皇岛市荣誉市民。

5月24日 联合国教科文组织驻亚太地区办事处教育专家考察团到青龙考察职业教育、普及九年义务教育和成人教育工作。

10月18日 县水泥厂生产的"三人"牌普通硅酸盐水泥获第二届中国科技新产品名优产品博览会金奖。

1996 年

1 月 5 日　撤销 9 个区公所，行政区划调整为 25 个乡镇。牛心山乡、三间房乡、山神庙镇合并为祖山镇。

3 月 22 日　国家教委主任朱开轩考察青龙教育改革与发展情况。

5 月 20 日　庙沟 110 千伏变电站投入运营。

5 月 24 日　青龙传统民族项目"猴打棒"在第四次全国文化工作先进县经验交流会上汇报演出。

6 月 28 日　县委、县政府决定，老岭林场更名为祖山林场。自此老岭更名为祖山。

1997 年

3 月 15 日　官场乡大苇峪村供水公司成立，它是秦皇岛市第一个村级供水公司。

5 月 5 日　凉水河乡 135 个自然村开通程控自动直拨电话，成为河北省山区第一个村村通程控直拨电话乡。

5 月　《青龙满族自治县志》首次出版发行。

6 月 23 日　青龙满族自治县成立十周年庆祝大会在县政府礼堂隆重举行。省代表团团长、省委副书记卢展工，市委书记陈来立分别在会上讲话。

7 月 9 日　河北省第一座拱形橡胶坝在青龙水胡同水库大坝堰顶落成。

9 月 23 日　日本石井公司社长加腾国夫到青龙考察板栗生产情况。

10 月 21—27 日　青龙小杂粮在河北省农业博览会上被评为名优新特产品，是年在全国第三届农业博览会参展，产品受到国务院副总理姜春云、农业部部长刘江的好评。

10月31日 省创建省级卫生县城考察团到青龙考察，认定青龙基本达到卫生县城的标准。

12月13日 北京外国语大学一行5人到青龙看望支教人员并赠图书、电脑、外国语大词典。

1998 年

1月24日 栗建华任县委书记，刘文杰任县政府代理县长。

7月6日 联合国全球计划项目"青龙地应力观测站"落成并投入使用。

8月6日 青龙生产的"汇河"牌玉米珍珠米、小米被中国绿色食品发展中心评为绿色产品。

8月24日 全国政协原副主席谷牧视察祖山旅游风景区。

10月27日 青龙生产的板栗以"青龙甘栗"为品牌在日本注册。

12月29日 《人民日报》刊登《喜看青龙变绿龙》的文章，赞扬青龙植树造林绿化荒山取得的成果。

12月30日 肖营子35千伏变电站投入运营。

是年 青龙被国家广播电影电视局列为有线电视"村村通"试点县。

1999 年

3月4日 县委、县政府召开科技扶贫工作会议，县委组织部抽调56名科技骨干赴50个贫困村开展科技扶贫活动。

5月5日 省长钮茂生视察青龙农村工作。

7月31日　国务委员、国务院秘书长王忠禹视察祖山旅游风景区。

8月8日　中共中央政治局原常务委员宋平视察祖山旅游风景区。

11月　省政府"普九"达标验收团对15个乡镇62所中小学进行验收，认定青龙"普九"工作基本达到省政府规定的标准。

是年　县政府招待所所长张廷龙被全国总工会授予"五一劳动光荣获得者"称号。

2000 年

1月18日　县委、县政府在北京召开教育部赴青龙支教人员座谈会。

6月12日　官场乡开通程控电话，标志秦皇岛市程控电话实现乡乡通。

8月14日　全国人大常委会副委员长田纪云视察祖山旅游风景区，16日在北戴河为祖山旅游风景区题词。

9月14日　日本静冈县东市小医院的小西可南向祖山镇中学捐款31万元。

9月28日　青龙生产的板栗、红富士苹果被评为省级名优产品。

9月　青龙镇响水沟村李凤荣获"世界农村妇女生活创造奖"。

10月30日　青龙向日本出口板栗9000吨。

11月1日　第五次人口普查开始，12月24日，全县普查登记结束。以2000年12月1日零时为准，全县133554户，482424人。

是年　全县黄金年产量首次突破3万两，达到30051万两。

2001 年

5 月 17 日　中国联通公司青龙分公司成立。

6 月 26 日　高东辉任县委书记。

8 月 8 日　中共中央政治局委员、国务院副总理钱其琛在省长钮茂生陪同下视察祖山旅游风景区。

8 月 15 日　木头凳 35 千伏变电站投入运行。

9 月 3 日　青龙被国家林业局授予"中国苹果之乡"称号。

12 月 21 日　青龙 110 千伏变电站投入运行。

是年　青龙被省政府授予"八七"扶贫攻坚先进县称号。

2002 年

1 月 11 日　县医院被命名为 2001 年度"河北省深化改革优质服务百佳医院"。

3 月 14 日　凉水河乡石山沟村发现十亿年前形成的石灰岩溶洞，具有较高的开发价值。

是月　青龙被省委、省政府列入新时期国家扶贫开发重点县。

5 月 6 日　祖山画廊谷索道工程开工，2004 年 6 月竣工，索道长 2000 米，由北京华信怡合投资有限公司投资 3000 万元架设。

8 月 6 日　全国政协副主席吕正操、王兆国视察祖山旅游风景区。

8 月 8 日　中共中央政治局委员、国务委员、中央军委副主席迟浩田视察祖山旅游风景区。

12 月 17 日　青龙第一中学通过河北省示范性高中评估验收。2003 年 5 月，被省教育厅确定为"河北省示范性高中"。

是月　青龙板栗在国家商标局注册"祖山"牌板栗商标。"祖山"牌青龙板栗被评定为第六届中国农产品优种交易会名优农产品。

2003 年

1月3日　县畜牧局组织500名农民到正大有限公司参观学习肉鸡饲养技术。

1月27日　中华医药管理学会授予县医院"明明白白看病，百姓放心医院"称号。

1月28日　凉水河乡35千伏变电站投入运行。

6月2日　县政府与唐山永丰实业集团有限公司签订青山口铁矿开发项目协议，项目总投资2亿元，注册成立青龙满族自治县安胜矿业有限公司。

6月　青龙被省政府授予"村民自治模范县"称号。

10月4日　国务院副总理曾培炎视察祖山旅游风景区。

10月10日　日本富山市议会代表团为半壁山小学捐资助教。

11月15日　县委从县乡抽调787名干部与市委下派的98名干部混合编组，进驻75个贫困村开展全市"驻千村、访万户、帮民富、解民忧"，推进农村小康建设活动。

是年　全县黄金产量创历史新高。

2004 年

3月1日　中国科学技术协会专家一行4人就农村科技普及情况到青龙调研。

4月28日　省林业勘察设计院开始清查青龙林业资源。青龙森林覆盖率为57.96%，位居全省第二位。

5月13日 团中央在青龙第一中学发放"明德"奖学金68500元。

5月14日 中央电视台《焦点访谈》栏目，播出反映青龙铁矿开发问题。县委、县政府立即对全县铁矿开始治理整顿，取缔无证开采矿山企业126家，拆除未批准私建铁选厂11家。

9月24日 三拨子乡肢残青年龚秀峰在雅典残奥会上获男子铅球F46级第七名，打破此项目残奥会纪录。

2005年

是年 青龙满族自治县委、县政府，关于2005年扶贫工作安排：从6月份起，对穆杖子、花果山等30个贫困村、1092户将分批次进行异地扶贫搬迁工程，计划投资2.8亿元，解决4349名贫困人口住房、饮水、用电、交通等实际困难。

是年 河北省秦皇岛市农夫宝有机肥有限公司在青龙落户，计划投资1.6亿元，成为秦皇岛市首个生物有机肥生产基地。

2006年

6月 青龙满族民间舞蹈《猴打棒》被河北省人民政府列为第一批非物质文化遗产名录。

是年 全县农民人均纯收入首次突破千元大关。

是年 城市改造三年大变样工程已经启动，县城外环路绿化工程已经完工，并正式通车。

2007 年

7月4日　青龙第一个企业团总支（移动分公司）成立。

是年　青龙满族自治县招商引资超 10 亿元，其中铁矿开发引资项目达 56 个，成为招商引资的一大亮点。

是年　青龙板栗全年产量达 6 万吨，远销日本及东南亚 10 多个国家和地区，创外汇达 15 亿元，创历史之最。

2008 年

6月6日　首秦龙汇公司开工建设。项目总投资 13 亿元，位于青龙满族自治县大巫岚经济开发区，是青龙最大的钢铁冶炼企业。

是年　秦皇岛市富贵鸟矿业有限公司成立。

是年　全县铁矿企业达 136 家，年产铁精粉 1000 万吨，产值达 150 亿元，财政收入超 10 亿元，创历史之最，成为青龙经济发展的一项支柱产业。

2009 年

是年　按河北省级一类幼儿园标准设计筹建的青龙满族自治县第一幼儿园成立。

是年　秦蒙高速公路开工建设。青龙段长 69.85 千米，横跨 5 个乡镇，37 个村。

是年　青龙城乡建设三年大变样取得明显成效，受到省政府及专家评审委员会一致好评。

2010 年

11 月　第二部《青龙满族自治县志（1979—2004）》出版发行。

是年　中药材龙头企业秦皇岛市中杞生物科技有限公司深加工项目被列为省重点项目。

是年　青龙全县农村各类合作社经济组织达 850 家，参加社员 24 万人，实施各类项目 1080 个。

是年　青龙获省级园林县城、城镇面貌三年大变样工作先进县、省级文明县城等称号。

2011 年

3 月 2 日　由唐山中红普林集团与河北三融集团共同投资 4.7 亿元的中红三融肉鸡屠宰加工项目在青龙满族自治县肖营子镇开工建设。此项目是 2010 年秦皇岛市第一个投资超亿元的农业产业项目。

5 月 13 日　中国民间文艺家协会党组成员副秘书长赵铁信、副主席郑一民带领专家组一行 9 人到青龙评审关于授予青龙"中国奚族文化之乡"称号。同时挂牌成立"中国奚族文化研究中心"。

9 月 29 日　青龙满族自治县创建省级园林县城专家评审会召开，一致认为青龙符合省级园林县城标准，同意推荐青龙成为省级园林县城。

12 月 13 日　"青龙剪纸""满族黏饽饽""白酒酿造技艺"被确定为非物质文化遗产项目。

12 月 15 日　青龙满族自治县在河北省 2010 年度农田水利基本建设"海林杯"先进县竞赛评比中荣获一等奖，是秦皇岛市唯一获此殊荣的县区。

12 月 29 日　青龙满族自治县在全省推进城镇建设三年上水平暨全省住房和城乡建设工作会议获"河北省城镇面貌三年大变样工作先进县"称号。

是月　青龙满族自治县被商务部认定出口板栗质量安全标准化示范县。

2012 年

1 月 28 日　2010 年度城镇养老保险金发放仪式在县人力资源和社会保障局举行。有 700 名 60 岁以上的老人领到养老保险金。标志着全县实现社会养老金保险制度全覆盖。

4 月 21 日　于春海就任青龙满族自治县县委书记。

5 月 27 日　青龙满族自治县建设廉租住房、公共租赁住房、经济适用房 3 个保障性安居工程同时开工建设，这标志着全县 2011 年保障性安居工程建设正式实施。

6 月 15 日　2011 年祖山"天女木兰节"开幕。

6 月 22 日　"满韵清风、生态青龙""东北地区、秦皇岛周"青龙满族自治县招商项目推介会在哈尔滨市香格里拉大酒店举行。

2013 年

2 月 23 日　日本丰田纺织集团松永规明部长一行到青龙职教中心，就校企合作办学有关事项举行洽谈，初步达成共识。

4 月 26 日　全市养老服务体系建设暨农村社会养老"幸福工程"现场观摩推进会在青龙召开。县人民法院巡回法庭朱杖子工作室正式挂牌成立。这是县人民法院在乡镇设立的第一个巡回法庭工作室。

5月10日　河北省心连心艺术团到青龙隔河头镇大森店村、青龙镇五道沟村、苏杖子村进行慰问演出。

6月19日　河北青龙经济开发区揭牌暨重点项目集中开工庆典仪式在青龙大巫岚镇举行，8个重点产业项目和3个园区基础设施项目集中开工，计划总投资26.6亿元。

8月26日　全县39所寄宿制学校依次开学，20辆校车在570个接送站点完成8257名中小学生接送任务，每月班次达到2136次。

11月28日　县气象局副局长刘志刚以中国第29次南极科学考察队队员的身份启程远赴南极，他是河北省本次参加南极考察唯一人选。

2014 年

12月22日　2013年"春风行动"劳务洽谈会举行，北京、天津、唐山、秦皇岛及青龙满族自治县等地约50家企业参加会议，共提供涉及电焊、家政、餐饮及销售等45个工种4000个岗位。

9月14日　全县首个家庭农场——鑫林家庭农场正式成立。该农场由大巫岚镇大狮子沟村民于辉创办，注册资金1000万元，总占地面积120公顷。

9月20日　由祖山风景区、秦皇岛市教育局、秦皇岛市体育局、秦皇岛市电视台、秦皇岛市摄影家协会、秦皇岛市美术家协会联合主办的"2013年祖山红叶节"开幕，祖山秋季摄影集中营、秋季写生大赛、秋季登山节等系列活动同时启动。

10月29日　省农田水利基本建设"海河杯"竞赛检查组对青龙的农田水利基本建设工作进行专项检查。

是年　秦皇岛市唯一推荐青龙再次参加此项竞赛活动，并获得一等奖。全县第三产业增加值达 49.73 亿元，占全县地区生产总值 50.7%。

2015 年

2月7日　（大年除夕）中央新闻联播播报"猴打棒"。是年，《青龙满族民间舞蹈猴打棒》一书荣获河北省理论成果研究二等奖。

是年　全县第三产业增加值达 49.73 亿元，占全县地区生产总值 50.7%。

是年　青龙满族自治县被国家财政部、商务部评为全国电子商务进农村先进县。

2016 年

是年　在茨榆山成立了"七彩青龙"农业生态观光园。

是年　青龙被国家评为"可以深呼吸城市"。

2017 年

6月　《青龙满族自治县村镇志》正式送交中国文史出版社出版。

是年　青龙被评为"中国诗词之乡"荣誉称号。

是年　青龙成为畜牧养殖大县，落地项目 164 个，总投资 4102 万元，扶持贫困户 6177 户，人均增收 1500 元。

2018 年

是年　青龙满族自治县正式脱贫摘帽。

是年　青龙森林覆盖率为 69.41％，成为燕山最绿的地方。

是年　全县在建千万以上项目 71 个，完成投资 32 亿元，市重点项目完成投资 14.19 亿元，省重点项目 9 个，具体投资数额正在落实当中。

附　　录

附录一　抗战英模

周子丰

周子丰（1906.2—1988.4），原名周友，中共党员，凤凰山乡汤杖子村人。

他到干沟警察署当了武装自卫团团长，暗中维护老百姓的利益。干沟警察署的日本指导官叫森龙，经常带着他的洋狗到处抓人咬人，老百姓对其恨之入骨。周子丰见森龙又到河南庄一家乱搞女人，就将森龙堵在屋里，用皮带劈头盖脸地一顿暴打。打完知道惹祸了，为躲避日本人的报复，他只好跑到口里去做买卖。

1942年冬，周子丰从口里回到家，听说家乡来了共产党八路军，宣传动员群众抗日救国，他很高兴，又不敢主动接触，因为他当过甲长和自卫团团长，八路军不接收他。后来，马骥和海瑞祥来家找他参加革命活动。1943年年初，周子丰向海瑞祥、马骥汇报了他隐藏枪支的情况，商定收集枪支，组织武装暴动。周子丰决定用自己的钱收集枪支,有的群众说:"你们还收啥,我们连枪带人都跟你们干得了呗。"联系了70多人的队伍。1943年3月17日,在大巫岚陈台子举行暴动誓师大会,暴动队定名为燕山游击队,归四总区领导,周子丰任队长。队伍很快发展到253人,有大枪93支、手枪6支。暴动极大地鼓舞了广大群众抗日热情和信心。一个月时间内,队伍由253人扩展到500多人。

1943年5月,冀东区委和军区决定整编暴动队,将老弱队员动员回乡,做地方工作。将160名青壮年队员,编为马骥一营的新三连,任命周子丰为连长。此后,周子丰的新三连就随马骥一营转战长城内外、老岭东西、都山周边,先后参加了二道坳子截击敌人运送军火汽车队和龙头截击敌人运送军用物资马车队的伏击战、袭击牛心山土胡同国兵营的偷袭战、靴脚沟的反"围剿"、花厂峪口阻击战和袭击安子岭分驻所、周杖子水银矿、柳江煤矿等多次战斗。1943年11月,经罗文等介绍,周子丰加入了中国共产党。

1944年年初,周子丰调到乐亭路南干训班学习,结业后分配到滦东专署任联络科科长。就在这年,周子丰的父亲、母亲、姐姐、三弟、女儿等8位亲人在敌人的大扫荡中被杀死或折磨致死。

日本投降后,周子丰受滦东十六地委派遣,随陈光等同志回到青龙参加接收伪军和伪县公署工作。1945年9月,临时行政委员会成立,周子丰被任命为县武装支队队长。12月赵辅臣叛变,周子丰率领县支队参加了平息叛乱的战斗,他带队从东面攻打县城,在五十七团和六十一团的配合下,平息了叛乱。

1946年年底,周子丰被诬为国民党员而受迫害,身陷囹圄数月。1947年8月出狱后参加了军区整训班。1948年年初平反,重新分配工作,先后在迁西、玉田等县武装部任军训股长。1953年转业回乡。

"文革"时,旧案重提,仍怀疑他是国民党员而受到迫害,1972

年4月平反，恢复名誉。1988年4月18日因病去世，享年83岁。

赵成金

赵成金（1914.9—1962.8），曾用名赵金成，汉族，牛心山乡花厂峪村人，共产党员，全国著名的民兵剿匪英雄。赵成金幼年家贫，9岁开始给地主放羊，16岁当长工。长期被剥削、受压迫的生活培育了他爱憎分明的阶级感情。1942年11月，共产党在花厂峪村靴脚沟建立临抚凌青绥抗日联合工委、办事处。赵成金开始接受党的教育，走上了保家抗日的道路。1943年初春，日本侵略军围剿抗日联合县政府，对花厂峪进行了疯狂的大扫荡。坚持“无人区”抗日斗争的群众惨遭杀害，房屋被烧毁。赵成金目睹惨状，义愤填膺。在党的地下工作者赵国恩的领导下，组织起一支民兵基干队，赵成金担任队长、爆破组组长，同时动员弟弟也参加了区游击队。赵成金为保卫抗日根据地和乡亲们的安全，组织民兵日夜站岗放哨，传递情报，配合八路军粉碎日伪军一次次进攻。同年10月，赵成金加入了中国共产党。此后，他更积极地参加抗日斗争活动。组织村民反抗日伪“集家并村”，誓死不进“人圈”，坚持在根据地与日伪军展开斗争；他翻山越岭，步行200多里，到青龙县城从日伪军眼皮底下为八路军伤病员购买药品。1943年冬天，日伪军对花厂峪根据地实行军事封锁，根据地吃粮遇到空前困难。赵成金得知三岔村敌伪粮库有粮食，就带领本村及附近村庄的民兵、群众1000多人，在部队的掩护下，赶着驮子、推着车子冲进粮库大院，砸开仓门，抢运粮食，共夺回粮食7万多斤，缓解了根据地的缺粮问题。1944—1945年，赵成金率领民兵爆破组在敌人扫荡花厂峪沿线的炭子石、白雀沟、白崖沟岭、箭笴岭、老沟岭、花厂峪口等要道埋设地雷，不断伏击扫荡的日伪军，共炸死日伪军 51 人。1946 年，赵成金当选为花厂峪村村长，开始致力于领导全村人民重建家园工作。1947年冬，花厂峪村开展土地改革运动。运动中被斗地主不甘心自己的失败，组织土匪还乡队进行反攻倒算，破坏土地改革。从 1947—1948 年，赵成金带领基干民兵，与残匪展开英勇顽强的斗争。一年多的剿匪斗争，赵成金带领民兵共抓获、消灭土匪 16 名，受到党和政府的表彰。曾多次出席县劳模会，被评为青龙县战斗英雄；3次出席省劳模大会，被评为甲等剿匪英雄；在一次东北局劳模大会上，被评为民兵战斗英雄。1949 年，他出席了全国战斗英雄代表会议，当选为主席团成员，被授予"英勇机智的民兵剿匪英雄"称号，参加了开国大典，并受到毛主席的亲切接见。土改完成以后，赵成金担任了花厂峪村党支部书记。他领导花厂峪村民投身到伟大的社会主义革命和建设运动当中。从 1949—1958 年 10 年间，花厂峪村一直被评为模范村。1958 年，花厂峪粮食总产上升到 258547 公斤。同年，赵成金出席了全国农业先进单位代表会议，被选为主席团成员。1959 年，赵成金被特邀参加了全国民兵代表会议，奖励他半自动步枪 1 支，子弹 100 发。1962 年 8 月 15 日，赵成金因患肝炎病医治无效，于秦皇岛市人民医院病逝，终年 48 岁。

附录二　抗战英烈

海瑞祥

海瑞祥（1907—1943.5），原名彭海，原籍河北迁安市赵店子乡三湾村。

1938 年，海瑞祥为了生活去闯关东，后又返回家乡。当年正是抗战时期，海瑞祥毅然参加了闻名全国的冀东大暴动，他组织本村青壮年成立暴动队，开始了他的革命生涯。1939 年，海瑞祥被平西革命根据地党组织派往抗大二分校学习。

1942 年 10 月，海瑞祥受滦东办事处派遣，带领一支武装工作队来到临、抚、凌、青、绥地区开辟抗日根据地，担任联合县四总区区长。他和同志们一起在青龙县大核桃沟、木头凳、山东、干沟、凤凰山、邱杖子、三星口一带，深入群众，广泛宣传党的抗日主张和统战政策。

1943 年，青龙人民的抗日热情不断高涨，在这种形势下，海瑞祥见时机成熟，便与冀东十二团一营营长马骥在青龙县东部地区领导了临、抚、凌、青、绥四总区农民抗日大暴动。3 月 17 日在大巫岚乡陈台子举行了抗日暴动誓师大会，成立了近百人的暴动队，周子丰任队长。同时，陈台子陈清组织十多人的陈清救国队，黄石碴李杰等三人也成立了游击队。

1943 年 5 月 9 日，海瑞祥又到邱杖子的烂塘子（现凤凰山乡孟台子村），召开附近的伪甲长会，宣传抗日政策，布置任务，由于汉奸马忠仁的告密，5 月 10 日拂晓，驻扎在龙王庙和木头凳的日伪军包围了烂塘子村，面临险境，海瑞祥冷静面对，他命令两名警卫员带领不熟悉当地环境的联合县工委秘书周鸣岐从南山突围，自己带几个人向北山冲去，在突围中，海瑞祥不幸身中 6 弹，被敌人抓获，当敌人讯问他时，他破口大骂，宁死不屈，英勇就义，年仅 36 岁。

张书阁

张书阁（1903.10—1944.2），又名翰轩，三星口乡龙头村人。他出身贫苦，幼年曾在伯父支持下读了二年私塾，因家境贫困而弃学务农。

日本侵略者占领青龙县后，也找当地的代理人为日本做事，日本人强迫张书阁当了龙头甲的伪甲长，可他暗地里却维护老百姓的利益。

1942年春，抗日干部品振霄、刘国华来到三星口、龙头一带开展抗日斗争，有强烈爱国思想的张书阁便成了八路军和抗日干部的"关系人"，他家成了抗日"堡垒户"。1943年2月，张书阁经品振霄介绍，秘密加入了中国共产党。从此，他便利用伪甲长的公开身份，秘密地为抗日干部带路、送信，为八路军筹集军粮、衣物等，配合八路军组织群众"破交断线"，拆"人圈"。

1943年下半年，抗日热潮在青龙高涨，日军的几次大扫荡均被抗日军民粉碎，日本军不甘心失败，疯狂增加兵力和武器，妄图彻底消灭活动于长城线上的八路军。10月13日，龙王庙伪村公所、警察署、协合会和伪军营部联合召开了由龙王庙到木头凳之间沿公路各甲的甲长会。会上宣布：10月14日，从锦州方面，经由木头凳，运来装备一个团的武器和一批军用物资，运往山神庙，命令沿线各甲严戒备，以防万一，并要求参会者严守秘密，违令者杀。散会后，张书阁连夜到驻扎在歪顶沟的马骧部队作了汇报。14日晚，马骧部队埋伏在三星口到歹毒岭近5千米长的公路两侧。15日早8时许，200多名日军、伪军押送的120辆胶轮马车进入了马骧部队的伏击圈，三声信号枪声响起，接着机枪、步枪、手榴弹一齐响起来，不到一个小时的工夫，打死敌人33名，俘敌50多名，除一辆大车逃出外，119辆大车的武器、物资全被我军缴获。

日军怀疑有人向八路军报了信，由于事件发生在龙头村，张书阁成了重点怀疑对象。10月18日早晨，特务头子范子和带领特务闯进了张书阁的家，张书阁落入敌人的魔掌。

敌人的软硬兼施，也没能从张书阁的嘴里得到任何线索，决定用酷刑撬开他的嘴巴。敌人把他吊在房梁上，用皮鞭抽，用成股的香头烧烫、灌煤油、灌辣椒水，折磨得死去活来，但张书阁威武不屈，一声不吭。敌人始终没能从他身上得到东西，只好将他关进监狱。

1943 年年底，由于汉奸的告密，张书阁的身份暴露。1944 年 2 月 18 日，共产党员张书阁被杀害，时年 41 岁。

李复新

李复新（1897—1945.12），原名李忠，现安子岭吉利峪村人。1943 年 3 月加入中国共产党，曾任吉利峪村村长和木头凳区区长。1945 年 12 月 9 日，在同姜克芝匪队作战中牺牲，时年 48 岁。

1943 年，日本侵略者为了切断人民群众与八路军的联系，实行"集家并村"政策。为强迫吉利峪村人民群众搬进"人圈"，将全村民房全部烧光。吉利峪村群众没有屈服，在李复新的带领下躲进深山，坚持与日本侵略者进行顽强斗争。

日本投降后，上级派李复新去接收土胡同警察所。同年 10 月，李复新被任命为木头凳区区长。

1945 年 12 月 9 日凌晨，先一天晚上在木头凳区公所工作会议开到深夜的李复新，被枪声惊醒，他立刻起身，叫醒同志们，原来是建昌县土匪头子姜克之为配合赵辅臣叛变，带 300 多人的匪队包围了区公所，李复新命令大家：一定要抵抗到底，我们接收的枪支弹药绝不能落入敌人手里。这样，敌人从外面往里打，李复新队从里往外打，战斗非常激烈，因寡不敌众，李复新带领大家突围，在突围过程中，李复新中弹牺牲。

李华新

李华新（1920—1944），原名李纯，现唐山遵化市人。18 岁参加革命工作，并加入中国共产党组织，1942 年 7 月，被党组织派到热南开辟抗日游击根据地，当年 12 月调任到冀东临、抚、凌、青、绥联合县一总区区委书记。

1942 年春，日伪在冀东搞了"强化政治"。我党为了保存实力，扩大回旋余地，打通我军挺进东北的道路，晋察冀党委派出大批党、政、军干部到热南开辟抗日游击根据地，李华新被派到青龙老岭开展抗日工作。在此期间，做了大量群众工作，他发现这一带的老百姓大多脸上青肿，经过了解发现，原来日伪在长城线上搞经济封锁，不准百姓到关内买卖物品，长城外生活物资匮乏，长期吃不到食盐，所以出现浮肿。他就与马骧营长商议，用部队掩护群众到关内用土特产换食盐等生活必需品，受到了群众的拥护。

1942 年 12 月，李华新担任一总区区委书记以后，经常对手下说："群众是水，党和八路军干部是鱼，鱼离开水就不能存活。"腊月的一天晚上，李华新在堡垒户王仕臣家养伤，天下起了雪，天黑以后，雪越下越大，李华新和通信员要到山上过夜，王仕臣说："雪下这么大，天这么冷，住山上哪行？"李华新说："正因为下雪，敌人到处抓我们，一旦敌人来了，我们跑出去会留下脚印的，我们跑不掉，还会给你们招来杀身之祸的。"

1943 年腊月二十三，李华新带领几个区干部在陆杖子堡垒户李洪文家算财粮账，被汉奸告密，驻义院口日军，在杜边带领下于第二天早晨，将李洪文家的院子包围，李华新严肃地说："我都是共产党员，我们至死也不能投降，不当叛徒！"说完，他就把身上带的党员花名册、关系人名单、工作笔记和文件全部烧掉。这时双方开了火，我方打伤了三个日本人，打瞎日翻译官一只眼睛。敌人放火烧房，李华新等顶着浸湿的棉被往外突围，在突围中，李华新腿部受伤而被捕。敌人把李华新带到义院口，轮番审讯，并封官许愿，给说媳妇，李华新概不理睬，敌人见软的不行，就施以酷刑，灌煤油、抽皮鞭、上烙铁、扎竹签……什么刑具都用了，一连折腾三四天，李华新宁死不屈。于1944年正月初三，惨遭杀害，年仅24岁。

杨文楼

杨文楼（1920.10—1944.8），丰润县前贾村人。1941年，杨文楼在海瑞祥的影响下参加了革命。1942年随海瑞祥到口外开辟地区，担任临抚凌青绥联合县四总区八分区区长，成为海瑞祥的得力助手。

杨文楼的父母不愿他远离家乡，可他偷偷跟随海瑞祥到口外参加抗日工作。1942年腊月，他父母多次写信把他催回家，并给他娶了媳妇，想以此把他拴在家里。可杨文楼想到青龙人民还生活在水深火热之中，想起自己工作需要，只在家里待了13天，就离开了新婚的妻子，返回青龙开展抗日斗争。

1943年3月，杨文楼到山东乡东洼子村开展工作，与匪巨润带领的木头凳伪协合会行动队遭遇，发生了激战，在战斗中他左腿受伤，被敌人抓获，带到木头凳，不久又被押解到双山子。敌人为了诱他投降，先是为他治疗腿伤，后许以官职，杨文楼深知敌人的阴谋，便将计就计，利用获得有限自由，在一天夜里，打开牢门，解救3位同狱的战友越墙逃出。当他自己准备越墙时，不幸被敌人发现，又落入魔掌。1944 年 8 月，杨文楼被敌人杀害，年仅 24 岁。

薛秀山

薛秀山（1914.11—1946.5），原名薛堂，化名秀山，平方子乡陈台子村人。1942 年 10 月，抗日干部信修来到陈台子一带开展工作，薛秀山的父亲薛禄参加了抗日工作，负责抗日交通站工作。1943 年春，薛秀山和三弟薛俊卿受父亲影响，也参加了抗日队伍，薛秀山被派到花厂峪根据地，担任凌青绥联合县工委办事处的管理员。1945 年，薛秀山被派到临抚昌联合县任区长，活动于下京子、茶棚等地。日本投降后，薛秀山随部队挺进东北，担任辽宁省北镇县县长。1946 年春夏之交，国民党为抢夺胜利果实，大举进攻解放区，北镇县政府被迫向北转移，当他们到达彰武县境内时，一天夜里被国民党军队包围，在激战中，薛秀山壮烈牺牲，时年 32 岁。

附录三　革命烈士名录

青龙满族自治县烈士名录

姓 名	性别	籍贯	所在单位	职 务	牺牲地点	牺牲时间
程志延	男	龙王庙乡夏杖子村	三十五师四〇五团	战士	辽宁省	1947.12
朱国勋	男	龙王庙乡龙王庙村	十四团	战士	山西省	1948
李成	男	龙王庙乡龙王庙村	十四团	战士	滦平县	1948.6
申德满	男	龙王庙乡圣宗庙村	二十三旅六十一团	战士	怀来县	1948.12
张义	男	龙王庙乡偏岭石村	一三七师	战士	县偏岭石村	1949.3
李香斋	男	龙王庙乡偏岭石村	一二八师一八四团	战士	海南省	1950.4
申延才	男	龙王庙乡圣宗庙村	一九四师五十二团	战士	朝鲜	1951.5
于宝义	男	龙王庙乡陈杖子村	一九四师五八一团	排长	朝鲜	1951.6

（续表）

姓　名	性别	籍贯	所在单位	职　务	牺牲地点	牺牲时间
李文义	男	龙王庙乡老院村	炮兵二十一师	战士	辽宁省	1952.4
周仲魁	男	龙王庙乡郝杖子村	三十五师五〇四团	战士	朝鲜	1952.8
张计勇	男	龙王庙乡陈杖子村	三十五师五〇四团	战士	朝鲜	1953.6
陈金	男	凤凰山乡歪顶沟村	吴作权部队	财政科长	卢龙县	1945.7
田庆义	男	凤凰山乡碾子沟村	六十五军一九四师	战士	富灵县	1947.11
刘连友	男	凤凰山乡歪顶沟村	本县游击队	战士	县凤凰山乡	1947.12
王秀	男	凤凰山乡歪顶沟村	龙王庙区	公安助理	龙王庙郝杖子区	1947.12
胡贺	男	凤凰山乡碾子沟村	锦州八总队	战士	辽宁省	1948
何金	男	凤凰山乡碾子沟村	本县区小队	战士	县三间房乡	1948
周振仁	男	凤凰山乡碾子沟村	十三师四团	战士	辽宁省	1948.10
王天喜	男	凤凰山乡岳杖子村	一三八师四〇九团	战士	辽宁省	1948.11
张占金	男	凤凰山乡岳杖子村	保定独四师	战士	保定市	1949.7
高文会	男	凤凰山乡娘娘庙村	志愿军四十军	战士	朝鲜	1951
何俊山	男	凤凰山乡何台子村	志愿军八五一团	战士	朝鲜	1951.5
田桂存	男	凤凰山乡何台子村	东北第九军	战士	朝鲜	1951.5
高文瑞	男	凤凰山乡娘娘庙村	志愿军四十军	战士	朝鲜	1951.12
王进普	男	凤凰山乡王杖子村	志愿军三五八团	战士	朝鲜	1953.5
朱英	男	三间房乡起河村	四十三军一三九师	战士	北京市密云区	1947.1
刘进财	男	三间房乡丁家河村	六十五军一九四师	战士	张家口市	1948
田汉	男	三间房乡起河村	独立师十四团	战士	北京市密云区	1948
王吉冒	男	三间房乡黑沟村	本村	民兵	三间房黑沟村	1948.1
雷文	男	三间房乡三间房村	一三七师四〇九团	战士	辽宁省	1948.8
陈殿桂	男	三间房乡黑沟村	九纵队二十六师	战士	辽宁省	1948.10
王德胜	男	三间房乡起河村	一三七师四〇九团	战士	辽宁省	1948.10
杨祯	男	三间房乡丁家河村	九纵队二十六师	战士	辽宁省	1948.11
郝文合	男	三间房乡起河村	七十九团	战士	天津市	1949
王俊	男	三间房乡陆杖子村	十九兵团六十五军	战士	甘肃省	1949.7
田雨	男	三间房乡起河村	四十三军	连长	朝鲜	1951.1
刘来成	男	三间房乡丁家河村	一九四师五八二团	战士	朝鲜	1951.4
张殿林	男	三间房乡西河村	炮兵四十营	班长	朝鲜	1951.12
王德祥	男	三间房乡起河村	一九四师五八二团	战士	朝鲜	1952.10
赵忠友	男	三间房乡上河村	八四四师四三一团	班长	广西壮族自治区	1952.12
雷景旺	男	三间房乡陆杖子村	承德疗养院	战士	承德市	1954.8
董贺云	男	三间房乡陆杖子村	第七十医院	战士	昆明市	1971.8
李国品	男	牛心山乡牛心山村		战士		1946.6

（续表）

姓 名	性别	籍贯	所在单位	职 务	牺牲地点	牺牲时间
王国伶	男	牛心山乡花厂峪村	冀东军分区	排长		1946.8
王有	男	牛心山乡花厂峪村	二团	战士	抚宁区	1947.5
白江	男	牛心山乡安门口村	热河警备团	副排长	卢龙县	1948.1
郭文章	男	牛心山乡花果山村		排长	昌黎县	1948
王青山	男	牛心山乡花厂峪村			山东省	1948.3
龚国安	男	牛心山乡牛心山村				失踪
刘玉安	男	牛心山乡安门口村				失踪
刘占全	男	山神庙镇山神庙村		战士	抚宁区	1943
陈灿	男	山神庙镇三岔村	区小队	战士	抚宁区	1944.9
王玉春	男	山神庙镇三岔村		战士	抚宁区	1948.6
谢维成	男	山神庙镇三岔村	一三七师四〇九团	战士	锦州市	1948.8
贾振记	男	山神庙镇三岔村	一九四师八五一团	战士	兰州市	1948.8
韩广友	男	山神庙镇英武山村		战士	辽宁省	1948.10
赵存周	男	山神庙镇英武山村		战士	张家口市怀来县	1948.12
郑会	男	南杖子乡厂房子村	冀热辽军区	班长	迁西县	1946.1
凌会江	男	南杖子乡南杖子村		班长	卢龙县	1947.3
王学俊	男	南杖子乡前炕峪村		武装干事	县大巫岚村	1947.5
王文明	男	南杖子乡前炕峪村	九纵队二十七师	副班长	辽宁省	1948
王德胜	男	南杖子乡南杖子村	四十二师	副班长	北京市密云区	1949.12
张玉文	男	南杖子乡庄寨村	一三八师	战士	江西省	1950.6
孙守棋	男	南杖子乡土台子村	一四二师	战士	江西省	1950.6
张宏杰	男	南杖子乡庄寨村	一四一师四二二团	干事	朝鲜	1951
王青和	男	南杖子乡前炕峪村	三六〇二部队	副连长	越南	1971.3
郭友山	男	南杖子乡大暖泉村		正连级	唐山市	1976.7
温贺	男	官场乡鲶鱼洞沟村	杨继孔基干团	战士	抚宁区	1945.6
赵庆贵	男	官场乡头道铺村	三十六师一三八团	战士	辽宁省	1948
袁福杰	男	官场乡头道铺村	杨继孔基干团	战士	卢龙县	1948.3
程金瑞	男	官场乡小岭后村	三十六师一三八团	副班长	北京市密云区	1948.3
谢荣	男	官场乡山岭高村	四二八团	战士	昌黎县	1948.9
曹任	男	官场乡夹脚石村	三十六师一三八团	战士	锦州市	1949
李永增	男	官场乡夹脚石村	三十六师一三八团	战士	锦州市	1949
陈殿财	男	官场乡稍枝峪村	三十六师一三八团	战士	锦州市	1949.6
郭文礼	男	官场乡山岭高村	三十六师一三八团	战士	锦州市	1949.12
杨臣	男	官场乡山岭高村	三十六师一三八团	战士	朝鲜	1951.12
董营	男	新城沟乡樊家店村	冀东军分区	战士	抚宁区	1944

（续表）

姓名	性别	籍贯	所在单位	职务	牺牲地点	牺牲时间
张明	男	隔河头乡北山根村		战士	本县	1944
邬长柱	男	隔河头乡宋杖子村	联合县政府	战士	承德市	1944.8
蒋百荣	男	隔河头乡界岭村		战士	山东省	1944.8
胡继文	男	隔河头乡草场村	青龙县支队	战士	县曾杖子村	1945.8
王起合	男	隔河头乡樊家店村	十一纵队	战士	辽宁省	1947
王贵	男	隔河头乡隔河头村		战士	兴隆县	1947
刘延	男	隔河头乡罗汉洞村		班长	县西马道村	1946
宋耀海	男	隔河头乡董杖子村		战士	北京市密云区	1947.1
李延	男	隔河头乡宋杖子村	十二团	战士	抚宁区	1947.1
付云生	男	隔河头乡北山根村		战士	昌黎县	1947.8
阎树峰	男	隔河头乡董杖子村		战士	山海关区	1948
张桂香	男	隔河头乡大梨园村		战士	遵化市	1948
侯玉山	男	隔河头乡草场村	二十五师四十五团	战士	吉林省	1948
李友	男	隔河头乡刘杖子村	一九四师五八一团	战士	北京市密云区	1948
杜延江	男	隔河头乡刘杖子村	二十五师七十三团	战士	辽宁省	1948
孙井玉	男	隔河头乡界岭村	二十四旅十四团	班长	北京青龙山	1948.7
张凤	男	隔河头乡樊家店村	冀东军区十二团	战士	抚宁区	1948.8
唐万祥	男	隔河头乡董杖子村	二十七师十九中队	战士	辽宁省	1948.9
王起发	男	新城沟乡罗汉洞村	二十七师八十一团	排长	辽宁省	1949
高荣	男	隔河头乡马圈子村	四〇七师	战士	湖南省	1949.6
鲍万友	男	隔河头乡马圈子村	一三八师	战士	湖南省	1949.8
高俊礼	男	隔河头乡界岭村	一三六师	战士	湖南省	1950.12
张殿部	男	隔河头乡董杖子村		教员	陕西省	1966
曹振凡	男	隔河头乡董杖子村	空军师后勤部	副部长	河南省	1971.12
郭钱	男	娄子石乡南沟村	四平保安一旅	战士	吉林省	1947
王珍	男	娄子石乡南沟村	本县独立四团	战士	县岳杖子村	1947.5
马德和	男	娄子石乡南沟村	二十六军一三八师	战士	辽宁省	1948
张付来	男	娄子石乡其巨口村	四十六军一三八师	班长	辽宁省	1948
刘义	男	娄子石乡南沟村	四十六军一三八师	战士	辽宁省	1948
耿殿堂	男	娄子石乡碱厂村	九纵队二十七师	战士	辽宁省	1948
李富春	男	娄子石乡塌山村	九纵队二十六师	战士	辽宁省	1948
张顺	男	娄子石乡山城子村	二十六军一三八师	营长	辽宁省	1948.1
李俭	男	娄子石乡山城子村	青龙独立团	战士	辽宁省	1948.2
赵振申	男	娄子石乡山城子村	青龙独立团	战士	县干沟乡	1948.4
张付然	男	娄子石乡娄子石村	九纵队十三团	战士	辽宁省	1948.9

（续表）

姓 名	性别	籍 贯	所在单位	职 务	牺牲地点	牺牲时间
单珍	男	娄子石乡其巨口村	四一三团	战士	辽宁省	1948.9
李相	男	娄子石乡后炕峪村	一三七师政治部	战士	湖南省	1950.7
王仕峰	男	娄子石乡后炕峪村	四十七军四〇二团	参谋	朝鲜	1951.10
王瑞	男	娄子石乡后炕峪村	一三八师	班长	县娄子石乡	1953
王树	男	娄子石乡塌山村	九纵七十八团	战士	湖南省	1958
张少雨	男	娄子石乡娄子石村	一一二二一部队	连长	北京市	1971.8
张守平	男	娄子石乡娄子石村	五一〇六九部队	战士	张家口市	1976.5
张汝明	男	牛心坨乡山拉嘎村	十二军分区	战士	丰润区	1945
张喜林	男	牛心坨乡蛇盘兔村	冀东军分区	战士	抚宁区	1945.7
徐占友	男	牛心坨乡尖山子村	独立团	战士	宽城县	1947.9
张会余	男	牛心坨乡老鸦窝村	五十五军六五六团	战士	辽宁省	1948
杨中生	男	牛心坨乡白城子村	十六分区	战士	遵化市	1948
薄信	男	牛心坨乡霍杖子	冀东军分区	战士	吉林省	1948
付民	男	牛心坨乡付杖子村	三十八军三三六团	战士	辽宁省	1948
陈林	男	牛心坨乡大岭村		战士	昌黎县	1948.8
付文科	男	牛心坨乡付杖子村	四十六军一三六师	战士	辽宁省	1948.9
范桂荣	男	牛心坨乡霍杖子村	八十团	战士	辽宁省	1948.11
武印	男	牛心坨乡尖山子村	担架队	担架员	天津市	1949.11
张宪	男	牛心坨乡大岭村	四十六军一四六师	战士	朝鲜	1952.5
石秀	男	牛心坨乡蛇盘兔村		战士	朝鲜	1953.7
张为	男	牛心坨乡山拉嘎村	四〇七团	排长	西藏	1958.11
侯青申	男	牛心山乡蛇盘兔村	一六九〇部队	战士	内蒙古	1970.6
田文	男	双山子镇岭下村	宏远部队	战士	滦县	1947.11
陈保申	男	双山子镇瓦房村	宏远部队	战士	北戴河区	1947.12
王进喜	男	双山子镇小巫岚村	四野	战士	辽宁省	1948
王进长	男	双山子镇小巫岚村	宏远部队	战士	平泉市	1948
李起	男	双山子镇大汇河村	四野	战士		1948
赵长太	男	双山子镇大汇河村	宏远部队	战士	滦县	1948
邢振明	男	双山子镇三合店村	宏远部队	战士	张家口市怀来县	1948
刘满	男	双山子镇三合店村	宏远部队	战士	滦平县	1948
谭林	男	双山子镇黄杖子村	四野	战士	集家务	1948.2
高生	男	双山子镇双山子村	青龙县支队	战士	县安子岭乡	1948
李春柱	男	双山子镇双山子村	青龙县支队	战士	县安子岭乡	1948
曾庆然	男	双山子镇三合店村	宏远部队	战士	滦平县	1948
王进安	男	双山子镇小巫岚村	四野	战士	辽宁省	1948

（续表）

姓　名	性别	籍贯	所在单位	职　务	牺牲地点	牺牲时间
缪永生	男	双山子镇朱杖子村	宏远部队	班长	宽城县	1948
刘德峰	男	双山子镇朱杖子村	独立五师	战士	抚宁区	1948
贾长和	男	双山子镇瓦房村	独立四十七团	连长	怀来县新保安镇	1948
徐平安	男	双山子镇双山子村	九纵队二十六师	班长	天津市	1948
高思际	男	双山子镇双山子村	青龙县支队	战士	县安子岭乡	1949
李永银	男	双山子镇岭下村	宏远部队	战士	滦平县	1949
李井和	男	双山子镇双山子村	县区队	战士	县五区	1949
刘财	男	双山子镇朱杖子村	一九四师五八一团	排长	山西省	1949
李茂林	男	双山子镇岭下村		班长	朝鲜	1951
裴德成	男	双山子镇朱杖子村	一九四师五八一团	战士	朝鲜	1951
杨茂文	男	双山子镇黄杖子村		排长	朝鲜	1953
杨振德	男	双山子镇杨台子村	冀东军分区	副排长	抚宁区	1944
赵平	男	茨榆山乡茨榆山村	赵德山部队	战士	抚宁区	1945
赵明利	男	茨榆山乡茨榆山村	青绥县支队	战士	杨河	1945
孟广志	男	茨榆山乡茨榆山村	宏远部队	战士	昌黎县	1947
郭中义	男	茨榆山乡土桥岭村	青龙武委会	民兵排长	龙王庙乡	1947
刘青亭	男	茨榆山乡白城子村	独立一团	战士	宽城县	1947
张福山	男	茨榆山乡白城子村	十七分区独立一团	战士	昌黎县	1947
王海	男	茨榆山乡南沟村	一九四师五八一团	排长	山西省	1948
张景兴	男	茨榆山乡沙金沟村	独立五师	副班长	北京市密云区	1948
王祥	男	茨榆山乡土桥岭村	双山子区政府	民政助理	县安子岭乡	1948
詹国恩	男	茨榆山乡土桥岭村	独立三团	战士	宁夏回族自治区	1948
李玉来	男	茨榆山乡南沟村	六十五军一九四师	战士	保定市	1948
王树昌	男	茨榆山乡土桥岭村	独立一团	战士	北京市密云区	1948
何成记	男	茨榆山乡南沟村	一九四师五八一团	战士	甘肃省	1949
陈永贵	男	茨榆山乡杨台子村	独立五师	班长	北京市	1949
徐志远	男	茨榆山乡土桥岭村		班长	山西省	1949
马成义	男	茨榆山乡土桥岭村	六十五军五八一师	战士	朝鲜	1951
杨义明	男	茨榆山乡茨榆山村	一九四师五八一团	班长	朝鲜	1953
吴玉明	男	茨榆山乡土桥岭村		战士	内蒙古自治区	1967
于相臣	男	平方子乡于杖子村		区委委员	抚宁区	1944
高术义	男	平方子乡于杖子村	抚宁区	组织委员	抚宁区	1944
高印	男	平方子乡于杖子村	冀东军分区十二团	排长	临榆县	1944
刘文全	男	平方子乡冯杖子村	冀东军分区十二团	营长	辽宁省	1946
张益民	男	平方子乡二道河村	九纵队二十六师	排长	辽宁省	1947

（续表）

姓　名	性别	籍贯	所在单位	职务	牺牲地点	牺牲时间
于海生	男	平方子乡于杖子村	绥中县	县委委员	辽宁省	1948
侯全	男	平方子乡于杖子村	一九四师五八一团	战士	北京市密云区	1948
丁成	男	平方子乡丁杖子村	四二六团	排长	北戴河区	1948
张明菊	男	平方子乡二道河村	一九四师五八一团	副班长	宁夏回族自治区	1949
薛秀山	男	平方子乡陈杖子村	彰武县政府	县长	辽宁省	1946
方自全	男	平方子乡丁杖子村	八十二团	战士	朝鲜	1951
于恕	男	平方子乡于杖子村				失踪
朱金奎	男	安子岭乡陡沟村	冀东军分区十二团	战士	抚宁区	1944
田文元	男	平方子乡白蟒山村	冀东军分区十二团	排长	抚宁区	1944
杨德林	男	安子岭乡陡沟村	华北军区四十四师	战士	北京市	1947
曹文和	男	安子岭乡安子岭村	青龙县支队一连	排长		1947
刘文生	男	安子岭乡金杖子村	二兵团总队	班长	四海县	1948
郁殿全	男	安子岭乡金杖子		班长	河南省	
申荣春	男	平方子乡二道河村	宏远部队	战士	四海县	1948
胡金财	男	平方子乡田杖子村		排长	义常县	1949
刘继有	男	安子岭乡刘杖子村	五八二团	战士	朝鲜	1952
刘长来	男	安子岭乡刘杖子村	中南空军	班长	保定市	1964
刘印章	男	平方子乡二道河村	五一〇五八部队	战士	张家口市	1945
刘文满	男	安子岭乡陡沟村				失踪
娄清林	男	干树沟乡吉利峪村		战士		1943
刘恩美	男	干树沟乡吉利峪村	冀东军分区十二团	战士	抚宁区	1945
李复新	男	干树沟乡吉利峪村	木头凳区委	区委书记	县木头凳镇	1945
娄中林	男	干树沟乡吉利峪村	辽宁军区十二团	副班长	辽宁省	1946
田志来	男	干树沟乡吉利峪村	冀东军分区十二团	营长	辽宁省	1947
王营	男	干树沟乡吉利峪村	独立五师十四团	战士	宠官营	1947
王殿瑞	男	干树沟乡吉利峪村	独立五师	战士	昌黎县	1947
吴文元	男	干树沟乡吉利峪村	宏远部队	战士	宽城县	1948
樊庆柱	男	干树沟乡吉利峪村	独立五师	战士	蓟州区	1948
张士斌	男	干树沟乡吉利峪村	独立五师	战士	天津市	1948
孙占山	男	干树沟乡吉利峪村	独立五师	战士	北京市	1948
吕香	男	干树沟乡吉利峪村	独立五师	战士	北京市	1948
樊宝林	男	干树沟乡吉利峪村	独立五师	战士	北京市	1948
贾祥喜	男	干树沟乡马杖子村	独立五师十四团	战士		1948
孔宪元	男	干树沟乡马杖子村	六十五军五八一团	战士		1948
王福臣	男	干树沟乡王树沟村	独立五师	战士	北京市	1948

（续表）

姓 名	性别	籍贯	所在单位	职 务	牺牲地点	牺牲时间
刘明	男	干树沟乡张杖子村	五八一团	战士	北京市	1948
刘长和	男	干树沟乡张杖子村	五八一团	战士	保定市	1948
方文	男	干树沟乡三界岭村	五八一团	战士	北京市	1948
方玉庆	男	干树沟乡三界岭村	五八一团	战士	北京市	1948
吴春香	男	干树沟乡三界岭村	五八一团	战士	怀来县	1948
樊美林	男	干树沟乡吉利峪村	一九四师五八一团	班长	山西省	1949
杨桂贤	男	干树沟乡马杖子村	六十五军五八一团	战士	甘肃省	1949
王玉福	男	干树沟乡张杖子村	五八一团	班长	朝鲜	1950
吕秀	男	干树沟乡吉利峪村	五八一团	战士	朝鲜	1951
王庆利	男	干树沟乡吉利峪村	〇二一四部队	副班长	朝鲜	1957
樊庆春	男	干树沟乡吉利峪村	一九四师	战士	朝鲜	1951
樊凤林	男	干树沟乡马杖子村	六十五军五八一团	战士	朝鲜	1951
吕会山	男	干树沟乡干树沟村	五八一团	战士	朝鲜	1951
吕秀凤	男	干树沟乡吉利峪村	一九四师五八一团	战士	朝鲜	1952
吴银	男	干树沟乡马杖子村	东北军区炮兵团	战士	朝鲜	1952
贾义江	男	干树沟乡马杖子村	五二九四一部队	战士	山西省	1980
郭树才	男	干树沟乡干树沟村		战士		失踪
高义	男	土门子乡景杖子村	一五八师	战士	辽宁省	1948
刘勤	男	土门子乡吴杖子村	六纵队十七师	副班长	吉林省	1948
王羽	男	土门子乡吴杖子村	三十一师三十五团	战士	昌黎县	1948
吴云增	男	土门子乡吴杖子村	二十六师七十七团	战士	天津市	1948
景万祥	男	土门子乡吴杖子村	荣军管委会	战士	围围坞	1948
宋贵	男	土门子乡吴杖子村	荣军管委会	战士	围围坞	1948
朱连祥	男	土门子乡景杖子村	一三七团	班长	天津市	1949
王会生	男	土门子乡黄杖子村	四十六军	战士	天津市	1949
柴万喜	男	土门子乡朱石岭村	四十五军四〇三团	战士	天津市	1949
宋连珍	男	土门子乡吴杖子村	一五八师四七八团	副班长	广东省	1950
李荣	男	土门子乡景杖子村	纠察团	战士	朝鲜	1951
郭文清	男	土门子乡黄杖子村	五八一团	副班长	朝鲜	1953
柴柱	男	土门子乡朱石岭村				失踪
周福山	男	大石岭乡山南村	四野	战士	辽宁省	1947
顾青	男	大石岭乡榆树沟村	四十八军四二六团	战士	吉林省	1948
周保延	男	大石岭乡大石岭村	独立四师二团	战士	山东省	1948
顾连文	男	大石岭乡红旗杆村	东北军区十二团	战士	辽宁省	1948
周明学	男	大石岭乡山南村	炮兵四十七团	战士		1950

（续表）

姓　名	性别	籍贯	所在单位	职务	牺牲地点	牺牲时间
王文章	男	大石岭乡红旗杆村	六十五军五一九团	战士	朝鲜	1951
段德才	男	大石岭乡柳树漫村	志愿军后勤部	战士	朝鲜	1951
权思奎	男	嵩村乡大石岭村	志愿军三十团	战士	朝鲜	1953
黄佐才	男	嵩村乡杨杖子村	冀东军分区十二团	战士	抚宁区	1943
李珠	男	嵩村乡东嵩村	土门子建联会	主任	县大巫岚乡	1947
冯颜文	男	嵩村乡影壁山村	四野二十四师	副排长	黑龙江省	1948
冯玉山	男	嵩村乡东嵩村	四野一四二师	战士	辽宁省	1948
李凤玉	男	嵩村乡东嵩村	四野一四二师	战士	辽宁省	1948
李永山	男	嵩村乡东嵩村	四野一四二师	战士	辽宁省	1948
张友	男	嵩村乡影壁山村	三纵十四团	班长	庞官营	1948
宋明臣	男	嵩村乡杨杖子村	九纵七十六团	战士	辽宁省	1948
王继忠	男	嵩村乡西嵩村	四〇五团	副排长	辽宁省	1948
冯清忠	男	嵩村乡影壁山村	一五八师三十团	战士	北京市	1948
冯玉坡	男	嵩村乡影壁山村	一五八师四七四团	班长	广州市	1950
张海	男	嵩村乡炮手堡子村		排长	安徽省	1952
吴起忠	男	嵩村乡炮手堡子村	一三七师四一〇团	班长	朝鲜	1955
刘克勤	男	大于杖子乡苗杖子村	一三七师四一〇团	战士	辽宁省	1947
李春贺	男	大于杖子乡铁炉沟村	独立五师十四团	战士	北京市	1948
刘殿才	男	大于杖子乡杨杖子村	县区小队	战士	县大于杖子乡	1944
苑贺	男	大于杖子乡张家沟村	一九三师五七九团	战士	朝鲜	1951
宋玉忠	男	大巫岚乡窑上村	五〇六团	班长	朝鲜	1952
张顺	男	大巫岚乡和平庄村	二〇一团	战士	朝鲜	1953
于延青	男	大巫岚乡大狮子沟村	一三九六部队	卫生队	辽宁省	1966
李文相	男	木头凳镇牛角沟村	五区十队	战士	辽宁省	1944
唐计贵	男	木头凳镇汤杖子村		班长	县龙王庙乡	1944
程有	男	木头凳镇烧锅杖子村		班长	县安子沟	1944
李庆宣	男	木头凳镇木头凳村	木头凳区队	战士	县木头凳镇	1945
袁少先	男	木头凳兴隆台子村	宏远部队	战士	兴隆县	1947
周礼	男	木头凳镇汤杖子村	七区队七连	战士	牡丹江市	1947
罗文章	男	木头凳镇白土山村	公安十师二十八团	战士	平山县	1948
李恩起	男	木头凳镇汤杖子村	独立四师	战士	辽宁省	1948
吕文书	男	木头凳镇邱杖子村	华北十二军分区	战士	县哑巴庄	1948
刘桐	男	木头凳镇邱杖子村	县民兵团	民兵	辽宁省	1948
马玉和	男	木头凳镇谢杖子村	七十七师八〇一团	战士	辽宁省	1948
杜青发	男	木头凳烧锅杖子村	七十三团	战士	辽宁省	1948

（续表）

姓 名	性别	籍贯	所在单位	职 务	牺牲地点	牺牲时间
罗臣	男	木头凳镇付杖子村		战士	辽宁省	1949
匡发元	男	木头凳镇谢杖子村	九纵队三十师	战士	湖南省	1949
宋景臣	男	木头凳镇汤杖子村		战士	湖南省	1949
李敬轩	男	木头凳镇牛角沟村	军政大学	学员	南京市	1950
樊庆生	男	木头凳兴隆台子村	九十七部五支队	战士	辽宁省	1953
吴兴太	男	木头凳镇木头凳村	东北二一〇团	战士	朝鲜	1953
吕文金	男	木头凳镇邱杖子村	四一二团	副班长	朝鲜	1953
李成海	男	木头凳镇谢杖子村	炮兵二〇一团	战士	朝鲜	1953
张士军	男	木头凳镇松木集村	五一一三六部队	排长	呼和浩特市	1978
李峰	男	山东乡张台子村	辽宁凌源市	民政	辽宁省	1944
李宽	男	山东乡范杖子村	独立团	战士	抚宁区	1945
柴玉珠	男	山东乡范杖子村	四师十团	战士		1948
祁会臣	男	山东乡岔沟村	四十六军四〇六团	战士	隆化县	1948
吴起	男	山东乡杨树窝铺村	四二九团	战士	广东省	1949
王治	男	山东乡杨树窝铺村	四野战军部	战士	朝鲜	1951
徐景兴	男	三星口乡三星口村	兴支队	战士	县三星口乡	1947
胡宝义	男	三星口乡转城号村		战士	甘肃省	1949
刘文奎	男	三星口乡转城号村		战士	朝鲜	1950
王志存	男	周杖子乡三道沟村	独立军十四团	指导员	张家口市	1948
王全	男	周杖子乡望宝盖子村		战士	辽宁省	1948
黄友顺	男	周杖子乡三道沟村	四十五军三十五师	班长	天津市	1949
张宝	男	周杖子乡望宝盖子村	五八一团	班长	朝鲜	1951
高瑞	男	周杖子乡三道沟村	六十五军五七九团	战士	朝鲜	1951
周景满	男	周杖子乡周杖子村	四十二军三七五团	副班长	朝鲜	1951
石庆海	男	周杖子乡李台子村	四〇四团	战士	朝鲜	1953
高玉山	男	干沟乡庞杖子村	九纵队	战士	辽宁省	1948
尹香云	男	干沟乡烧锅店村	独立四师	战士	承德市	1948
韩国强	男	干沟乡石盖子村	公安十师二十八团	班长	广东省	1952
冯国忠	男	青龙镇杨杖子村	五十四军一三十五师	副班长	朝鲜	1953
肖光如	男	青龙镇三权榆树村	宏远部队	战士	宽城县	1946
佟云章	男	青龙镇前庄村	东北联军	战士		1947
李春增	男	青龙镇杨杖子村	九纵四十六团	战士	辽宁省	1947
杨印书	男	青龙镇三权榆树村	四野	教导员	辽宁省	1947
佟秀章	男	青龙镇佟杖子村	东北军区	副排长	天津市	1948

（续表）

姓 名	性别	籍贯	所在单位	职 务	牺牲地点	牺牲时间
罗凤	男	青龙镇土坎子村	四〇七团	战士	天津市	1948
杨德中	男	青龙镇土坎子村	四二五团	战士	辽宁省	1948
王伶	男	青龙镇三权榆树村		战士	天津市	1948
杨海贵	男	青龙镇三权榆树村	青龙担架团	队员	兴隆县	1948
马盛合	男	青龙镇大杖子村	青龙区小队	司务长	县蒿村	1948
邵永棉	男	青龙镇大杖子村	独立六十一团	班长	辽宁省	1949
景珠	男	青龙镇逃军山村	一三六师	战士	湖南省	1950
李玉山	男	青龙镇北坎子村	六十四军五六八团	连长	朝鲜	1950
邵连林	男	青龙镇大杖子村	六十四军五八一团	教导员	朝鲜	1951
赵华	男	青龙镇谢家岭村	四十六军后勤部	司务长	朝鲜	1953
马占文	男	青龙镇土坎子村	二〇一师炮团	排长	朝鲜	1953
肖庆昆	男	青龙镇前庄村	县区小队	队员	县马圈子镇	1955
马树增	男	青龙镇佟杖子村	七七五四部队	战士	湖南省	1972
肖连方	男	青龙镇土坎子村	五〇五部队	战士	辽宁省	1972
马合祥	男	西双山乡西双山村	二十五师七十三团	战士	辽宁省	1948
李军	男	西双山乡西双山村	四十六军一三六师	战士	天津市	1948
肖友柱	男	西双山乡肖杖子村	一三八师四一二团	战士	辽宁省	1948
宋亮	男	西双山乡宋杖子村	一四三师四二八团	班长	天津市	1948
周任	男	马圈子镇三道河村		战士	迁安市	1945
于良顺	男	马圈子镇孤山子村		战士	辽宁省	1946
桂树	男	马圈子镇水胡同村	冀东军区	战士	宽城县	1947
张庆祥	男	马圈子镇孤山子村	四师独立团	战士	抚宁区	1947
贾永宗	男	马圈子镇马圈子村	九纵七十团	战士	山海关	1948
唐宗祥	男	马圈子镇马圈子村	四团	战士	县三间房乡	1948
李春江	男	马圈子镇马圈子村	广西武鸣县	区长	广西壮族自治区	1948
何玉	男	马圈子二道杖子村	四十六军四〇九团	战士	天津市	1949
张景瑞	男	马圈子镇梓椤滩村	四十八师四二六团	战士	宁夏回族自治区	1949
马德芳	男	马圈子镇头道河村		战士	朝鲜	1951
杜海林	男	马圈子镇三道河村	一九四师五八二团	战士	朝鲜	1952
段友明	男	马圈子镇孤山子村	三九八五部队	战士	辽宁省	1960
马文贺	男	张杖子乡杨杖子村	青龙县马圈子镇	农会主任	县马圈子镇	1948
赵荣	男	张杖子乡张杖子村	县支队	战士	宽城县	1948
陈玉娥	女	张杖子乡张杖子村	张杖子乡	农委会	县张杖子乡	1948
刘庆	男	张杖子乡兴隆沟村	青龙县支队	战士	县孟家铺村	1948
田国明	男	张杖子乡杨杖子村		战士	北京市密云区	1949

（续表）

姓　名	性别	籍贯	所在单位	职　务	牺牲地点	牺牲时间
王士为	男	张杖子乡拉拉岭村		战士	朝鲜	1953
杨德山	男	朱杖子乡焦杖子村	东北军区二十五师	战士	辽宁省	1948
李成林	男	朱杖子乡老李洞村	区小队	战士	宽城县	1948
任玉安	男	朱杖子乡老李洞村	一九四师五一八团	战士	朝鲜	1951
邵明如	男	肖营子镇娄子店村	青龙县娄子店	办事员	县伪监狱	1943
许助国	男	肖营子镇五指山村	第四区小队	班长	县七道河乡	1944
许先顺	男	肖营子镇五指山村	冀东军区十二团	战士	抚宁区	1944
许先君	男	肖营子镇五指山村	冀东军分区	副排长	辽宁省	1946
沈永庆	男	肖营子镇王营子村	青龙县王营子村	主任	县王营子村	1946
宋宽	男	肖营子镇王营子村	青龙县王营子村	主任	县肖营子镇	1946
马悦生	男	肖营子镇高丽铺村	七纵五十五团	班长	辽宁省	1947
许如成	男	肖营子镇五指山村	二十五师七十四团	战士	辽宁省	1948
张芬芝	男	肖营子镇荒山沟村	九纵七十五团	战士	辽宁省	1948
张瑞芝	男	肖营子镇荒山沟村	四十六军一三六师	战士	辽宁省	1948
郭玉林	男	肖营子镇温杖子村	九纵队七十四团	战士	辽宁省	1948
杨瑞林	男	肖营子镇海红庄村	四十六团	战士	昌黎县	1948
邵玉栋	男	肖营子镇肖营子村	青龙县支队	战士	抚宁区	1948
李广桂	男	肖营子镇肖营子村	十七旅机枪排	排长	辽宁省	1948
殷德	男	肖营子镇娄子店村	四十军四〇七团	战士	天津市	1949
殷贵	男	肖营子镇娄子店村	四十六军一三六师	班长	湖南省	1949
张学仁	男	肖营子镇荒山沟村	四十六军	战士	天津市	1949
王春海	男	肖营子镇温杖子村	军区司令部	战士	广西壮族自治区	1949
佟山	男	肖营子镇五指山村	四〇七团	战士	湖南省	1950
杨国栋	男	肖营子镇肖营子村	工兵六团	战士	湖南省	1950
高中发	男	肖营子镇王营子村	炮兵二一〇团	战士	朝鲜	1950
杨佑	男	肖营子镇王子店村	一三七师四一一团	副班长	广东省	1951
常保增	男	肖营子镇王子店村	四十八军一六一团	战士	江西省	1951
李成清	男	肖营子镇娄子店村	四十军一二〇师	班长	朝鲜	1951
朱玉枝	男	肖营子镇温杖子村	一九四师五八一团	副排长	朝鲜	1951
王儒	男	肖营子镇温杖子村	一三六师警备营	战士	广东省	1951
许秀林	男	肖营子镇五指山村	四十六军山炮营	战士	朝鲜	1953
许如兰	男	肖营子镇五指山村	四十六军炮团	连长	朝鲜	1953
张有	男	肖营子镇温杖子村		战士	广西壮族自治区	1953
刘雨春	男	肖营子镇温杖子村	五十四军一三十五师	副排长	朝鲜	1954

（续表）

姓　名	性别	籍贯	所在单位	职　务	牺牲地点	牺牲时间
杨满臣	男	肖营子镇肖营子村			朝鲜	失踪
李海成	男	肖营子镇肖营子村			朝鲜	失踪
郝光全	男	白家店下抱榆槐村	独立团	战士	蓟州区	1946
汤东波	男	白家店乡汤杖子村	十一纵队三十三团	司务长	包昌县	1947
张文胜	男	白家店乡姚杖子村	四十六军	战士	平泉市	1947
刘付堂	男	白家店乡张杖子村	六团警卫连	战士	湖南省	1947
姚凤朝	男	白家店乡姚杖子村	宏远部队	战士	平泉市	1948
胡连德	男	白家店乡赵杖子村	四十六军一三六师	战士	朝鲜	1950
赵春山	男	白家店乡赵杖子村	四十六军一三六师	战士	朝鲜	1953
白玉朝	男	白家店乡白家店村	四十六军四〇七团	班长	朝鲜	1953
周永山	男	七道河乡彭杖子村	七道河彭杖子	联络员	县白家店村	1943
王理	男	七道河乡五道河村	青龙县	联络员	青龙县	1944
王俊	男	七道河乡五道河村		联络员	迁安市	1945
金维志	男	七道河乡三道河村	九纵七十八团	战士	辽宁省	1947
张田贺	男	七道河乡五道河村		战士	辽宁省	1947
马振启	男	七道河乡吉利峪村	九纵队	战士	辽宁省	1948
金贵琢	男	七道河乡三道河村	一三六师四〇八团	战士	辽宁省	1948
彭双	男	七道河乡彭杖子村		战士	县彭杖子村	1948
胡士合	男	七道河乡石门子村				1948
何振山	男	七道河乡石门子村	九纵队二十六师	战士	辽宁省	1948
葛凤山	男	七道河乡八道河村	坦山县支队	战士	坦山县	1950
杜云	男	七道河乡八道河村	一九四师五八一团	班长	朝鲜	1951
汤玉奎	男	七道河乡三道河村		副排长	朝鲜	1951
潘昆	男	七道河乡七道河村	工兵十五团	排长	朝鲜	1951
张永海	男	七道河乡后水河村	工兵二十二团	战士	辽宁省	1951
张柱	男	七道河乡后水河村		副班长	朝鲜	1951
高文宾	男	七道河乡八道河村	炮兵二〇七团	班长	朝鲜	1953
詹凤瑞	男	七道河乡五道河村		排长	察哈尔省	1955
肖凤文	男	七道河乡七道河村	五一〇六九部队	战士	张家口市	1976
常文	男	七道河乡四道河村	四野四十六军	战士		
张士井	男	草碾乡刘杖子村	九纵队七十八团	战士	辽宁省	1947
李永和	男	草碾乡刘杖子村	四十六军四〇八团	班长	辽宁省	1948
王雨庭	男	草碾乡蚂蚁滩村	青龙东蚂蚁滩	农会主任	县草碾乡刘杖子村	1948
李永明	男	草碾乡刘杖子村				失踪
张殿弼	男	当杖子乡瓦房村		战士	辽宁省	1946

（续表）

姓 名	性别	籍贯	所在单位	职 务	牺牲地点	牺牲时间
赵香云	男	当杖子乡当杖子村		班长	迁安市	1946
张之厂	男	当杖子乡瓦房村		战士	滦平县	1947
李贵	男	当杖子乡小菜峪村		战士	辽宁省	1948
张理	男	当杖子乡后里洞村		战士	辽宁省	1948
张凤祥	男	当杖子乡当杖子村		战士	辽宁省	1948
高贺	男	当杖子乡高杖子村		战士	辽宁省	1948
梁永山	男	当杖子乡黄木厂村		排长	朝鲜	1953
马忠义	男	当杖子乡千里洞村				失踪
马波	男	当杖子乡千里洞村				失踪
张忠望	男	当杖子乡杨树底下村				失踪
邓万合	男	八道河乡边杖子村	边杖子	农会主任	县都山	1947
王密	男	八道河乡邢厂村	四十六军四一一团	战士		1947
邓庭才	男	八道河乡边杖子村	四十六军七十二团	战士	辽宁省	
邓春普	男	八道河乡八道河村	四十六军四十一团	战士	辽宁省	1948
赵长东	男	八道河乡牧马村		副排长	天津市	1948
王德明	男	八道河乡牧马村	四十六军四〇八团	战士	辽宁省	1948
张树林	男	八道河乡七道河村	四十六军四十一团	战士	天津市	1949
张玉山	男	八道河乡牧马村		班长	吉林省	1949
邓庭福	男	八道河乡边杖子村	四十六军一三七师	班长	湖南省	1950
李杰	男	八道河乡抹子沟村	四十七军八十五团	战士	朝鲜	1950
么贺	男	八道河乡邢厂村	六十五军五七九团	战士	朝鲜	1952
王信平	男	八道河乡牧马村	五四二八部队	排长	中越边境	1979
张秀全	男	王厂乡郭杖子村	报国会	组长	王厂	1942
高富	男	王厂乡刘杖子村	迁青平支队	班长	迁安市	1942
钱凯	男	王厂乡钱杖子村	报国会	组长	县钱杖子村	1942
蔡逢	男	王厂乡钱杖子村	报国会	武装部长	宽城县	1942
刘润	男	王厂乡钱杖子村	报国会	组长	宽城县	1942
曹德生	男	王厂乡钱杖子村	报国会	组长	辽宁省	1942
蔡盈	男	王厂乡钱杖子村	报国会	民工	辽宁省	1942
钱海	男	王厂乡钱杖子村	报国会	武装部长	宽城县	1942
王照	男	王厂乡二道沟村	报国会	武装部长	辽宁省	1943
蔡合	男	王厂乡钱杖子村	报国会	宣传委员	承德市	1943
蔡儒	男	王厂乡钱杖子村	报国会	组长	承德市	1943
李广荣	男	王厂乡二道沟村	迁青平十队	班长	迁安市	1943
柴俊成	男	王厂乡二道沟村	十二旅十七团	战士	迁安市	1946

（续表）

姓　名	性别	籍贯	所在单位	职　务	牺牲地点	牺牲时间
董连清	男	王厂乡头道沟村	赤峰区公所	区长	辽宁省	1946
张红	男	王厂乡大转村	宏远部队	战士	宽城县	1947
兰元	男	王厂乡王厂村	四十六军四一一团	战士	辽宁省	1948
杨文	男	王厂乡王厂村	一九四师五八二团	战士	朝鲜	1951
山井顺	男	王厂乡抄道沟村	六十五军五十七团	战士	朝鲜	1951
崔进福	男	王厂乡大转村	二〇一师炮兵团	战士	朝鲜	1951
何青忍	男	娄杖子乡杜杖子村		班长	阜平县	1944
赵德	男	娄杖子乡三家村		排长	山海关	1947
李云伶	男	娄杖子乡前擦岭村	宏远部队	战士	宽城县	1947
昝玉清	男	娄杖子乡前擦岭村	宏远部队	战士	平泉市	1947
陈保胜	男	娄杖子乡小于杖子村	二十六师营口部	战士	辽宁省	1948
周得胜	男	娄杖子乡小于杖子村	独立师四二六团	战士	北戴河区	1948
石生	男	娄杖子乡大鹿斗沟村	四十六军一三七师四十一团	战士	辽宁省	1948
杜井春	男	娄杖子乡谢杖子村	九纵队二十六师七十八团	战士	辽宁省	1948
金发	男	娄杖子乡谢杖子村	九纵队二十五师七十四团	战士	辽宁省	1948
马文友	男	娄杖子乡朴杖子村	九纵队二十五师七十四团	战士	辽宁省	1948
王宽	男	娄杖子乡前擦岭村		战士		1948
田仁清	男	娄杖子乡娄杖子村	独立四师四十三团	战士	北京市	1948
朱香云	男	娄杖子乡前擦岭村	九纵队二十六师七十八团	战士	辽宁省	1948
李连志	男	娄杖子乡前牛山村	九纵队二十六师七十八团	战士	辽宁省	1948
赵成青	男	娄杖子乡三家村		战士		1948
王政文	男	娄杖子乡小鹿斗沟村		民工	辽宁省	1948
王永江	男	娄杖子乡小鹿斗沟村	四十六军一三七师	民工	天津市	1949
崔广恩	男	娄杖子乡后擦岭村	四纵队四十八军	班长	广东省	1949
周德奎	男	娄杖子乡小于杖子村	九纵队二十六师七十八团	战士	天津市	1949
王永鹤	男	娄杖子乡狮子坪村		战士	朝鲜	1951
刘让	男	娄杖子乡后擦岭村	二〇一师六〇二团	副班长	朝鲜	1952
王保	男	娄杖子乡大鹿斗沟村	一九四师五八二团	战士	朝鲜	1953
刘春玉	男	娄杖子乡大鹿斗沟村	四十军二一〇师三五八团	排长	朝鲜	1953

（续表）

姓 名	性别	籍 贯	所在单位	职 务	牺牲地点	牺牲时间
杜连昌	男	娄杖子乡杜杖子村	志愿军四〇四团	参谋	朝鲜	1953
朱玉秋	男	娄杖子乡谢杖子村				失踪
段秘堂	男	凉水河乡落地村		排长	湖南省	1942
赵安	男	凉水河乡梓椤台子村	冀东十七团	战士	遵化市	1945
郭进堂	男	凉水河乡下草碾村	冀东十七团	战士	平泉市	1945
张海珠	男	凉水河乡东马道村	冀东十七团	战士	平泉市	1946
周景	男	凉水河乡上草碾村	青龙县支队	战士	宽城县	1946
陈付	男	凉水河乡柳枝峪村	四十六军二十六师	战士	辽宁省	1947
霍万树	男	凉水河乡下草碾村	冀东独立五师	战士	北京市密云区	1947
王景才	男	凉水河乡东马道村	四十八军四一一团	战士	辽宁省	1947
马凤	男	凉水河乡下草碾村	冀东独立五团	战士	北京市密云区	1948
赵万保	男	凉水河乡下草碾村	青龙县区小队	战士	县下草碾村	1948
段明	男	凉水河乡下草碾村	青龙县区小队	战士	县大鹿斗沟	1948
李万景	男	凉水河乡柳枝峪村	四十六军二十六师	战士	辽宁省	1948
李印林	男	凉水河乡柳枝峪村	四十六军二十六师	战士	辽宁省	1948
李贺	男	凉水河乡下草碾村		排长	江西省	1949
郭云福	男	凉水河乡下草碾村		战士	朝鲜	1950
王义	男	凉水河乡凉水河村	四十八军一四三师	班长	广东省	1950
周信余	男	凉水河乡上草碾村		排长	广东省	1951
藤秘	男	凉水河乡东马道村		连长	朝鲜	1953
李玉普	男	凉水河乡下草碾村				失踪
杨万山	男	三拨子乡六柱坪村				失踪
王庆云	男	三拨子乡六柱坪村	青龙县七区	秘书	迁安市	1943
王弼	男	三拨子乡六柱坪村	青龙县七区	区长	迁安市	1944
李永发	男	三拨子乡六拨子村		战士	青龙县	1944
张殿良	男	三拨子乡六拨子村		战士	吉林省	1947
姚宝金	男	三拨子乡六柱坪村		战士	县三拨子乡	1947
韩凤山	男	三拨子乡韩杖子村		战士	辽宁省	1948
石瑞	男	三拨子乡采桑峪村		战士	辽宁省	1948
王占东	男	三拨子乡西沟村		战士	朝鲜	1953
张玉书	男	三拨子乡三拨子村			抚宁区	
刘盈	男	小马坪乡石山沟村		战士	迁安市	1938
马贺庭	男	小马坪乡大马坪村		连长	超北	1939
王增	男	小马坪乡石山沟村		战士	辽宁省	1942
刘万恒	男	小马坪乡石山沟村			承德县	1942

姓　名	性别	籍贯	所在单位	职　务	牺牲地点	牺牲时间
王树	男	小马坪乡石山沟村			辽宁省	1942
马万春	男	小马坪乡庄户村	青龙县庄户	行政委员	青龙县	1942
王玉凤	男	小马坪乡青河沿村	青河沿	武装部长	青龙县	1942
王顺青	男	小马坪乡青河沿村	青河沿	财粮委员	青龙县	1942
王卯	男	小马坪乡青河沿村	青河沿	武装委员	青龙县	1942
王顺中	男	小马坪乡青河沿村	青河沿	青年主任	青龙县	1942
任万友	男	小马坪乡青河沿村	青河沿	战勤委员	辽宁省	1942
邢存	男	小马坪乡青河沿村		战士		1943
王义发	男	小马坪乡青河沿村	青河沿	办事员	青龙县	1943
张景	男	小马坪乡青河沿村	青河沿	办事员	县青河沿村	1943
段喜	男	小马坪乡青河沿村	小马坪村	村干部	县小马坪乡	1944
苏志信	男	小马坪乡青河沿村	迁安江华县支队		迁安市	1944
苏长峰	男	小马坪乡青河沿村	迁安市江华县支队	战士	迁安市	1944
马宝全	男	小马坪乡庄户村		办事员	辽宁省	1944
马宝瑞	男	小马坪乡庄户村			辽宁省	1944
张文海	男	小马坪乡小马坪村		排长	西湖寺	1945
牛万林	男	小马坪乡大马坪村		排长	西湖寺	1945
杨宝宽	男	小马坪乡庄户村		战士	抚宁区	1945
段贺兰	男	小马坪乡青河沿村	迁青平县游击队	战士	县小马坪乡	1945
王景玉	男	小马坪乡青河沿村		战士	平泉市	1946
马保田	男	小马坪乡庄户村		战士	宽城县	1946
陈洪俊	男	小马坪乡石山沟村		战士	辽宁省	1947
马成	男	小马坪乡庄户村	二十六师七十七团	战士	辽宁省	1947
张海	男	小马坪乡庄户村		战士	宽城县	1947
王殿玉	男	小马坪乡青河沿村		战士	辽宁省	1947
王亮	男	小马坪乡小马坪村		战士	县小马坪乡	1948
刘万秀	男	小马坪乡石山沟村		战士	辽宁省	1948
侯殿清	男	小马坪乡庄户村	三一四一部队	战士	三河市	1948
段贺中	男	小马坪乡青河沿村		战士	辽宁省	1948
苏洪朋	男	小马坪乡青河沿村		排长	北京市密云区	1948
马德	男	小马坪乡庄户村	四野炮二师	战士	辽宁省	1956
藤芝	男	小马坪乡青河沿村				失踪
岳凤玉	男	小马坪乡小马坪村				失踪
张旭	男	小马坪乡大马坪村				失踪

新中国成立后补遗和新追认的革命烈士

姓名	籍贯	所在单位	职务	牺牲地点	牺牲时间
张永贤	祖山镇牛心山村	六十五军五八二团	战士	朝鲜	1951.5
白文久	祖山镇安门口村	六十五军五一七团	副班长	朝鲜	1951.6
郭福印	龙王庙乡陈庄村		战士	朝鲜	1951.4
张义和	龙王庙乡北干树村		战士	山西省太原市	1951.1
周庆满	凤凰山乡汤杖子村				失踪
周云	凤凰山乡汤杖子村				失踪
张玉	官场乡谢杖子村	一九〇医院	军医	关防医院	1957
李景文	官场乡八道岭村				失踪
范喜	双山子镇曾杖子村				失踪
李庆富	双山子镇黄杖子村	青龙县交警大队	民警	县祖山镇	2001.4
徐凤有	茨榆山乡土桥岭村	五一八团警卫连	战士	朝鲜	1951.4
常文	木头凳镇范杖子村	三五十七团三连	副班长	朝鲜	1952.6
赵景春	木头凳镇岔沟村	三纵	战士		失踪
周海	木头凳镇谢庄村				失踪
李成宽	木头凳镇谢庄村				失踪
邱连成	木头凳镇邱杖子村				失踪
施占富	三星口乡三星口村		排长	朝鲜	1951.10
袁福奎	朱杖子乡前白枣山村	二十九团机枪连	战士	朝鲜	1952
陈银	朱杖子乡庙上村				失踪
王成	朱杖子乡前白枣山村				失踪
姚廷任	青龙镇土坎村	六十五军五七九团	战士	朝鲜	1951.2
杨海春	青龙镇大营子村		战士	东北	1951.6
刘振海	青龙镇拉马沟村	一一八师三五二团	班长	哈尔滨市	1952.9
邵银	青龙镇满杖子村	二十四军炮兵团	战士	河北围场	1979.9
王玉	青龙镇头道铺子村				失踪
金榜坡	青龙镇平顶山村				失踪
杜少春	八道河乡沙河村	四十六军四〇八团	战士	甘肃省兰州市	1951
张阁富	八道河乡沙河村		战士	朝鲜	1951.10
张庆香	三拨子乡蛮子地村				失踪
张义之	南杖子乡庄窠村	四十八军一四二师	战士	江西七里镇	1950
刘奎	娄子石乡山城子村		战士		失踪
陆殿相	隔河头乡王新庄村		地下党员	县青龙镇	1944.4

后　记

在县委、县政府的倾力关怀下，在上级老促会的精心指导下，经过全体参编人员的共同努力，在建党100周年即将到来之际，《青龙满族自治县革命老区发展史》终于付梓了。

青龙是一方革命热土，具有光荣的历史。抗日战争期间，青龙人民在中国共产党的领导下，历经艰险，英勇奋战，创建了以青龙为中心的凌青绥抗日根据地，为巩固和发展冀东抗日根据地作出了重要贡献。解放战争时期，青龙人民在党的领导下，积极参加革命和建设，有3000多名青年参军，有610名烈士为新中国成立献出了宝贵的生命。在艰苦卓绝的战争年代，勤劳勇敢的青龙人民创造了老区革命精神，推动了社会的进步和发展。近80年来，青龙人民在党的领导下所走过的光辉历程，就是一部青龙人民的革命史、建设史、改革史、奋斗史。出版《青龙满族自治县革命老区发展史》，对于学习老区的光辉历史，弘扬老区革命精神，传承光荣传统和优良作风，进一步激发建设老区的内生动力，做好老区各项工作，具有十分重要的意义。

按照国家老促会的统一部署和省、市老促会的具体要求，县老

277

促会于 2019 年年初组织开展了《青龙满族自治县革命老区发展史》编写工作。组织了热心老促会工作、了解青龙历史，且有一定文字功底的人员组成写作班子，从事简史的编写工作。编写组成员不辞辛苦，下基层、跑部门、查档案，搜集了大量的有关资料，并着手编纂，经过一年多的紧张工作，完成了简史的编写。简史记述了青龙人民在中国共产党领导下各时期的历史及发展进程，资料翔实、主题突出、观点明确、行文通畅，具有一定可读性。

本书第一、三章由张保学编写；第二章由孙宪凯编写；第四、五章由齐绍清编写；第六章由孙宪凯、齐绍清、张保学三位同志合写；赵秘和韩文宝负责复核和校对。本书在编写过程中，得到了县委办公室、政府办公室、组织部、宣传部、扶贫办、地方志办、档案局、统计局等有关部门和单位的大力支持和帮助。在审核和研讨书稿期间，秦皇岛市老促会会长宋占禹、常务副会长方成军、办公室主任杨茂军、妇委主任赵丽萍等同志给予了大力支持，并提出了宝贵意见！秦皇岛市委党史研究室二级调研员吕洪文，在审稿时，提出了非常有价值的修改意见，在此，一并表示由衷的感谢！

由于时间所限、资料所限以及编写人员水平所限，《青龙满族自治县革命老区发展史》一书难免出现一些问题和不足，敬请有关领导、专家学者和广大读者批评指正。

编者

2020 年 12 月